August Ahlqvist

Wogulische Sprachtexte

nebst Entwurf einer wogulischen Grammatik aus dem Nachlasse des Verfassers

August Ahlqvist
Wogulische Sprachtexte
nebst Entwurf einer wogulischen Grammatik aus dem Nachlasse des Verfassers

ISBN/EAN: 9783744604062

Hergestellt in Europa, USA, Kanada, Australien, Japan

Cover: Foto ©ninafisch / pixelio.de

Weitere Bücher finden Sie auf **www.hansebooks.com**

FORSCHUNGEN

AUF DEM GEBIETE DER

URAL-ALTAISCHEN SPRACHEN

VON

AUGUST AHLQVIST.

VIERTER TEIL.

UEBER DIE SPRACHE DER WOGULEN.

II. ABTEILUNG.

HELSINGFORS.
Druckerei der Finnischen Litteraturgesellschaft,
1894.

AUGUST AHLQVIST's
WOGULISCHE SPRACHTEXTE

NEBST

ENTWURF

EINER

WOGULISCHEN GRAMMATIK

AUS DEM NACHLASSE DES VERFASSERS

HERAUSGEGEBEN

VON

YRJÖ WICHMANN.

———•♦•·—   —

HELSINGISSÄ,
SUOMALAISEN KIRJALLISUUDEN SEURAN KIRJAPAINOSSA,
1894.

Vorwort.

Von den finnisch-ugrischen sprachen scheint die ob-ugrische oder wogulisch-ostjakische gruppe sich am längsten einer genaueren kenntnis weiterer kreise entzogen zu haben, während die übrigen sprachgruppen besonders in den letzten zeiten einer immer genaueren und vielseltigeren wissenschaftlichen prüfung unterworfen wurden. AHLQVIST hatte freilich aus den sammlungen seiner forschungsreisen unter den ob-ugrischen völkern einen teil veröffentlicht, nämlich ostjakische sprachproben nebst wörterbuch, ebenso wie eine revidierte wogulische übersetzung der evangelien Matthei und Marci; den grössten und wichtigsten teil aber wurde es ihm leider nicht vergönnt herauszugeben. Es ist also eine pflicht dem andenken des berühmten forschers, wie auch der wissenschaft gegenüber, das schon gesammelte material der vergessenheit zu entreissen. In dieser hinsicht sind auch schon anstalten getroffen worden, indem professor D:r ARVID GENETZ auf grund der von AHLQVIST herausgegebenen ostjakischen texte und seiner hinterlassenen grammatikalischen materialien eine ostjakische grammatik zu veröffentlichen gedenkt. In bezug auf das wogulische ist das beim tode AHLQVISTS fast druckfertige wörterverzeichnis schon bekannt gemacht worden in den memoiren der Finnisch-Ugrischen Gesellschaft: *Mémoires de la Société Finno-Ougrienne, II. Wogulisches Wörterverzeichnis von August Ahlqvist. Helsingfors 1891*, worin es die erste abteilung des vierten teils in der serie: *Forschungen auf dem Gebiete der Ural-Altaischen Sprachen* bildet. Als zweite abteilung dieses vierten teils erscheint jetzt die nachfolgende arbeit.

In einem briefe, datiert: Pelym d. 27 juli 1858, sagt AHLQVIST, dass „der grammatische Bau des Wogulischen aller Welt, ausser Hrn Reguly, vollkommen unbekannt ist." Die ersten mitteilungen, welche sich vorzugsweise auf die Pelym-mundart beziehen, giebt AHLQVIST in dem genannten briefe, der später in den Mélanges Russes, III. S:t Ptbg 1859: *Eine kurze Nachricht über das Wogulische. Aus einem Briefe des Hrn Mag. A. Ahlqvist an A. Schiefner* aufgenommen worden ist. Bekanntlich war es auch nicht dem ungarischen reisenden und sprachforscher REGULY vergönnt, selbst die resultate seiner untersuchungen zu veröffentlichen. Seine wogulischen sammlungen wurden jedoch teilweise durch PAUL HUNFALVY veröffentlicht, zuerst in der publikation *Egy vogul monda* (eine wogulische schöpfungssage mit einleitung, überzetzung und wörterverzeichnis, Acad. Értesítő 1859, I. s. 285; Uj Magy. Muzeum, 1859, II. s. 285) und dann in einem umfangreicheren werke: *A vogul föld és nép*, Pest *1864* (Das land und die sprache der wogulen), die den ersten teil der serie: *Reguly Antal hagyományai* (A. Regulys hinterlassene werke) bildet. Diese arbeit enthält eine menge nordwogulischer texte wie auch eine von HUNFALVY ausgearbeitete darstellung des grammatischen baues der sprache. Die erste umfassendere, wenn auch äusserst mangelhafte kenntnis der Konda-mundart erhielt man durch die von WIEDEMANN auf veranstaltung des prinzen LOUIS LUCIEN BONAPARTE durchgesehene und veröffentlichte auflage des evangeliums Matthei, das ursprünglich von den brüdern POPOV ins wogulische übersetzt wurde und unter dem titel: *Das Evangelium Matthäi, in den Dialekt der kondischen Wogulen im Gouvernement Tobolsk übersetzt von G. Popov* in London 1868 erschien. Wie wir bereits sehen werden, hat auch AHLQVIST, im verlage der brittischen bibelgesellschaft, in russischer schrift eine an ort und stelle revidierte auflage der evangelien Matthei und Marci herausgegeben: Маттінюл и Маркнл Ёлпынь Еванкеліи Маньсыныы, Гельсингфорсъ *1882* (die heiligen evangelien Matthei und Marci auf wogulisch). Dasselbe material ist noch von HUNFALVY bearbeitet worden, der in den jahren 1872 und 1873, in Nyelvtudományi Közlemények IX und X, die evangelien nebst einer auf dieselben gebauten grammatik und einem wörterverzeichnis veröffentlichte unter dem titel: *A kondai vogul nyelv a Popov G. fordításainak alapján* (NyK. IX); *A kondai vogul nyelv (Márk evangeliuma.)* (NyK. X).

Die gesammte obenerwähnte wogulische litteratur war jedoch bei weitem nicht hinreichend um die nötigen aufschlüsse über das wogulische zu geben. So erwähnt auch der bekannte ungarische reisende und sprachforscher D:r BERNH. MUNKÁCSI, welcher im jahre 1888 eine überaus erfolgreiche reise unter den wogulen vorgenommen hatte, „dass die Literatur der Ostjaken- und Wogulen-Sprachen — — so mangelhaft, zum Umfang des Stoffes gemessen so unbedeutend ist, dass wir unter anderem nicht einmal im Stande sind, aus ihr ein vollständiges Schema der Nominal- und Verbal-Suffixe aufzustellen. Vom ganzen südlichen Ostjakentum, das sich noch dazu in mehrere Dialekte teilt, haben wir kein Blättchen zusammenhängender Lecture; und auch das wenige, was sich auf die nördlichen Ostjaken und von den fünf südlichen Wogulen-Dialecten auf den einzigen Konda'schen bezieht, ist (mit Ausnahme von einigen Blättern der ostjakischen Texte bei Ahlqvist) die durch unbrauchbare Orthographie verderbte Uebersetzung russischer Geistlichen, welche die Wissenschaft nur notgedrungen benutzt, weil ihr vorderhand keine besseren Quellen zur Verfügung stehen".[1] Dies schrieb MUNKÁCSI im herbste 1889, ehe er noch die veröffentlichung seiner eigenen wogulischen sammlungen angefangen hatte. Diese letzteren sind nunmehr zum teil erschienen und scheinen dem forscher ein ausserordentlich reiches material sowohl in sprachwissenschaftlicher als besonders in folkloristischer hinsicht darzubieten. So sind drei dicke bände der serie: *Vogul Népköltési Gyűjteményi* (Sammlungen wogulischer volksdichtung) veröffentlicht worden (1892—93), welche sagen und gedichte über die schöpfung der welt nebst göttergesängen und bärenliedern enthalten. Von dem rein sprachwissenschaftlichen material sind kürzere deskriptive dialekt-grammatiken in Nyelvt. Közl. XXI, XXII, XXIII und XXIV veröffentlicht worden: *A vogul nyelvjárások* (Die wogulischen mundarten).

Nach AHLQVIST kann man das wogulische in drei hauptdialekte, nämlich die von Soswa, Pelym und Konda, teilen. MUNKÁCSI hat eine vielgliedrigere einteilung. Er unterscheidet zwei hauptdialekte, einen nördlichen und einen südlichen, von welchen der letztere in fünf gruppen zerfällt: Mittel-Soswa, Unter-Soswa, Pelym, Konda und Tawda. Die Soswamundart bei AHLQVIST entspricht dem nördlichen dialekt MUNKÁCSIS, während die Pelym- und Konda-mundarten des ersteren sich mit den südlichen dialekten des letzteren decken.

Wie aus dem gesagten hervorgeht, sind sämmtliche bis auf heute erschienenen grösseren arbeiten, welche das wogulische grammatikalisch behandeln, in ungarischer sprache verfasst. Hierauf gründet sich auch

---

[1] Ungarische Revue 1890, s. 372 anm.

zum teil unsere oben gemachte bemerkung, dass die wogulische sprache bis zur letzten zeit **weiteren kreisen** verhältnismässig unbekannt geblieben ist.

Das land der wogulen und ostjaken besuchte AHLQVIST dreimal, nämlich in den jahren 1858, 1877 und 1880. Er hat selbst eine interessante ethnographische schilderung dieser völker in einer umfassenden reisebeschreibung: *Unter Wogulen und Ostjaken* (Acta Soc. Scient. Fenn. XIV) gegeben. Auf seiner ersten reise studierte AHLQVIST hauptsächlich die Pelym-mundart, „welche die Sprache aller, an der Tawda und deren Nebenflüssen wohnenden Wogulen umfasst", teils in Pelym mit hülfe eines sprachmeisters aus Loswa, teils in Ober-Pelym. Während seines dortigen aufenthaltes hatte er auch gelegenheit die Konda-mundart mit einem sprachmeister aus Satyga zu studieren. Von Ober-Pelym begab sich AHLQVIST gerade nach dem kirchdorfe Sortingje, wo er während einer kürzeren zeit sich mit der nördlichen oder Soswa-mundart beschäftigte. Diese letztgenannten studien konnte er auf der zweiten reise, als er sich wieder in Sortingje für eine kürzere zeit niederliess, vervollständigen. Zugleich war es seine absicht auch die Konda-sprache kennen zu lernen, woran er jedoch verhindert wurde, so dass er es bis auf 1880 verschieben musste, in welchem jahre er seine dritte und letzte reise unternahm. Diesmal studierte er das Konda-wogulische im dorfe Leusch mit hülfe eines wogulen, Maksim Purtschin, welcher ihm auch beim durchsehen der popovschen evangelienübersetzungen behülflich war.

Diese letzteren haben ihre eigene geschichte. Die ursprüngliche von den brüdern GRIGORIJ und GEORG POPOV gemachte übersetzung wurde im archiv der heiligen synode aufbewahrt, von wo sie später aber verschwand. Ehedem hatte jedoch der akademiker SJÖGREN dieselbe für die Wissenschaftsakademie abgeschrieben. Diese abschrift hat danach den von WIEDEMANN, HUNFALVY und AHLQVIST herausgegebenen wogulischen evangelieneditionen als grundlage gedient. Nach seiner ersten reise scheint AHLQVIST die handschrift von SJÖGREN abgeschrieben zu haben. Offenbar hatte er diese kondasche übersetzung mit hülfe der kenntnisse korrigiert, die er auf seiner ersten reise im Pelym- und Satyga-wogulischen erworben. Diese revidierte auflage der evangelien Matthei und Marci beabsichtigte er jetzt als sprachtexte in sein werk über das wogulische aufzunehmen. Der druck war schon angefangen und, wie aus den rechenschaftsbüchern der druckerei hervorgeht, bis inclusive den sechsten bogen weitergeführt, als die arbeit aus unbekannten gründen unterbrochen wurde. Ein einziges exemplar dieser auflage hat sich unter den nachgelassenen papieren Ahlqvists gefunden; das übrige ist und bleibt trotz nachforschungen sowohl in der privaten bibliothek Ahlqvists, wie in dem archiv der universität und der druckerei, spurlos verschwunden. Später scheint Ahlqvist, gemäss den rechenschaftsbüchern der druckerei für's jahr 1880, die schon begonnene arbeit bis zum ende des evangeliums Marci weitergeführt zu haben. Dieser teil, anderthalb bogen, ist auch nirgends gefunden worden. Wie wir eben genannt haben, revidierte Ahlqvist auf seiner letzten reise die evangelien auf's neue. Das resultat dieser arbeit ist die schon genannte evangelienedition in russischer schrift vom jahre 1882.

Die vorliegende arbeit, mit deren veröffentlichung die Finnisch-Ugrische Gesellschaft den unterzeichneten beauftragt hat, umfasst sprachtexte, welche aus den von Ahlqvist durchgesehenen evangelienübersetzungen, einer geringen anzahl rätsel und phrasen bestehen. Den texten ist ein entwurf zu einer wogulischen grammatik beigefügt.

Es dürfte wohl einem jeden ohne weiteres klar sein, dass die veröffentlichung der arbeiten eines anderen immer mit mancherlei schwierigkeiten verbunden ist. Die leichteste und zugleich die richtigste art und weise diesen so weit als möglich auszuweichen ist natürlich dem verfasser genau, mit vermeiden eigener zusätze, zu folgen. Im vorstehenden werke ist meine arbeit hauptsächlich nur diejenige des ordners und des herausgebers gewesen. Was ausser Ahlqvists eigener arbeit hinzugekommen ist, hat seinen grund in dem streben nach einer wenigstens annähernden vollständigkeit, und fusst ausschliesslich auf dem schon gesammelten material des verfassers. Und immer noch muss die arbeit, auch wie sie jetzt vorliegt, hauptsächlich als eine materialiensammlung betrachtet werden.

Was erstens die texte betrifft, so ist die frühere revision der evangelien als haupttext benutzt worden. Dieser aber wird durch die unterhalb des textes stehenden bemerkungen vervollständigt, welche die abweichungen der in russischer schrift 1882 erschienenen auflage enthalten. Von einem näheren eingehen auf die verschiedenheiten der beiden texte kann hier nicht die rede sein. Es kann nur erwähnt werden, dass sie hauptsächlich auf mundartlichen verschiedenheiten, weniger auf sprachfehlern beruhen. Wo wörter vorkommen, welche in den beiden texten von der im wörterverzeichnis angegebenen bezeichnungsweise abweichen, ist auch diese letztere in den bemerkungen erwähnt. Da der schluss — anderthalb druckbogen — der früheren auflage nicht gefunden werden kann, ist es vom herausgeber, mit hülfe der späteren auflage (von 1882) und des wörterverzeichnisses, transskribiert worden. Hinsichtlich der bezeichnungsweise in der russischen transskription sei bemerkt, dass die länge der vokale nirgends angegeben worden ist. Mögliche verschiedenheiten derselben können also nicht in den bemerkungen erwähnt werden.

Die zweite abteilung des textes besteht aus 35 wogulischen rätseln, die dritte aus 70 phrasen. Abweichungen von dem wörterverzeichnis sind auch hier in den bemerkungen angegeben worden. Die rätsel und phrasen waren bereits fertig von AHLQVIST in's finnische übersetzt.

Den grammatikalischen stoff hatte AHLQVIST auf drei hefte verteilt, je nach den dialekten. Da diese von einander in bedeutenderem grade nicht abweichen, sind sie jetzt in dieser darstellung parallel behandelt worden, besonders weil das studium der grammatik dadurch interessanter und der überblick über das ganze erleichtert werden kann. Was die anordnung des stoffes betrifft, so ist die alte einteilung und folge beibehalten worden, welche AHLQVIST selbst sowohl in seiner grammatik der Mordwa-sprache wie in diesen aufzeichnungen angewandt hat. Wo der verfasser selbst die regeln formuliert hat, sind sie womöglich wörtlich wiedergegeben. Hie und da hat jedoch die darstellungsweise eine mehr deskriptive form erhalten und einige altertümliche ausdrücke sind gegen modernere ausgetauscht worden.

Am mangelhaftesten waren die aufzeichnungen, welche sich direkt auf die lautlehre beziehen. Sie beschränken sich auf die Pelym-mundart, und auch hier nur auf fälle, welche die deklination der nomina berühren. Da das ganze vorliegende material, für das herstellen einer zuverlässigen lautlehre, an ort und stelle hätte durchgesehen und vervollständigt werden müssen, konnte eine solche jetzt natürlich nicht zu stande gebracht werden. Deswegen hat der herausgeber die vorhandenen aufzeichnungen über die lautlehre nur in einer beilage zur kasuslehre sammeln können. In derselben weise und aus denselben gründen sind die aufzeichnungen behandelt worden, welche richtiger in die syntax gehört hätten.

Den ersten teil der verbalbildungslehre — die ableitung des verbums — hatte AHLQVIST ausgearbeitet, der letztere teil — über die bildung der zusammengesetzten verba — ist dagegen von dem herausgeber nach dem wörterverzeichnis AHLQVISTS zusammengestellt worden. Dem erwähnten verzeichnis entnommen sind auch alle beispiele der nominalbildung; die ableitungsendungen sind grösstenteils von AHLQVIST in seinen aufzeichnungen angedeutet. — Um einen überblick über die possessivsuffixe so wie über die konjugationsendungen zu erleichtern, hat der herausgeber sie in alle drei mundarten umfassenden tabellen aufgestellt. In den ziemlich zahlreichen paradigmen sind, der vollständigkeit wegen, die formen hergestellt, welche AHLQVIST als regelmässig durch ein „u. s. w." angegeben hat, wobei sie jedoch in klammern [- -] eingeschlossen worden sind. — Die partikeln sind beim durchgehen der wörterverzeichnisse, evangelien, rätsel und phrasen komplettiert worden.

In bezug auf die lautbezeichnung hat AHLQVIST gewissermassen verschiedene bezeichnungsweisen auf seinen verschiedenen reisen angewandt. In den aufzeichnungen von 1859 wird nach dem system von Lepsius das ū und ǖ mit u̯, a̯, x mit hʻ, j mit y, wiedergegeben. Im jahre 1877 entspricht dem jetzigen x ein h. Auf seiner letzten reise scheint AHLQVIST sich für die zeichen entschlossen zu haben, welcher er sich später in seinem wörterverzeichnis wie auch in den ostjakischen sprachproben nebst wörterbuch bediente. Da AHLQVIST nirgends seine zeichen erklärt hat, ist es ja auch dem herausgeber unmöglich es mit genauigkeit zu thun. Die gewöhnlichen buchstaben mögen wohl hauptsächlich den in ähnlicher weise bezeichneten lauten der finnischen sprache entsprechen; solche sind: a, b, d, e, i, j, k, l m, n, o, p, r, s, t, u, v (deutsches: w), ä, ö. Die übrigen zeichen sind: ḍ, g, i̯, ľ, ń ṅ, q, ś, š, ć, ṭ, u̯, x, z, ž.

Von diesen bezeichnen diejenigen, welche mit einem komma (ʼ) versehen sind, palatalisierte konsonanten;
z = russisches з;
ž =   „   ж;
š =   „   ш;
ḍ = dž;
ṭ = tš;
ṅ, der mediopalatale nasal (MUNK. ñ);
x entspricht MUNK. χ, welches eine „gutturale spirans" ist.[1]

---

[1] Nyelvt. Közl. XXI, ss. 324.

g entspricht sowohl MUNK. γ wie auch ', welches letztere „in auslaut eine aspiration bezeichnet, die stärker als h, aber schwächer als χ aspiriert wird." (Im inlaut dagegen bezeichnet MUNKÁCSI mit ' den entsprechenden stimmhaften laut.)[1] In seinen aufzeichnungen über die Soswa-mundart sagt AHLQVIST in einer anmerkung: „g lautet manchmal fast wie ein i̯; also z, b, luvi̯t, luvi̯i̯t oder luvigt (lokat. dual von luv = pferd)."

q entspricht MUNK. kh;

i̥ (MUNK. I) bezeichnet einen ы-artigen laut;

ŭ mag wohl dem schwedischen u und MUNK. u̯ entsprechen, welches „ein gemischter selbstlaut ist, der den eindruck eines überganges zwischen u und ü auf das ohr macht." In fällen wie küäl, küän etc. steht ŭ offenbar in unsilbiger funktion und ihm entspricht dann bei MUNKÁCSI „die interlabiale spirans w."

Was ś betrifft, so ist es, nach MUNKÁCSI „nicht das gewöhnliche s (magy. sz), welches palatalisiert worden ist, sondern ein š-artiger laut"; der unterschied würde nur darin bestehen, dass bei ś nur die zungenspitze „den harten gaumen berührt", bei š wiederum ein grösserer teil der zungenfläche.

Aus dem obenerwähnten geht schon hervor, dass AHLQVIST wie gewöhnlich sich mit einer gröberen transskription zufrieden gegeben hat, wogegen MUNKÁCSI, nach den erfordernissen einer neueren zeit, auch feinere lautunterschiede aufgenommen hat. Nichts desto weniger scheint es mir jedoch, als ob sich die beiden transskriptionen gewissermassen vervollständigen könnten.

In bezug auf die bezeichnungsart, welche AHLQVIST in seiner mit russischen typen gedruckten evangelienübersetzung benutzte, mögen einige kurze bemerkungen genügen, um sie zu erklären. Besonders sei bemerkt, dass die länge der vokale aus praktischen gründen nicht bezeichnet worden ist. Das e wird mit э wiedergegeben, weil das russische e (je) immer die palatalisierung des vorhergehenden konsonanten bezeichnet. Ebenso steht и nur nach palatalisiertem konsonant; sonst wird i mit і bezeichnet. ӱ ist = ü; я = ja (nicht jä). Im übrigen erklären sich die zeichen von selbst.

---

[1] Nyelvt. Közl. XXI. s. 324.

In den aufzeichnungen AHLQVISTS ist nichts von dem accent im wogulischen gesagt. Nach MUNKÁCSI fällt die hauptbetonung im allgemeinen auf die erste, die nebenbetonung auf die dritte silbe. In der Tawda-mundart ist der accent jedoch veränderlich, „indem er auf die letzte und vorletzte wortsilbe fallen kann" (Nyelvt. Közl. XXI, ss. 325, 326; Ung. Rev. 1890, s. 590).

Ich habe kaum nötig zu bemerken, dass dieser stoff zur kenntnis des wogulischen natürlich in einer weit vollständigeren und würdigeren form hervorgetreten wäre, wenn der hingeschiedene forscher selbst zeit gehabt hätte denselben zu veröffentlichen. Trotzdem wage ich doch zu hoffen, dass die arbeit, auch wie sie jetzt vorliegt, zu einer näheren kenntnis der wogulischen sprache beitragen wird.

Schliesslich ist es mir eine angenehme pflicht dem herrn professor D:r E. N. SETÄLÄ meinen tiefgefühlten dank für die wertvollen ratschläge auszusprechen, die er mir während der redaktion der arbeit mitgeteilt hat.

Helsingfors, Oktober 1894.

Der herausgeber.

Inhaltsverzeichnis.

	Seite.
Vorwort	V.
I. Wogulische texte.	
I. Die evangelien Matthæi und Marci in wogulischer übersetzung	3.
Elpal L'ax. — Vorwort	"
Das Evangelium Matthæi	5.
Das Evangelium Marci	81.
II. Rätsel	126.
III. Phrasen	130.
II. Entwurf einer wogulischen grammatik	135.
I. Das nomen	137.
A. Das substantiv und adjektiv	"
1. Substantiv- und adjektiv-bildung §§ 1—11	"
2. Deklination §§ 12—17	139.
Anmerkungen § 18	141.
Vokalharmonie	143.
Paradigmen § 19	144.
Anmerkungen § 20	147.
B. Das zahlwort §§ 21—29	148.
C. Das pronomen	151.
II. Das verbum	173.
A. Bildung des verbums §§ 39—42	"
B. Flexion des verbums §§ 43—55	178.
1. Die unbestimmte konjugation §§ 51—53	179.
2. Die bestimmte konjugation § 54	209.
3. Die passive konjugation § 55	226.
III. Die partikel	230.
A. Postpositionen	"
B. Adverbien und adverbiale redensarten	235.
C. Konjugationen	243.
D. Interjektionen	"

I.

Wogulische Texte.

I. Die evangelien Matthæi und Marci in wogulischer übersetzung.

Elpal L'ax.

Jomas samoderžavneiši jüni naer, man Imperatorou Aleksandr Pavloviṯ, Ŝoqiń Rossīne šotjń naerlax keurt talmįšlaxtsag ṯe kit Jevangelistag Matpī i Marko, Tupįl ruš bibleiskoi päṅket lavįm-äš qōśetag, tëttanä kašil etgelap ljletme jältjptap ńańel, qotiqar vailes avįlnel, Tupįl ūš kitpalt olįp Mańs atjm kašil Qondjń mänt.

Te talmįšlanä-äš jot nergesesi, jolel Tupįl kafedraľnago sobora blagotjnnago kľutarja protoiereja Petra Felitsįna, Tupįl jolpal Motūš troitskoi i Leūš duxososestvievskoi tōrim-küälinel pritetnikag Grigorī i Georgī Popovį.

In deutscher übersetzung.

Vorwort.

Während der für das ganze Russland glücklichen herrschaft des frommen selbstherrschenden grossen herrn, unseres kaisers Alexander Paulowitsch, wurden diese zwei evangelisten Matthæus und Marcus, im auftrage der häupter der tobolskischen russischen bibelgesellschaft, übersetzt, um hungernde seelen mit dem heilbringenden brote zu sättigen, welches vom himmel herabgestiegen ist, für das um die stadt Tobolsk längs der Chonda wohnende volk der Wogulen.

Mit dieser übersetzungsarbeit haben, unter dem ehrwürdigen kirchner-oberpriester der tobolskischen kathedralkirche Peter Felitzin, die kirchendiener von den gotteshäusern des tobolskischen bezirkes, der dreifaltigkeitskirche in Motusch und der kirche zum heiligen geiste in Leusch, Gregorius und Georg Popov sich beschäftigt.

Das Evangelium Matthæi.

Matpīnel Jelpiṅ Jomas-ľaqil.

Elol (I) Päṅk.

1. Qörjṅ Isus Xristos tēlịm-äš mos, qotiqar pūv Davidne, os David pūv Avraamne.
2. Avraam ponštestä Isaakme, Isaak ponštestä Iakovme, Iakov ponštestä Iudame i täu käšän;
3. Iuda ponštestä Faresme i Zarme Famarnel, Fares ponštestä Esromme, Esrom ponštestä Aramme;
4. Aram ponštestä Aminadavme; Aminadav ponštestä Naassonne, Naasson ponštestä Salmonne;
5. Salmon ponštestä Voozme Raxavnel; Vooz ponštestä Ovidme Rufnel; Ovid ponštestä Iesseime;
6. Iessei ponštestä David naerme, David ponštestä Solomonme nenel Urī;
7. Solomon ponštestä Rovoamme; Rovoam ponštestä Avīme, Avī ponštestä Asame;
8. Asa ponštestä Iosafatme, Iosafat ponštestä Ioramne, Ioram ponštestä Ozīme;
9. Ozī ponštestä Ioafamme, Ioafam ponštestä Axazme, Axaz ponštestä Jezekīme;
10. Jezekī ponštestä Manassīme, Manassī ponštestä Amonme, Amon ponštestä Iossīme;

I, 1: куорывг; Іисус; tēlịm-äš; котыккар. 3: unrichtig понштэттä pro понштэстä; 4: Наассонмэ; Салмонме. 6: наермэ. 8: Іораммэ.

11. Iossi ponštestä Ioakimme, Ioakim ponštestä Iexoníme i täu käšän, olmijamänjl elpalt Vavilonne.

12. Os olmijamänjl jipalt Vavilonne: Iexoni ponštestä Salafīlme, Salafīl ponštestä Zorovavelme;

13. Zorovavel ponštestä Aviudme, Aviud ponštestä Eliakimme, Eliakim ponštestä Azorme;

14. Azor ponštestä Sadokme, Sadok ponštestä Aximme, Axim ponštestä Eliudme;

15. Eliud ponštestä Eleazarme, Eleazar ponštestä Matfanme, Matfan ponštestä Iakovme;

16. Iakov ponštestä Iosifme, qumme Marī, qotiqarnel šämue pätes Isus, lavjltanä Xristos.

17. I tont šoqiń toxjm Avraamnel David moše ńiläquiplou toxjm, i Davidnel Vavilonne olmijamänjl moše ńiläquiplou toxjm, i olmijamänjl jipalt Vavilonne Xristos moše ńiläquiplou toxjm.

18. Tõljm-äš Isus Xristos oles femil amelel: tulal peltaxtjmat jipalt täu šökä Marie Iosif jot, ton elpalt ati-pjl tin olmijesi äkuäne, njgles, išto täu ońdi käxrät jelpjń ljlnel.

19. Os Iosif, täu qumtä, oles jomas, i at ńorjm palimtax täväme, numjlmates pali-kuälqtux tävätel tulmexag.

20. Qun täu toqo numses, tonśiuvt ańgel törjmnel ulmiaxtes täväne, i lattes: Iosif, püv Davidne, ul pelen vix näńk vantjn Marime; tonmos šińklamqar täu keuretät oli jelpjń ljlnel.

21. Ońdjtä püvme, i namtiljn täväne nam Isus; tonmos išto täu kiräkänjlnel multitä täuk meräme.

22. Tonmos toqo jimtes, tak śarme lattjlp törjmnel näit xońxo, qotiqar latti:

23. Äkü latt ä käxrät šińkli, i ońdjtä püvme, namtigänjl täväme namel Emmanuil, nar qašxti „man jotou törjm".

24. Kintjm uljmnel Iosif vares toqo, qumle laves täväne ańgel törjmnel, i vjstä täuk netäme.

25. I at qańdestä täväme, qumle voš jivolt täu ońdes püvme, täuknane elolqar, i täu namtes täväne nam Isus.

16: котыхкарнэл. 18: тэміль: Маріи. 19: палімтахв; пали куілктухв. 20: тонсіувт; нмхв. 21: намтілэн; тіку. 22; таку; найт; котыхкар. 23: ікуй; лат; эа; Эммануиль; јотлоу. 24: кмнчмн; тіку. 25: конъджтэстё; тікунанэ.

Motet (II) Pänk.

1. Os qun Isus tēles Iudeiskoi Vifleemt, ton latt oles naer Irod, joxtsit Ierusalimne volxvet qõdel pakepanä palnel, i lattat:
2. Qõt jelpil tēlim naer Iudeiski? Man uslou täu sovä qõdel pakepanä palt, tont jisve pänk qõdiltux täväne.
3. Tonme qõlim naer Irod ottes i šoqo Ierusalim täu jotä.
4. I axtim šoqo arkipet i nepäk-qašpet mer keurnel, kitiles tannanel: qõt qāreli tēlux Xristosne?
5. Tan lausit täväne: Iudeiskoi Vifleemt; voilin näit qanši toqo:
6. I nag, Vifleem, ma Iudine, ati-narel viš at olsin Iudeiskoi ušetnel; voilin nagnanel küälli pänk, qotiqar ūritä am merim, Izrailme.
7. Tonśiuvt Irod, tulmexag võvelam volxvet, kalimtes tannanel, qun nigles sou.
8. I kietim tananme Vifleemne, laves: menän, i lani kalimtelän ä-püvme; i qun qõntilän täväme, sui pättän amnane, am pil jisim pänk qõdiltux täväne.
9. Tan, naerme qontlam, jotesesit; tonśiuvt sou, qotiqarme usänil tan qõdel pakepanä palt, laques tan elänil-palt, voš jivolt joxtes, tuńdpes ton mat, qõt oles ä-püv.
10. Os soume qõntim tuńdpamatä, tan śagtsit šnk jäni śagtilpel.
11. Küälne tum, qõtsänil ä-püvme, täu šöktä Marie jot, i pätim pänk qõdiltesit täväne, i tańk poilaqänil punšim, narimtesänil täväne sait: surin, ladan i smirna.
12. Lavvisit ulim patit, at jońqux Irod pokne, mot l'ońqel menux tuńk magänilne.
13. Tan menimänil jipalt tonśiuvt ańgel tõrimnel ulmiaxtes Iosifne, 'i latti: küällen, vajalen ä-püvme i täu šöktä, i tulen Jegi-

---

II, 1: наер; јохтсэт; накэпанэ. 2: наер; кодылтахв. 3: наер; оштес. 4: вэпэк-кашпэт; карілі; тэлухв. 5: лаусэт; войлэн; вяйт. 6: олсэн; войлен; кўялі; котыхкар. 8: эа-пўвмэ; јівэм; кодылтахв. 9: наермэ; јот-мэнэсэт: котыхкармэ; усанэл; накэпанэ: элтяным палт; эа-пўв. 10: тундпаматя; шагтсэт; шагтылнэл. 11: котсянэл; эа-пўвмэ; Марін; кодылтэсэт; нойлаканых; пунджым; нарымтэсянэл; сойт. 12: лаввэсэт; натэт; јонкухв; мэнухв. 13: кўялэв; эа-пўвмэ.

petne, i olen tat, qun at lattam nagnane, tonmos śouleti Irod kinšux ä-pūvme, ištop älux täväme.

14. Täu küälles, vįstä ä-pūvme i täu šöktä ji, i menes Jegipetne.

15. I oles tat Irod loxšne mośe; tak śarme lattįlp törįmnel, näit xońxo, qotiqar lattes: Jegipetnel vövįslįm am-amk pūvįm.

16. Tonśiuvt Irod, katelam, išto täu peritovįs volxvetne (volxvetnel?), šak ottes, i kietes älux Vifleemne i ton ma kitpalt šoqo a-pūvet qum-sįrqaret, kit elnel i jolįx, ton mos, kitiles volxvetnel.

17. Tonśiuvt śarmes Ieremei näit lattįlp, qotiqar latti:

18. Sui numįn qōlvįs, lüš i oxter jäni; Raxil lūńdi täuk pūvänne i at ńori tarįmtaptįxtux; tonmos tan atimet.

19. Os Irod loxtįm jipalt, tonśiuvt ańgel törįmnel ulmiuxtes Iosifne Jegipett;

20. I latti: küällen, vajalen a-pūvme i täu šöktä, i jomen Izrail mane, tonmos ä-pūv lįl kįšpqaret loxtesįt.

21. Täu küälles, vįstä a-pūvme i täu šöktä, i joxtes Izrail mane.

22. Os qōlestä, išto Arxelai naerag oli Iudeit, täuk jegä jolt, pelmes tou menux; os ulįm patit lavvįs, menux Galileiskoi kepletne.

23. I tou joxtįm olmijes ūšne, lavįltanä Nazoretne; tak śarme näitet lattįlp, išto täu Nazorejag namtaxti.

Qurmet (III) Pänk.

1. Ton qōdelet joxtes Ioan pernä-punįp, i näitexli Iudeiskoi xar mat.

2. I latti: ńultän, tonmos išto vaĺmes avįl naerlax.

13: кыитуха; ялухв. 14: кўялэс, эа-пўвиэ. 15: сярт-; нялт; котыхвар; вовысляи; ам амя. 16: пэріятовес; волхвэтиэ; оштес; ялухв; эа-в.; ялмх. 17: плят; котыххар. 18: колвэс; лўндӂи; тяку; тарымтаптыхтухв. 19: Егапетыт. 20: кўялэн; эа-п.; лохчэсэт. 21: кўялэс; эа-п. 22: наераг; тяку; мэнухв; патэт; лаввэс. 23: Назоретиэ; таку; няйтэт.

III, 1: joxтi; няйтэхлi; кар. 2: авįl.

3. Voiljn täu ton, qotiqarme laviltcstä Isai näit, lattjm: sui ergjp xar mat: Taľptän Tońx poirjxšne, varän Tońx täväne.

4. Os ton Ioan ońdes mašnä verbľud šaretnel, enteptaljxtes ńor entepel; tënäqarä täu oles akridet i xar ma mag.

5. Tonśiuvt Ierusalim, Iudei šoqo i šoqo Iordan kitpalt oljpqaret küällesjt täu pokäne.

6. I pernäl-punjxtesjt tävnanel Iordan keurt, ńultjptaxtjm.

7. Os Ioan, qöntjm šau Fariseit i Saddukeitme jomantat täu pokäne pernäl-punjltaxtux, laves tanane: pupiqor toxjm! Qon lattes nanane, išto nan tulinä jimtux ńorjp otinel?

8. Tatän jomas urlex Taľptam-äšnel.

9. Ul sovetaxtän lattux: man jeg ońdou Avraam; voiljn lattam nanane, išto vatä joxti tórjm (e kavetnel pjl püvet peltax Avraamme.

10. Äń i Šagrjp jiv porxt qui: šoqjń jiv, at-tëľlap jomas urlex, Šagrve i rasve tavjtne.

11. Am pernäl-puńgänjm nanjn viťel ńultjńktän kušil; jejentap am jim-palt amnanel ńogre: am at tajam täväne poľexs älentux. Täu nanjn śouleti pernäl-punux jelpjń ljlel i tavjtel.

12. Qörtjp täu kutät; i täu lištitä täuk artenutä, i axtitä täuk putiatä purane, os solomme teltitä qariletal tautel.

13. Tonśiuvt joxtes Isus Galileinel Iordanne Ioan pokne pernäl-punjltaxtux.

14. Os Ioan, täu vaťge joxtnät elpalt, lattes: amnane qäreli pernäl-punjtaxtux nagnanel, nag os jisjn am pokjmne.

15. Isus laves täväne päri: taretalen, tonmos toqo qärex minane varux šoqjń śar äšme. Tonśiuvt Ioan rovelantitä täväme.

16. I pernäl-punjxtam Isus küälles äkü ton latt viťnel, tonśiuvt pušjxtesjt täu numä-palt aulet, i Ioan qöntestä ljl törjmnel vailantjm, jormänt kapter, soxti täu tärmjletäne.

3: войлэн; котыхкармэ; Iícaiя; няйт; кар; vär-. 4: шоврэтнэл: пер-энтээзл; кар. 5: күäлэсэт. 6: п.-пунмхтэсэт. 7: Саддукейт; и.-пунмхтахтухв; jимтухв. 9: совэлхтäн; латтухв; войлэн; тэ: вэлтахв. pelt-; Авраамнэ. 10: поркат; аттэллан; шагрэв; расвв. 11: п.-пунгäном; вiтэл; jäjentan; jiтэм-валт; нолэхе; вäлэнтахв; п.-пунух. 12: лiстiтä; тäку. 13: п.-пунмлтахтухв. 14: карых; п.-пунмлтахтухв; jiесн. 15: карых; варухв; sär. 16: күäлэс; вiтнэл; пушмхтэсэт.

17. I tonśiuvt Taqil aulnel suiti: tit-tenanki um eriptana pūvim, qotiqar keurt am ērpim.

N'llet (IV) Pānk.

1. Tonśiuvt Isus tatim oles lilel xar mane, qašnä kašil asrainel.
2. I piteles nälmen qōdel i nälmen je, voš jivolt tēx jimtes.
3. Vatge tuńdelmantim täu pokäne, asrai laves: qun nag pūv tōrimnel, laven, ištobi te kavet jimtsit ńani.
4. Os täu laves päri: qōriń palt qanšim oli: ati ńańnel äküä liliñag jimti elimqoles, os šoqiń Iaxnel, kūällip torim tusnel.
5. Tonśiuvt vistä täväme asrai jelpiń tišne, i tuštestä täväme torim-kūäl lep tärmilne;
6. I latti täväne: qun nag pūv tōrimnel, rastqnten jolaI; voilin qōriń latti: täuk ańgeletne latti nag mosin, i katel vigänil naginme, tont at taxnan kav ali nänk lailintel.
7. Isus laves täväne: qōriń palt äkü toqo qanšim oli: ul peritalen nänk poirixš tōrimin.
8. Os vistä täväme asrai šak tuńdiń axne, i šunštijän täväne śar laxve olip tišet i tan suiänil;
9. I latti täväne: tetet šoqo migänim nagnane, qun pätim qošgan amnane.
10. Tonśiuvt latti täväne Isus: ele-menen amnanel, satana; voilin qanšim oli: nänk tōriminne qošgen, i äkü täväne služitlen.
11. Tonśiuvt qūItiptestä täväme asrai, i äkü ton latt ańgelet joxtim pūmtsit služitlux täväne.
12. Os qōlestä Isus, išto Ioan maivis ürexetne, menes Galileine.

17: лехыл; тіт-тэнанкі; когыккар.
IV. 1: кар. 2: тохв. 3: туньджамнтым; поканэ; iмтoн; тэ; jiмтcэт. 1: куормнг; лехнэл. кÿäлми. 5: торым-кÿäл тäрммлнэ: Гер, лäр. 6: войлэн; тäку; вигäвэл. 7: куормнг. 9: тэтэт; мыгäнэм. 10: войлэн. 11: оÿмтсэт; служiтлухв 12: майвэс.

13. I qūľtiptam Nazaretme jis, i śouletes olux sariš vatc Kapernaum ūšt, Zavulon i Neffalim keplet keurt;

14. Tak śarme Isai nūit lattilp, qotiqar latti:

15. Zavulon ma i Neffalim ma Ioùx äšt sarišne Iordan mänt, pupine-šušpqaret Galilei;

16. Xolox, unlipqaret jipiš mat qōtsänil jäni pāsme, i unlipqaretne ateliń mat pästes pās.

17. Ton latnel śouletes Isus qańdtax i lattux: ńultän, tonmos vaľmes avil naerlax.

18. Os Isus, Galileiskoi sariš vati jomantanät uil, qōtsä kit jege-püventagme, Simonme laviltanä Petr, i Andreime täu käšäme, mäxtanta qulpet sarišne, voilin tin olsag qul-kišpi;

19. I latti tinane: jejän am jim-palt, am vargäm ninen älislax climqoleset.

20. Tin ton latt qulpet qūľtiptam jomesesi täu jipalt.

21. Tovul cle-pätimänil jipalt qōntes møt kit jege-püventagme, Iakov Zevedcievme i Ioan täu käšäme, qäpt Zevedei tiṅk jegänil jot, qotiqaret jontsesit tāṅk qulpänil; i vövelestä tinenme.

22. Os tin ton latt qūľtiptestän qāpme i tiṅk jegän, i menesag täu jipalt.

23. I multestä Isus Galileime jäntetätel, qańdtam tāṅk qańdtaxtnä-magänilt i laviltestä lattilpme naerlaxnel, i jältiptes šoqiṅ agim i šoqiṅ moš xolox qalt.

24. I tatixtes täu suiä Sirí laxve, i tatilovisit täu pokäne šoqo agmeľtapqaret, ošpqaret šau-sir agmet i jetteket, asrai ošpqaret lunatiket i pāštalqaret; i täu jältiptalsän tananme.

25. I jisit täu jotä šau atim Galileinel i lou ūšnel i Ierusalimnel i Iudeinel i Iordan alim palnel.

13: олухв. 14: таку; нäйт: котыккар. 15: ль:-ашт (ль.-ас); мант. 16: колнх; котсäнзл. 17: каньджтахв; латтухв; наерлах. 18: махтанта; вoйлэн. 19 jітымпалт; варгам; кılісlахв. 20: jомэсы. 21: котыкварэт; jонтсоoсэт. 23: наерлахнэл; колых. 24: татılовэсэт; покан. 25: jicэт.

Ätet (V) Pänk.

1. Os merme qōntim, täu xoṅqes axne; i qun untes, tonśiuvt laquesesit täu pokäne qaṅḍtaxtipet.
2. I täu puššä täuk pitmän, śouletes qaṅḍtax tananme, lattim:
3. Šotiṅet jorlīt lilel; tanane oli ault naerlax.
4. Šotiṅet lüšpqaret; voilin tan śagtat.
5. Šotiṅet soutqaret; tan qōtgäṇil mame.
6. Šotiṅet ṅoripqaret śar äšne; voilin tan tantat.
7. Šotiṅet jomas varipqaret; tanan jimti jomas.
8. Šotiṅet śar-šimiṅqaret; tan tōrinme qōtgäṇil.
9. Šotiṅet mir ponštapit; tan tōrim püvettel laviqtat.
10. Šotiṅet vojentapqaret śar äšme; tanane oli ault naerlax.
11. Šotiṅet nan, qun pünitvän rušgeltax, kietux i šau-sirinti śoritax narmixtal, am mosim.
12. S'agtän i śurtimlän; voilin jäni nanane justil ault. (Der schluss fehlt).
13. Nan śex mane; os qun śex ättal päti, tonśiuvt narel varilin śeqiṅag? Täu vuš atiqōdäl tonśiuvt at tai, mäntim rastux küäne, qoles lail jolpalne.
14. Nan päs merne; at tai ušne tuitqatux, unlip toṅḍiṅ ax tärmilt.
15. I pelimtam śamme, at uttelalgäṇil täväme äne jolpalne, äkü ton pil pute tärmilne, i pästi küält olip śavetne.
16. Äkü toqo päste nan pasän atim elpalt, ištobi tan qōtsäṇil nan jomas ätetme, i suitiltesäṇil ault nan jegme.
17. Ul nomsän, išto am jisim poštlax zakon amne näitet: am poštlax at jisim, a varux.
18. Voilin śariš lattam nanan: joṅqi avil i ma-kän; os äkü jota amne jašmil zakonnel at muli, tontal qun śarmi śoqo.

V, 1: конвэс; лакуэсэст. 2: тӓку; пітмӓн; каньджтахв, латтым. 3: авыл 4: войлэн; шагтат. 5: котгӓнэл. 6: войлэн. 7: тананэ. 8: сӓр-симjін; котгӓнэл. 9: м.-воништапэт; пӱвм. 10: Шотынгэт сэрымкарэт сэр ӓм мос: авыл; наерлах. 11: руштэлтахв; кіэтухв; сьорітахв. 12: шагтӓн; турчімлӓн; войлэп; авылт. Der zweite satz lautet in der russ. transskription so: Токо і сэрвэсэт нӓйтэт, нан элтӓн-палт олымкарэт. 13: сьях; ӓттал; варілэн; сьякынгар; ӱs; мӓнтым; растухв. 14: туӓткатухв. 15: уттэлылгӓнэл. 16: імтоп; суйтылтэсӓнэл; авылт. 17: jісэм; колтінлахв pro poštlax; i pro amne; нӓйтэт; ам колтінлахв; jісэм; варухв. 18: войлэн; нананэ; макӓн; іота.

19. I tont, qon pelti äkü fax i ſe lattilpetnel, i qańdtigän toqo elimqolesetme, tonqar viši laviqti avil naerlax keurt; os qon falpti i qańdti, ton jäńgi laviqti avil naerlaxt.

20. Voilin lattam nanane: qun nan śar-äšme nońxaſ at pättilän nepäkińet i Fariseit falx, tonśiuvt at tuvnä avil naerlaxne.

21. Nan qölesläu, išto elnin qańdim oli: ul älen; qon üli, ton sutne päti.

22. Os am lattam nanane: šoqiń, küxštap täuk jortä täri qajerel, joreli sutne; os qon jortetäme lavitä „raka", joreli num sutne; os qon lavi „esäremtal", joreli qariletal tavitne.

23. I tont, qun tatilin näńk sain törim elpalne, ton mat numilmatgin, išto nag jortin simti nagnane;

24. Qüſtiptalen näńk sain tatim-matetät, i menen, elolt śopiltaxten näńk jortin jot, i tonśiuvt jim vintit punalen sain törimne.

25. Śopiltaxten jerte jaxsitamqarintel äkü-šäm-qalt olnän mänt fońxt, ištobi täu nagin at mistä sutjń qumne, ton jipalt sutjń qumne (qumnel?) ul mimkun furma üripne, qotiqar ale nagin tatitä ſurmane.

26. Śariš lattam nagnane, at küällin tovul, ton moše qun elaſ ſigiń päſ-pal küäne miglin.

27. Nan qöleslän, išto elnin lattim oli: mot ne jot ul qajerlen.

28. Os am lattam nanane: šoqińqar, qon qajer numtel šunšpi nene, tonqar jormänt qajerles tävätel šimä keurt.

29. Qun jomas-pal šämin nagin quititä, küäne-manimtam rastalen ele; tonmos nagnane jomasúuv, qun qolili nagnanel äkü lomit, ati-pil šoqo näńk ńoulin rastqati qariletal tautne.

30. Qun jomas-pal katin quititä nagin, šagrepalen ele i rastalen; tonmos nagnane jomasńuv, qun qolili nagnanel äkü lomit, atipil šoqo näńk ńoulin rastqati qariletal tautne.

31. Lattim oli äkü toqo: qon pali-küälleqti täuk netätel, tonqar maje täväne nepäk.

19: лех те pro ах i ſe; кандхтiгäн; наерлах. 20: войлэн; сяр-äчäн; понкаль; ат пäтi; лльх; тувнэ. 21: элын. 22: тäку. 23: татiлэн; нумылматтэн. 24: сьопылтахтэн; вiнщт. 25: jüртэ; льоикт; ишtoni; кумиэ; мымкуэн; котыхкар. 26: кÿäлäн; лыгын; мыглэн. 27: элын. 29: куйтiтä пагын; колмлi (vgl. auch 80), qöll-; 31: п.-куäлэкti; тäу; нээк.

32. Os am lattam nanane: qon pali-kűälleqti netätel narmixtal. tonqar quititä täväme qajerlax, i qon vanti vigtä küälleqtamqarme, tonqar qajerli.

33. Äkü toqo qöleslän, nar lattim oli: ńulme ul unšalen, śarmelalen, narmos ńultsin tōrim elpalt.

34. Os am lattam nanane: inramoš ul ńultän, at avilel, tonmos täu tōrimne jelpiŋ päsen;

35. Ati mal, tonmos täu lailä tušnā-ma; ati pil Ierusalimel, tonmos išto täu jäni naer ūšä.

36. Nańk pāńkinel pil ul ńulten; tonmos išto äkü pańk-et varnä ameliŋ atim ati sairińag ati šemelag.

37. Os ńultän toqo: ti, ti, toma, toma; tilel ärine oleske, tonqar asrainel.

38. Nan qöleslän, lattim oli: šäm mos šäm, tus keur pеńk mos äkü ton-voip peńk.

39. Os am nanane lattam: nerípqar tärä ul neren; mäntim qon jōnititä naginme jomas-pal votminne, taxtalen täväne motpaliń.

40. I ńoripqarne periqtax nag jotin, i vix nagnanel küärtme, majalen täväne i quliŋ.

41. I qon joselitä naginme jomux täu jotä äkü aigil, jomen täu jotä kitag.

42. Nagnanel vövipqarne majen, nagnanel etšlax ńoripqarnel ul tulen.

43. Nan qöleslän, išto lattim oli: ēreptalen nańk vat-qolesiŋ, jaxsitalen nag tärgin neripqarme.

44. Os am lattam nanane: ēreptän nan tärgän neripqaretme, jomas varän nanin jaxsitapqaretme, i qošgän nanin obiditlapqaret i nurelapqaret mos.

45. Toqo varsäńke, jimtinä püvettel ault olip jegänne; tonmos išto täu lavi pakepax täuk qödelne lület i jomaset tärmilne, i kietsi räx śarqaret i qajerqaret tärmilne.

32: п.-куäлəкті; каерлахв. 33: нар мос; нхытсэн. 34: іврамош. 35: наср. 37: те; тыгіä äрівä олэскэ. 38: тус-кэур-пäнк. 39: мäнтім кун кон. 40: нэрыктахв; выхв; кулен. (? кулэн). 41: jомухв. 42: этшлахв. 44: unrichtig яксітанкаратнэ pro яксітанкаратмэ. 45: пÿвы; накупахв; тäку; рäхв.

46. Mäntim nan ēreptax pümtinä nanin ērepqaretıne, ne-voipjustilne nan urxatinä? i pariš-varpet pil äkü toqo varat.

47. Mäntim os lattinä naxke nilmintam näňk jortetne, nar ärine varinä? i pupine-šušpqaret äku toqo varat.

48. Jimtän nan śari, qumle śar ault olip nan jegän.

Qōtet (VI) Päňk.

1. Ūrqatän mix tōrim mos xolox šäm-qalt, tonmos ištobi tan naninme usänil; motinti oleske, at jimti nanane justil ault olip jegännel.

2. I tont qun migin tōrim mos, ul vitmelen näňküentel, qumle vitmelapet varat sinagoget keurt i paul-känt, ištobi ešgiňkuit tan qolesetne. S'ariš lattam nanane: tan justilme nox pil visänil.

3. Nag os majen tōrim mos toqo, ištobi näňk olmix katin ul qaṅḍate, nar vari jomas-pal.

4. Tak jimte tōrim mos mináqarin tulmexag; i ault olip jegin vaitä tulmexag, mináqarin joňxtitä šäm-qalt.

5. I qun qošgan, ul jimten vitmelapet qoitel, qotiqaret ērptat mer qalt i paul-känt tuňḍpam qošgux, ištobi tan uňkvit qolesetne. S'ariš lattam nanane: tan nox pil visänil justilme.

6. Os nag qun qošgan, tujen näňk xušepinne, i jitin-palint au tou paňtim, qošgen näňk jeginne, qaštal mat olipqarne, i näňk jegin, utintalip tulmexag qošgenin, justitä nagin šäm-qalt.

7. Qošgenin śiuvt šau ul satixten, qumle pupine-šušpqaret varlalgit; voilin ton numsat, išto tan šau latnänil mos qōlvit.

8. Tanane ul šunšän; tonmos nan jegin qaňḍitä, narne moň-ḍim olinä, nan täväme jolesanän elpalt.

46: эрэптахв. 58: сары.

VI, 1: мыхв; колых: iштoп; усäнэл; мотынгмв. 2: мыгэн; вышмэлэн; iштoп; эвгмнкуйт; высäнэл. 3: iштoп; каньджiтэ. 4: таку. 5: вышмэлапет; котыхварэт; коптуха; ункуйт; nŏquet, Wörterv. 63 a; высäнэл. 6: кошэпынне; учынталын. 7: сiунт; варлалгэт; войлэн; колуйт.

9. Os qošgän nau toqo: man jegou, olip ault! tak jelpińlaxte nag namin;

10. Tak jimte nag naerlaqin; tak jimte erqin, šemel' mat qumle ault;

11. Man šoqiń lat ńańou majalen manan te-qödel kaštil;

12. I qul'tipten manane man ärintenou, qumle i man qul'tiptalou man ärintińqarjuoune.

13. I ul tulen manou kiräkne; os ūren manou asrainel. Tonmos nag naerlaqin, i van, i suin inra oli. Amiń.

14. Os qun pūmtinä taretax qolesetne tau kiräkänil, tonśiuvt tareti i nanane aul jeg.

15. Os qun ät pūmtinä taretax qolesetne kiräket, i nan jegän at taretigān nan kiräkän.

16. Os qun pitelinä, ul tuštän, qumle vitmelapet; voilin tan tańk xoränjltel pil peltaxtat, ištobi šunštaxtux qolesetne pitelat. S'ariš lattam nanane: tan voš justilme visänil tańknane.

17. Os nag, pitelanin mänt, päńkin särtalen, i ńol-šämin loutalen;

18. Ištobi qolesetne ul qańdińkuin pitelapi, os nag jegin elpalt, qotiqar tulmex mat; i nag jegin vaitä tulmexag pitelanin, końxtitä nagnane šām-qalt.

19. Ul axtän näńknane jomaslax ma tärmilt, qōt xortetnel i simelnel qoltve, i qōt tulpet xalixtat i tulmentat.

20. Os axtän näńknane jomaslax ault, qōt at xortetnel ati simelnel at qoltve, i qōt tulpet at xalixtat i at tulmentat.

21. Voilin qōt olat jomaslaqän, nau šimän pil tou meni.

22. Pas ńoulne oli šäm. I tont qun nag šämin pasiń, ńoulin pil šoqo pasińag jimti.

23. Os qun nag šämin lūl, tonśiuvt pil ńoulin šoqo jipišag jimti. I tont qun pas, keurint olipqar, jipiš, ton jipiš šak moše.

9: таху. 10: таку; наерлакын. 11: каштэл. 13: наерлакын; інра. 14: тарэтахв; аулт олмп jer. 15: тарэтахв. 16: вышмэлапэт; войлэп: іштоп; шунштахтухв; высäнэл. 18: іштоп (unrichtig: іштоп); котнхкар. 19: хортэтнэ; сямэлнэ; колтуа: тулмэкат; калыктат. 20: хортэтно; сямэлно; колтуа; тулмэкат; калыктат. 21: войлэн. 22: пасыңгг.

24. Ati-qon vatä at joxti služitlux kit pojerne; tonmos ale elolqarme jaxstax pümtitä, os motetqarme ereptax; amne elolqarne jomas šimel olmī, os motetqarne šivelax pümti. At tainä šäšt ereptax törimme i mamonme.

25. Tonmos lattam nanane: ul tuštän nänk šimenäntel, nar tëx i nar äjux, at ńoulän cseplän, narel maštax. Ll̦l tënäqarnel jänińuv, i ńoul mašnänel.

26. Šunšpän tiglelap-uitne: tan at routat, at urelat, at axtat tëp-küäletne; i ault nan jegin titgän tananme. Nan voip toul jomasetńuv olnä?

27. I qon nannanel tuštim jänimax ńori kaš-pil äkü lokotne?

28. I mašnäne pil nar tuštinä? Šunšpän xar ma śouretne, qumle tan jänimat; at nergesat, at taxtat.

29. Os am nanane lattam, išto i Solomon šoqiń slavetät toqo at mašqatiles, qumle šoqińqar touqaretnel.

30. Os qun oit-kän pumme, qotiqar ɛe-qödel jänimi, os qölt rastove küör keurne, tōrim toqo mašti, toul kümin naniume, agttalqaret.

31. Ul tuštän, toqo lattim: nar nan tëvve, nar ajou? amne: nar mašou?

32. Tonmos išto šoqo ɛe-amelet kišvit pupine-šušipqaretnel; i tonme šoqo qańditä nan aul jegin, išto nan tonme šoqo qärexlilän.

33. Kinšän voš elolt tōrim naerlax i täu śar äṯetme, i ɛe äš šoqo punexti nanane.

34. I tonmos ul numselän qölt-qödelme. Tont qölt-qödel tuštux pümti täuk äṯetne. Šoqiń qödel taulelaule täuk äṯäne.

Sātet (VII) Pänk.

1. Ul luptaxtän, ištobi nänk ul luptańkuän.

2. Tonmos qumle luptaxtinä, äkü toqo luptovän; i qumle mortinä, äkü toqo nänk mortvän.

24: служитлухв; яхстахв; эрэптахв; шіввлахв; танвä эрэптахв. 25: тэхв; квıхв; маштахв. 26: аулт олжп нап; тоувул. 27: нananeл; jäнiмaхв. 28; кар; шоурэтиэ. 30: котыхкар; растуа; тоувул. 32: кышвэт; п.-шушкаротиэ; канджітä. 33: пасрлах. 34: туштухв; тäку.

VII, 1: иитон.

3. I nar nag šunšan käśin šämt olip lexne, näńk šämint norme at vailin.

4. Amue qumle lavan näńk käśinne: tig, am viglin küäne nag šämint olip lexme, tonśiuvt oli näńk šämint nor.

5. Vitmelap, vajalen elolt näńk šämint olip norme; i tonśiuvt qōntilen, qumle vix lex näńk käśin šämnel.

6. Ul miglän jelpiń mater ampetne; i ul rastän näńk tiniń sakän puriset elpalne, ištobi tan lailel ul ńakänil, amne päri-jońqim nanimne ul manitänil.

7. Vövän, i miqti nanane; kinšän, i qōntinä; puvtän, i pušxti nanane.

8. Tonmos šoqiń võvipqar vig, i kišpqar qōnti, i loqtapqarne pušxti.

9. Qou nan qalänt oli ćemiľ qoles, qotiqar, qun tänk püvä võveli tävänel ńań, majepitä täväme kavel?

10. I qun võveli qul, migtä täväme pupixorel?

11. I tont qun nan, küxtit olnä, qańdinä jomas mater mix näńk püvenämne; toul kümin nan avil jegän mig jomas võvipqaretne tävänel.

12. I tont šoqiń äst, qumle ńorinä ištobi olsit nan jortilän qoleset, äkū toqo olän i nan tan jortilän. Tonmos tušgit zakon i näitet.

13. Tuttelän märim avettel, tonmos išto latt avet i pańquń ľońqet tatat atelne, i šauqar jomat toul.

14. Qumle assia au i märim ľońx, tatipqaret liliń tõrimne, i qumle šaune at qōtvut tan!

15. Urqatän qajer näitetnel, qotiqaret jivit nan palänne oš xōrel, os keuränilt tan küxtį šešet.

16. Tan ätetnel qašlilän tanme. Axtat amne ati ininel vinograd, amne xanelaxnel smokvet?

17. Tont šoqiń jomas jivnel teli jomas urlex, os lül jivnel teli lül urlex.

3: кӓчын; найхэн. 4: кӓчынне; ныгхэн. 5: нытмэлан; нӳјалэн; ныхн; кӓчын. 6: норымэт; ішton; накаңы; манітäнл. 7: кінойн, кіне-, кјнš-. 8: кішнкар. 9: котыхкар; тӓку; 10: нуникурем. 11: мыхн; тоұнул. 12: ішton; олсот; тушэт. 13: аṅэтыэл; тоу. 14: acle. 15: ніітэтнэл; котыхкарот; јівeт; куорем; свеlэт, ниš, нiń, neš.

18. At tai jomas jivne tëlax lül urlex, os lül jivne jomas urlex.
19. Šoqiń jiv, at tëīlap jomas urlex, šagrovu i tautne rastovu.
20. I tont urlexnel qašlilän taninme.
21. Ati pil šoqińqar, lattip amnane: poirixš, poirixš, tuv avil naerlaxne; os ton, qotiqar vari am jegim erx, qotiqar oli avilt.
22. Ton qödelt šauqar latti amnane: poirixš nag namintel erin man näitexlesvu? i nag namiutel erin asraitme ele-pošįlesenou? i nag namintel erin šau amel varsou?
23. I tonšiuvt qöltilim tanane: am ati-qun qaššänim nanįnme; ele-menän amnanel, lül varimqaret.
24. I tont šoqińqarme, qon qontli tete am īańqäm, i ton qoitel vargän, joltilim nomtiń qumi, qotiqar uttes täuk küälä kau tärmįlt.
25. I pümtes räügüx, i vit küälles, i pišgemesit votet i taretesit kalįu ton küälne, i täu at rägetes; tonmos išto uttim oles kau tärmįlt.
26. I šoqiń, qontlap am te īańqänim, i ton qoitel at varp, joltilim numt-saittal qolesi, qotiqar uttestä täuk küäletüme šopoxt tärmįlt.
27. I pümtes räügüx, i vit küälles, i pišgemesit votet, i vortpesit ton küälne, i ton küäl pätes, i täu pätįm oles jäni.
28. Qun Isäs ponšlesän te īańqet, xolox paksesit täu qańdtanä-äṭetne;
29. Tonmos täu qańdtesän tanıne, jormänt erx ošp, ati pil nepäkińet i Fariseit qoitel.

18: толахв. 19: толлап; шагрова; растова. 21: котыхкар. 23: колтылэм; кажсӓнюм. 24: лепкӓм; jалтіям; кумы; котыхкар; тӓрмылно. 25: рӓкухл; кӱклэс; пыштэмэсэт; таратэсэт; тӓрмылно. 26: лепкӓным: jалтіям; пумыт-с.; колэсы; котыхкар. 27: рӓкухв: кӱклэс; пыштэмэсэт: вортпэсэт. 28: хонкэт: паксэсэт. 29: кандхтэсӓн.

N'olouvt (VIII) Pänk.

1. Qun täu axnel jole-vailes, täu jitä-palt jomeses šau atįm.
2. Tat täu pokäne jomeses ńoltįń, i qošgįm tävänc laves: poirįxš, qun ńorsįnke, van joxti anįm lištux.
3. Isus kat naritam puvestä täväme i laves: ńoram lištitaxten. I täu ton latt lištitaxtes ńoltetnel.
4. I latti täväne Isus: šunšen, ati-qonne latten; äń menen, qöltqaten popne i taten jor, ne-voip lavįm oli Moisei zakont, por qaret šušnä mos.
5. Os qun tus Isus Kapernaumne, jomeses täu eltä-palne šätpäńk i jolintestä täväme,
6. Lattįm: poirįxš, quś am paltįm jon qui agmeľtam, i šak muttaxti.
7. Isus latti täväne: am jivįm, pušmelilįm täväme.
8. Os šat-päńk päri tävänc laves: poirįxš. at jorelam, ištobi nag tusįn am küälįmne; os naxke laven ľax, i jälti am qušįm.
9. Kaš am pįl erx jolpal elimqoles, os, ošgįm jolįm-palt xontqumet, lavam elolqarne: menen, i meni, i motetqarne: jejen, i joxti; i amk qušįmne: varalen tonme, i vari.
10. Tonme qölįm Isus pakses, i täuk jitä-palät jompqaretne laves: šariš lattam nanane: Izrailt pįl ľe-šiuv agtnä-äš am at qötsįm;
11. I lattam nanane, išto šavet jivįt qödel pakepap i matįp jurxetnel, i olmijat Avraam, Isaak i Iakov jot aul naerluxt.
12. Os šemel ma püvet rastvįt jipįš mane; tat jimti lüš i peńk jaxštanä.
13. I laves Isus šät-päńkue: jomen, i qumle nag agtsįn, ton qoitel jimte nagnane. I täu qušä jältes äkü ton latt.
14. I joxtįm Isus Petr küälne qöntestä täu äktäme qolel quitnät.
15. I vįstä täväme katetänel, i agįm qüľtįptestä täväme. Täu küälles i pümtes služitlux tävänc.

VIII, 2: покана; неятынг; ньорсьнкь; лнтухв. 3: пвятетнял. 4: ati-конне ул латтон. 5: јолмнстй. 7: јивм; ушмаизм. 8: ивтон; тусм; лех; кусьем. 9: јајон; кусемн. 10: сярмн; котсям. 11: јивт; unrichtig: накмат pro накнан, ракер-; мяхтын, mat-; наерьахт. 12: растггл; няик-я. 13: агтсям. 15: agįm; куйльсц; служітлухн.

16. Et-pala tatvisit täu pokäne šau saittal; i täu sirsän usraitme äkü Tanqel, i šoqo quitipqaretme jältiptesän.

17. Tak śarme Isai näit lattilp, qotiqar latti: täu visän man agmenou, i permelesän taninme.

18. Isus, täuk kitä-paletät šau atim üm jipalt, laves qańdtaxtipetne unšux mot palne.

19. I vatge jomim, äkü nepäk-qašpqar laves täväne: qańdtap, menam am jitä-palint, kaš qōte menen.

20. Isus latti täväne: oxšeret ońdat voṅqeset, i tiglelap uixulet pitit; elimqoles püv qumle at qōnti olnä-ma.

21. Motetqar täu qańdtaxtipetnel laves täväne: poirixš, lavalen anim elolt jalux i šäptax am jegim.

22. Os Isus pari laves täväne: jomen am jortilim, quTtipten atelińqaretıne šäptax täṅk motavän.

23. I qun täu tus kerepne, qańdtaxtipet pil täu jortilät jisit.

24. Ratgin sarišt votimles jäni isgen te-śiuvne, išto kerep amertalvus qumpetnel; os täu ulim qujes.

25. Täu qańdtaxtipän, täu pokäne menim, pümtsit kintiltax täväme, lattim: poirixš, akilimťalen manou; te qolou.

26. Tonśiuvt laves tanane: narne pelmesnä, agttalet? Tonśiuvt küällim, jole-erqelesän votetme i sarišme, i jerte taventes.

27. Elimqoleset paksam lattesit: qon tit, išto votet i sariš qontlat täväne?

28. I qun unšes täu sariš alim palne Gergesinskoi mane, quixatsit täu Taltä kit saittal, xoṅgeletnel küäne-küällimqari, te-śiuvne šiminag, išto äkü qoles pelim ton Ioṅqel at jales.

29. I ratgin aijemessi tin, toqo lattim: ne ätin oli pätim minane, Isus tōrim püv? pos elpalt jisin muttax minmin.

30. Qōšätńuv ton manel jäni puris-anä ürixtes.

16: іт-вала; татжисот; покано; ленкоа. 17: няйт; котыхвар. 18: унтухв. 20: тыглмап-уй-хулт. 21: jалухв; шаитахв. 22: jортылом; авымынгкаротно; шаитахв. 23: jіcот. 24: тет-сіувно. 25: покано; пўмвтсот; кинчштахв; ті-колоу. 26: кўалым; jарто. 27: латтюсот; тет. 28: койватсам; алахтӓ; хонголотным (комолымым) кўано-кўалынкари: тет-c.: мімінаг. 29: аіромсрӓ; jісот; мучтахв; монжон.

31. I asrait qošgesit täväne, toqo lattim: qun kietgän manou kuäne, tonsiut laven manoume tux puris-anäne. 32. I laves tanane: menän. Tan küäne-küällim tusit puris-anäne. I ratgin šumim puris-anä rastqates sarišne, i šarkepes vifet. 33. Uripqaret qaitimlesit, i ušne joxtim lattesän pali saittaletme. 34. I ratgin uš juntetätel küälles Isus lalx; i täväne qöntim qošgesit, ištobi täu ele-menes tan magä-käunel.

Ontolouvt (IX) Pänk.

1. Tonśiuvt täu tus kerepne, i päri unšim joxtes täuk ušetäne.
2. Ton mat tatsänil täu eltä-paletäne quitim-palkânt quipqarme. I tan agtnä-äšne qontim, Isus laves quitipqarne: küällen püv, taretaxtat nag kiräkän.
3. I tat äkü-materet nepäk-qašpetnel lavesit tulmixag: täu torimme lülimtitä.
4. Os Isus, tan nomtän qańdim, laves: narmos nan keurt lul nomsinä?
5. Tonmos nar kignäńuv, lavux: taretaxtat nag kiräkän, anne lavux: küällen i jomiten?
6. Tonmos nan qańdelän, išto elimqoles püv ońdi va šemel mat tartelux kiräket (tonśiuvt latti quitipqarne): küällen, vajalen quinä-man i menen näuk küälinne.
7. I täu küälles, vistä quinä-matetäme, i jomeses täuk kuäletäne.
8. Os mer, titme qöntim, pakses i ešgestä törimme, mipme te-śiuv va qolesetne.
9. Toul jomim Isus qöntes attix axtnä-mat uulip qolesme, nametätel Matpime, i laves täväne: jomen om jortilim. I täu küällim jomeses täu jitä-paletät.

31: комгэсэт; манäн; тухв. 32: танäн; к.-кÿäлмм: тусэт; вiтэт. 33: каiтмнллсэт. 34: кÿäлже; комгэсэт; iмтонi; марäнэлнкл.

IX, 1: тäку. 2: татсäнлл; кÿäлэн. 3: нэвэк-к.; лавэсэт. 4: коурэнäнт. 5: лавухв; кÿäлэн. 6: каньлжiлäн; тартэлахв; кÿäлэн. 7: кÿäлэе; к.-матäнэ; тäку; кÿäлäтäнэ. 8: тэтмэ; тэг-с. 9: кÿäлым; j.-палäрäг.

10. I quu Isus unles päsent täu küälctät, ton mat jisịt šau attịx axtpet i kiräkịṅqaret, i utsịt Isus jot i qańḍtaxtịpqaräntel äküäne.

11. Fariseit, tonme qōntịm, lavesịt qańḍtaxtịpet täri: narmos nan qańḍtapän tēg i äi oslịm varpet i kiräkịṅqaret jot.

12. Os Isus, tonme kaṭelam, tanane laves: ati pịl pušqaret qärexlat lekarme, os agmeľtapqaret.

13. Menän, qańḍtaxtän, nar ońḍi keurt ľax: milosľne ńoram, ati pịl jorne. Voilịn am jisịm at śaretme, os kiräkịṅqaretme vövux ńultịptax.

14. Tonśiuvt jisịt täu palne Ioan qańḍtaxtịpet, i lattat: narmos man i Fariseit šau kes pịṭelou, os nag qańḍtaxtịpän at pịṭelat.

15. Isus laves tanane: tajat amne ati muit tuštux, qun tan jortịlän pańk? Os jimtat qōdelet, qun nirịmtaxti tan palännel pańk, i tonśiuvt pūmtat pịṭelax.

16. Ati-qon at lalsali jelpịl lomtme peš mašnäqarne: tonmos jelpịl laltä manịmtaxti mašnäqarnel, i äs jimti alpịlnel jängag.

17. At puntlalvu äkü toqo jelpịl orox peš terịmne; os motịnṭi oleske, manịmtaxtat śamperet, küäne-šošxti orox, i terịmet qolilat. Tonmos jelpịl oxox puntlalvu jelpịl terịmne, i pušmelaxti i ton i motqar.

18. Quu täu lattes titme tanane, äkü-mater päńketnel jis, i qošgịm täväne lattes: am eam äń qolenti; jejen, punalen nag katịn täu tärmịlne, i täu lịlei.

19. I küällịm Isus jomeses täu jortịlät, i täu qańḍtaxtịpän.

20. Ton qalt äkü quitịp ne kelp-niglịnä-agmel kitquiplou tal, jipalnel jomlitam, sartitaxtes täu mašnäne.

21. I tonśiuvt lattes täu täuk keuretät: quu am sartitaxtam täu mašnäne, jältam.

22. Isus, päri-jońqịm i qōntịm täväme, laves: ńoxrịmtaxten, ea; agtnä-äṭịn jältịptestä nagịn. I ne jältes äkü ton šast.

10: күӓлӓтӓт; jicәт; утcәт. 11: лавәсәт. 12: лекармә; агмәлтапкарәт. 13: иар оньджі лех: акілімнә ньорам; войлән; jicәм; вовухв; нколтиптахв. 14: jicәт. 15: тштухв; jортылӓн ваис; палӓниәл ваис; имчәлахв. 16: ломытмә; машиакарнә; машнӓ; jӓиігаг. 18: олм. 19: куйлим. 20: ӓку иә, куйтип колн-агмәл; 21: тӓку; коурӓтӓт. 22: оа.

23. I qun joxtes Isus ton päňk kůälne, i qöntes porixarpetme i qoleset, śorne pätimetme.

24. Tont laves tanane: küäne-menän; voilin fe ea at qoles, os qui. I mäjintesit tävänc.

25. Os qun elimqoleset küäne-kietvusit, täu, jomlitam, vistä täväme katetänel, i viš-ne jältes.

26. I te lax küälles ton śar laxvu.

27. Qun Isus jomes toul toqo, kit šämpaltal täu jitä-palt šišgesit i lattesit: akilimlen minmin, Isus David püv!

28. Os qun täu joxtes küälne, tonśiuvt japištesit täväne tou šümpaltalet; i latti tanane Isus: agtlaxtinä, išto am va ońdam titme varux? Tin latta täväne: agtimen, poirixś.

29. Tonśiuvt täu, tin śämi sartitam, laves: agtnä-ätän qoitel jimte ninane.

30. I pušxtesit tin šämänil. I ńoxriš pimintesän tinme Isus: šunšäu, ati-qonne qańdińkve fe üš.

31. Os tin, küäne-küällim, suimtesänil täväme ton śar laxvu.

32. Tin küäne-küällentam śiuvt tatvus täu eltä-palne asrai ośp tus-ńilemtal qoles.

33. I asraime küäne-kietim jipalt tus-ńilemtal lattimtes. I mer paksam lattes: ati-qun titme usintoves Izrailt.

34. Os Fariseit lattesit: täu asraitme kietgän asrai öter jolel.

35. I multesän Isus šoqo ušetme i pailetme, qańdtam mer axtqatnä-küält tanjume, i lattim naerlax lattilp, i pušmelam šoqiń agim i šoqiń moš elimqoleset keurt.

36. Atimet qöntim jipalt akilimlesän tanme, išto tan, muttaxtim i laxvu küällim, ürip oštal ošet qoitel, olat.

37. Tonśiuvt latti täuk qańdtaxtipän täri: urlex šau, os urelap morśe.

38. I tonmos jolintelän tēp-kän päńkme, ištobi kietsän urelapqaretme täuk känetäne.

24: войлап; тот; оа; мäjintesit. 25: к.-кютвусыт. 26: тет; куӓлэс. 27: шиrrэсaм; латсaм; монмэн. 28: jaпыштэсaм: шӓмпалталaм; тотмэ; варухв. 30: пушхтэсот; аті-комня ул каньджіинкуа тет Ӏш. 31: к.-куӓлым. 32: к.-куӓлентaм. 33: аті-куи тэт ат. 34: латтэсыт. 35: танмэ; насрлах. 36: куӓлым. 37: тӓку. 38: joлымтэлäп; іштоні; тӓку.

Louvt (X) Pänk.

1. I vövelam täuk palne kitquiplou qańḑtaxtịpän, mịs tamane va lül asrait tärmịlne, ištobi kiettux tanme, i jältịptax šoqịń agịm i šoqịń moš.

2. Os kitquiplou kietịm namänịl oli toqo: elolqar Simon, namtam Petrag, i Andrei täu käšä, Iakov Zevedeiev, i Ioan täu käšä,

3. Filip i Varfolmei, Foma i Matpī pariš-varp, Iakov Alfeiev i Levvei, namtam Faddei,

4. Simon Kananit i Iuda Iskariot, qotiqar i pertestä täväme.

5. T'e kitquiplou kietsän Isus i pịmịntesän tanịnme, lattịm: pupine-šušpqaret palne ul jälän, i Samaŕanskī ūšne ul tujän;

6. Os menän qolịm ošet palne Izrail küält.

7. I qödäľ joxtinä, suitịltän lattịm: vaťmes avịl naerlax.

8. Quitịpqaretme pušmelän, ńoltịńet lištän, loxtịmet jältịptän, asrait ele-kietän; narmịxtal visnä, narmịxtal i majän.

9. Ul vajän jot ati sūrin, ati alịn, ati ärgin entepän keurne,

10. Ati quri ľońxne jot, at kit mašnä, at poľkes, at sui-jiv. Äkū ton pịl nergesapqar tēnäne qoi.

11. Kaš ne-voip ušne amne paulne nan tuvnä, kalịmtän, qon täu keurät jomas, i tat olän memnän moš.

12. Os küälne tunän šiuvt päše varän, lattịm: jomas ťe küälne jimte.

13. Amelịn küäl jimte lań, nan satnä-jomasän joxte täväne; amelịn naleval, tont satilam-jomasän nänknane jońqi.

14. Amelịn qon at tulgän nanịnme, i at qontli nan ľańqänne, toušiuvt, küäne-küällịm ton küälnel amne ton ūšnel, eleparketän lailne xanịm porịšme.

15. S'ariš lattam nanaue: Sodomskoi i Gomorskoi mane kignänuv jimti sut-varnä qödelt ati-pịl ton ūšne.

16. Au, am kietgänịm nanịnme, jormänt ošet šešet qalne; i tont jimtän amelịńag pupixor qoitel, i souti äkū tont kapteret.

X, 1: тӓку: іѕтоиі: кіѕтух; jӓлтыѕтахп. 4: Кананѕт; котыххар. 5: тѳт. 7: наерѕах. 8: куйтыѕкарѳт; пюѕтыпгѳт; выстӓн. 9: ӓргын. 10: льопкнѳ. 12: сіувт; тѳт. 13: jіѕті: тон. 14: лепкӓнпѳ: к.-кӱӓлым. 10: кіѳггӓнѳм; пупікур.

17. Urqatän qolesetnel: tan pümtat mix nanjnme sut-küäletne, i tańk mer-küält voñgux nanme.
18. I tatgänjl nanjnme sutetne i naerän pokne, am mosim, tonuxlax tan elän-palt i pupine-šušpet elpalt.
19. Qun jimtat mix nanjnme, ul tuštän, qumle i nar lattux; ton latt miqti nanane, nar lattux.
20. Ati pil nan lattux pümtinä, os nan jegän lil pümti lattux nan keuränt.
21. Migtä älux jege-püv käsäme, i jeg päväme; i falx küällat püvet jegänjl täri, i šonletat älux.
22. I jimtinä ēreptal šoqjñqarne, am namim mos; permjpqar pättane jülti.
23. Os qun šouletat jaxstax nanjnme äkü ūšt, tulän mot ūšne. S'ariš lattam nanane: at ästinä multax Izrail ušetme, tonsiuvt elimqoles püv joxti.
24. Qańdtaxtjp jäni ati qańdtapnel, i quš jäni ati täuk pojeretänel.
25. Tauli qańdtaxtjp kašil, ištobi täu oles qumle täu qańdtapä, i quš kašjl, ištobi täu oles qumle täu pojerä. Qun küäljń qumme namtesänjl Veelzevuli, toul kümjn täu küäljńqarän.
26. I tonmos ul pelän tannanel; ati-nar ati jole-šäptam, ištobi pali ul päte, i tuitim, ištobi ul katelańkve.
27. Nar lattam am nanane jipiš mat, tonme lattelän päsjń mat; i ton, nar lattam nanane pä´ne, nan suitjltelän lep tärmjlt.
28. Ul pelän älpetnel ńovjlän, qotiqaret vagänjl at joxti ljl älux; os pelän tonnel, qotiqar ljl i ńovjl teltitä ońx-pūtet.
29. Erjn kit šäńgiš pertqata äkü assari mos? i tonetnel äkü pjl at päti ma tärmjlne nau jegäntal.
30. Os nan päńk-ētet pjl šoqo lovjntam olat.
31. Ul pelän äkü toqo; nan tinjńet olnä šau šäńgišetnel.

17: мыхв; вонгухв. 18: наерйн; тонухлахв. 19: мыхв; латтухв. 20: латтухв. 21: ялухв; куялат. 23: jaxстахв: мултахв. 25: ишton; die wörter: ištobi täu — — quš kašjl (? kašil, камиʌ) fehlen in der russ. transskription. 26: ишtoн; качеланкуа. 28: котихкарат; ялухв. 29: съянгiш. 31: съянгiшетнеʌ.

32. I tonmos šoqiṅqarme, qon laviltitä animme qoleset elpalt, i am lattilim täväme jegim elpalt, qotiqar avilt oli.

33. Os qon ele-küälli amnanel qoleset elpalt, i am pil täunanel ele-vortpaxtam avilt olip jegim elpalt.

34. Ul numsän, isto am jisim olmil tatim ma tärmilne. Am jisim ati olmil tatim, os širi.

35. Voilim am jisim pali-urtux elimqolesme tänk jegätel, i came täuk šökätel, i mańme täuk äkutätel.

36. Qajeret climqolesne täuk küäljṅqarän.

37. Erptap täuk jegme amne šökäme amnanel jäṅgis at qoi amnane; i erptap püväme amne came amnanel jäṅgis at qoi amnane.

• 38. I qon at vigtä täuk pernätäme, i at meni am jitimpalimt, ton at qoi amnane.

39. Täuk liletäme ürpqar qoltilitä täväme; os am mosim lilä qoltilapqar qöntitä täväme.

40. Nanime tulilapqar anim tulilitä; os anim tulilapqar anim kiettimqarme tulilitä.

41. Näitme tulilapqar, näit namel, qöntitä justil näitne; šarqarme tulilapqar, šar namel, qöntitä justil šarne.

42. I qon äititä te višetnel äkü äne äšerem vitel, qańdtaxtip namel, šariš lattam nanane, at qolti täuk justiletänel.

Akquiplouvt (XI) Päuk.

1. I qun Isus multesän Iańqet täuk kitpuiplou qańdtaxtipän täri, menes toul toqo, qańdtax i lattux tan üšetne.

2. Os Ioan, turmat kutelam Kristos varnä-ätet, kiettes kitqar täuk qańdtaxtipetnel.

32: анlм; латтылэм; јегlм; котыхkap. 33: э.-куäлі. 34: jісэм. 35: войлэп; jісэм; в.-уртухв; тäку; оамэ. 36: тäку. 37: тäку; оамэ. 38: тäку. 39: тäку; лмлäтäмэ. 40: напlн. 41: нйlтмэ. 42: тэг; сlрlш; тäку; юстlлäтäнзл.

XI, 1: лепkэг; тäку; каньджахв; латтухв. 2: тäку.

3. I laves tävänc: nag erin ton, qotiqar jix ńorsin, amne motqar manane urux qárex?

4. Isus laves tanane päri: menän, lattän Ioan täri, nar qolinä i vainä.

5. Šämtalet šušpi jimtat, lailpalet jomitat, ńoltińet lištqatat, päľtalet qolat, qolimqaret jältentat, i jorlit lani-lattat.

6. I jomas, qon at telili am mosim.

7. Tan sare menimän jipalt pümtes Isus lattux Ioan mos merne: nar šunšux jälsän nan xar mane? mäntim niret votel ńoultanä?

8. Os nar šunšux nan jälsän? mäntim tinjń mašnäl mašqatjm qolesme? Tinjń mašnä ošpqaret olat naer küält.

9. Os nar nan šunšux jälsän? näitme? Toqo, lattam am nanane, näitnel pil jäni.

10. Tonmos tit kalja ton, qotiqarme qörjń laviltitä: an, am kiettam amk lattipim nag eltin-palint, qotiqar larptitä Iońx nagnane joxtnin elpalt.

11. S'ariš lattam nanane: net ponštamqaretnel jäni atim oles Ioan pernä-punipnel, os višńuv avil naerlaxt tävänel jäni.

12. Ioan pernä-punip qödeletnel ań moš avil naerlax val viqti, i šimińiš kišpet qöutilalgänil tonme.

13. Tonmos šoqo näitet i zakon Ioan elpalt lattesit.

14. I qun nan ńorinä qańdux, täu Ilija, qarexlap joxtux.

15. Päľ öšpqar qontlax tak qontle.

16. Os qonne eseplilim am fe toximme? Täu jormänt višqaret, qotiqaret posert unlenäuil uil vövat tänk jortetme,

17. I lattat: man porixarsou nan mosän, i nan at jequsän; man ergesou nan mosän lüš-erit, i nan at lüssän.

18. Ioan jmät jipalt at tēs, at äijes; i lattat: täu keurät asrai.

19. Jis elimqoles püv, tēg i äi; i lattat: tit elimqoles, qotiqar ērpti tēx äjux, jort oxśe axtpetne i kirex varpetne. Os amel püvet misit täväne śar äšme.

3: хотыхкар; јіхв; илорсэн; урухн. 4: тонани. 5: иколтынгот; јälтэнтāт; 6: I шотынг, кон. 7: латтухв; шуншухв; кар. 8: шуншухв; наер. 9: шуншухв; няйтмэ. 10: калмнг; котыххармэ; куормыг; ань; кāтам. 11: сярыш; наерлахт. 12: ваерлах; кішнэт; контīлалгäшл. 13: няйтэт; латтэсэт. 14: каньджухв; јохтухв. 15: контлахв; таку. 16: эсвлīлэм; тэ; котыхкарэт. 19: к этыхкар; тэхв; äńyхв; мысэт.

20. Tonśiuvt pümtes täu lülimtax üšetme, qotiqaret keurt kümińiš qŏltim oles täu erqä, tonmos išto tan at joxtsit tŏrimne.
21. Tuš nagnane, Xorazin! tuš nagnane, Vifsaida! qun Tirt i Sidont qŏltim olxanil erqet, qŏltilalimqaret nanane, tont qŏśätńuv tan läńdiketel mašqatim i qufmel puńqtam joxtnat tŏrimne.
22. Ose pil lattam nanane: Tirne i Sidonne kignäńuv jimti sut-varnä qŏdelt, ati-pil nanane.
23. I nag Kapernaum, kaltqatim avil moš, pätgin jol naerlaxne; tonmos quu Sodomne qŏltim olxanil erqet, qŏltilalimqaret nag keurint, täu olni an-fe qŏdel moš.
24. Ose pil lattam nanane: Sodom śarne kignäńuv jimti sutvarnä qŏdel śiuvt, ati-pil nagnane.
25. Ton ront, lattentam Iax, Isus laves: suitiltilim nagin, fat, poirixš avilne i šemel mane, išto nag tutislin fetme amelin i nomtińsaitińqaretnel i qŏlteslin tonme ea-püvetne.
26. S'ariš fat! nag jomas ērptanin toqo oles.
27. Šoqo mim oli jegnel amnane; i ati-qonne qašvu püv, jegnel tärge; i ati-qonne qašvu jege, püvnel tärge, i qonne püv palilattux numilmatitä.
28. Jejän am paltim, šoqo muttaxtipet i tarvitne pätimqaret; i am saimelijänim nanme.
29. Vajelän amnanel igo näńknane, i qańdtaxtän amnanel; am sout kamelt-šimp olim; i qŏntilän näńk lilän tavetme.
30. I tont am igo jomas, i tarvitim kignä.

Kitquiplouvt (XII) Pänk.

1. Kalin ton ront jomites Isus routim tēp-känet laxvu subote qŏdelt; tonśiuvt täu qańdtaxtipän tēx jimtsit, i pümtsit manitax tēppäńketme, i tēx.

20: пумтэс; лулімтахв; котыхваретъ; joxтcэт. 21: Сидонт олвäнэл эрвэт; нунмктам. 22: fehlerhaft Содомн‫ъ‬ pro Сидонвъ. 23: fehlerhaft Капернаумъ pro Капернаумъ; к ватвàтымь; нäтгэн; j.-наерлахнэ: олканэа; ань та. 24: сіувт. 25: лex; суйтылтілэм; тать; туйтмсхэн; оа-п. 26: тать. 27: ати-конн‫ъ‬ ат вашву; н.-латтухв. 28: ам поквмнэ; саймэлijänэм. 29: олам; лылэнвнн‫ъ‬; таувэтмэ.
XII, 1: тэхн; jімтсэт; нумтcэт; манітахв.

2. Fariseit, tonme qòntįm,' lausit täväne: šunšen, nag qańdtaxtįpän varat ton, nar varux at tai subote qòdelt.

3. Täu päri laves tanane: äń mos nan at lovuntaleslän, nar vares David, qun tex jimtes, täuk tävätel olįmqaret?

4. Äkü-mat qalt täu tus torįm-küälne, i tes jorįń ńańet, qotiqaret at taisit tēx ati täväne, ati täu jortįlät olįmqaretne, šoqįu äkū popetne tainat.

5. Amne at lovunteslän zakont, išto popet torįm-küält subote qòdelt at ńrgänįl subotame, tonmos voip vinovat at ońdat?

6. Os lattam nanane, išto tit ton, qotiqar torįm-küälnel jäni.

7. Os qun nan qašgelän, nar ońdi keurt fax: akilimne ńoram, ati pįl jorne, tont at pūmtninā luptaxtux oxtalqaret täri.

8. I tont climqoles püv pańk i subotane.

9. I toul ele-menįm tus sinagogne.

10. Tat oles tošįm-katįp qoles; i kitepesänįl Isusme: kaš qon tai pušmelaptux subotat? ištobi täväne mater keurt vinovatne pättux.

11. Täu laves tanane: qon nannanel, ońdįm äku oša, qun ton oš subote qòdelt päti vońqane, qumle at vigtä nońxo?

12. Os ošnel climqoles ne-šiuvne jomas? I tonmos subotat pįl jomas varux tai.

13. Tonšiuvt latti ton qolesne: naritalen nańk katįn; i täu naritestä; i jältes katä, mot-pal kat qoitel.

14. Fariseit, küäne-küällįm, varsit täu faltä oi, mat-sįr amelel qoltilax täväme. Os Isus katelam, menes toul toqo.

15. I ńaulįqates täu jitä-palt šau atįm, i täu tanme jältįptesän.

16. I jole-erqelesän täuktäme pali-lattux;

17. Tak jimte Isai näit lattilp, qotiqar latti:

18. Tit am püvįm, qotiqarme am perieslįm; erptax pūmtįnqarįm, qotiqar keurt am šimįmnel šoqįń jomas erx; punilįm amk lįįm täu tärmįlne, i tarįmtitä atįmetne sutme.

2: лаусог; варухв. 3: ловыптаюсляй; тахи; тяку. 4: яку-мот; котыхкарот; тайсот; тахи. 5: лолмитнсляи;ургинем; тонмос винонат. 6: котыхкар. 7: лех; луптахтухи. 10: китэпэсяньм; нушмэлантухо; няттухи. 11: нананьм; нятти (? няти). 12: нэ-сіуниа; варухв. 14: к.-куялми; варсот; ляйлахтā; колтілахо. 15: jältįptesän. 16: тякутямэ; н.-латтухи. 17: няйт; котыхкар. 18: котыхкармэ; періасалм; эритахи: пунмалм.

19. Pári at lattįmti, at šišgemi, i ati-qonne at qolvu täu laṅqä roṅx laxvu-toxįm-mat.
20. Nurįm sui-jivme at šaimtitä, i pelįmtam ponlame at qarititä, täu šar ätä nonxaľ pätnät elpalt.
21. I täu nametäne šunšux pümtat šar atįmet.
22. Tonšiuvt tatvus täu palne asrai ošpqar, šämtal i tusńilemtalqar; i pušmelaptestä täväme, toqo išto ton šämtal i tusńilemtalqar pümtes i lattux i šunšilax.
23. I pakses mer jäntetätel, i lattes: tit erįn atim Kristos, David püv?
24. Os Fariseit, titme katelam, lausįt: täu asraitme küänekietgän asrait öter Veelzevul jolel.
25. Os Isus, tan numtän qańdįm, laves tanane: šoqįń naerlax, tänk note pali-urtqatįp, tatlanä jimti; i šoqįń üš amne küäl, tänk note urtqatįpqar, pušne at unli.
26. Qun asrai asraime jaxstitä, tonšiuvt täu urtqates täuk jortįlät; ton jipalt os qumle tuńdi täu naerlax?
27. I qun am Veelzevul val asraitme kietgänįm, os nan püvän qon val kietat? ton qöšetag tan jimtat nanane suti.
28. Os qun am törįm lįlel kietgänįm asraitme, tont äkü ton pįl kįšmovusän nan törįm naerlaxnel.
29. Mäntim qumle qon tuv vagįń qum küälne, i pümti nirišlax täu jomaslax, alpįl at persestäke ton vagińqarme? tonšiuvt šoqįń tulmentitä täu küälä.
30. Qon am jortįlįm atim, tonqar am raltįm; i qon am jortįlįm at axti, tonqar qoltili.
31. Ton qöšetag lattam nanane: šoqįń kirex i lül taretaxtat qolesetne; os lül jelpįń lįl täri at taretaxti qolesetne.
32. I qun äkü-mater luptaxti elimqoles püv täri, taretaxti täväne; os qon luptaxti jelpįń lįl täri, at taretaxti täväne, ati päsįń mat, ati jol mat.

19: латтꙗити; колаґа; леикй. 20: сы-jимю; тӓку; иоигкаль. 21: пахӓтӓпэ; шупшухи. 22: латтухи; шупшіlахо. 24: лаусат. 25: иаерлах: тӓку; иутый. 26: тӓку; иаерлах; Веельзевул; кіѳттӓием; косьӓтаг. 28: кіѳттӓием; кымможсӓи; иаерлахиэ. 29: иіріш̈лахи. 30: ꙗилхтым. 31: косьӓтаг.

33. Mäntim numtänne nan päti, išto jiv jomaske, tont i urleqät jomas; mäntim os täu lül tonśiuvt i urleqät täu lül; tonmos jiv qašxti urlexnel.

34. Pupiqor toxim! qumle tainä lattux jomasme oipinet osnä (olnä?)? šim keurt numsanäqar tus latti.

35. Jomas qoles jomaslaxnel neltitä jomasme; os lül qoles lüllaxnel neltitä lülme.

36. Am lattam nanane, išto šoqiń narmixtal lax mos, qoles lattinä, kitilovut sut-qödel śiuvt.

37. Tont täuk lańqätel śarmelaxti, i täuk lańqätel sutne päti.

38. Tonśiuvt äkü-materet nepäk-qašpetnel i Fariseitnel, laqilne tum, lausit; qańdtap, man úoron nagnanel ux mat-sir pos.

39. Os täu päri laves tanane: qajer pux kinši amnanel pos, i pos täväne at miqti; Iona näit numpal posnel.

40. Tonmos išto Iona qul käxer keurt oles qurum qödel i qurum ji, äkü toqo i climqoles püv Šemel mat oli qurum qödel i qurum ji.

41. Ninevićanel tuńdpat sutne ćeće pux jot, i jolxag pättijän täväme; tonmos tan Ionanel lax qölim jipalt joxtsit törimne; a tit Ionanel jäni.

42. Qödel-pal naer-vant tuńdpi sut elpalt će pux jot, tonmos išto täu jis el manel qontlax Solomon amelet; a tit Solomonnel jäni.

43. Qun asrai elimqolesnel küäne-küälli, tonśiuvt jali vićtal mat, olnä-ma kinšim, i at qönti.

44. Tonśiuvt latti: menam amk küälimne; i jiu joxtim qöntestä täväme tatlanä, lištim i lalptam.

45. Ton jipalt meni, i vig täuk jortilät sät mot asrai, täuknanel küxtitme, i jiu tum, olmijat tou; i jimti ton qolesne alpilnel jol äš lüli. Äkü toqo jimti i će qajer puxne.

46. Täu äkü toqo merne lattentanät mänt täu šökä i küšän tuššit qüän, ńorim täu jortilät lattux.

33: тонмос кашхті. 34: латтухн; ойпмнгэт олнй; нумсвнйкарм.). 36: лex; кітіловт; сіувт. 37: тйку; ленкйтл. 38: нэпэк-кашэтнл (? нэпэк-к.); лекмлне ануcэт; ухв. 39: латтлс; няйт. 40: войлэн кумлэ Іоna. 41: тэтщ jолкам; лex; jохтcэт. 42: наер-в.; тл; контлахи. 43: куKлі. 44: i jуn. 45: тйку; jуn; тл. 46: тумеэт; латтухн.

47. I äkü-mater laves täväne: tit, nag śökän i käśän tuńdpat paul-känt i ńorat lattux nag jortįlįn.

48. Os täu će lattįpqarne päri laves: qon am śökäm, i qon am käśäm?

49. I katel qöltpam täuk qańdtaxtįpän, laves: tit am śökäm i am käśäm; tonmos qon pümti varux avįlt olįp am jegįm erx, ton am käśįm, i jitįm, i śökäm.

Qurumquiplouvt (XIII) Pånk.

1. Küälnel küäne-küällįm ton qódelt, Isus untes sariš vätane.
2. I axtqates täu paltä šau atįm, toqo išto täu, kerepne küällįm, untes tou; os mer šoqo tuńdes sariš vätat.
3. I qańdtesän tamne šau sįrel, lattįm: tit, küälles routįpqar routux.
4. I täu routįmät śiuvt to šäm pätes ľoûx vätane, i toulįń uit joxtįm täväme naxvsänįl.
5. To pätes kavįń mane, qöt šemel ma oles morśe, i jerte küälles; tonmos išto ma oštńuv oles.
6. Os sax išim ńuvnel śarlovus, i tärne at tėlįmät mos tošes.
7. To pätes ini-saune, i jänimešįt inget; i šetesänįl täväme.
8. Toqar pätes jomas ma tärmįlne, i tëľles oslįm: toqar šät, to qötpen, os to vät latne.
9. Päľ ošpqar qontlax tak qontle.
10. I vaťge jomįm qańdtaxtįpet lausįt täväne: narmos prittel tanane lattan?
11. Täu päri laves tanane: tonmos, išto nanane maivus qańdux naerlax tuitįm ätet, os tanane at maivus.

47: латтухв. 48: тэ. 49: тӓку; каньджахтыпӓн (? каньджтахтыпӓн); варухв; кӓсым (? кӓсьмы).

XIII, 1: к.-кӱӓлым; сарыш. 2: кӱӓлым; сарыш. 3: кӱӓлэс; роутухв. 4: сіувт; пахвсӓнэл. 5: кӱӓлэс. 6: ишвиэ; мӓрјовэс. 7: јінін-саувиэ, ini-sauv; јӓнімэсэт; јінгэт; шэтэсӓнэл. 8: тэлэс; ват (вмэт). 9: таку. 10: лаусэт. 11: маӳвэс; каньджухн; наерлах.

3

12. Qon ońḍi, tonqarne mįqti, i šaumelaxti; os qon at ońḍi, tonqarnel ele-nirįmtaxti i tou, nar ouḍi.

13. Tonmos am tanane kalįn at lattam, išto tan um at vagänįl, i qōlįm at qōlgänįl, i at numsijän.

14. I śarmelaxti tan tärmįlänt Isai lattįlp, qotiqar latti: päŕel qōlilän, i at qašlilän, i šämel šunšinā, i at vailän.

15. Tonmos išto ńoxrįmes će elimqoleset Šim, i päŕel vanc qontlat, i tańk šämänįl pätsänįl, ištobi ul ujänįl šämel, i ul qōlänįl päŕel, šimel pįl at nomįlmatat, i ul pįl joùxtaxtet, ištobi am taume jältįptesänįm.

16. Os nan šämänän jomaset, nar šunšat, i nan päŕänän, nar qontlat.

17. S'ariš lattam nanane: šau näit i jelpįń ńorsįt šunšux, nar nan vainä, i at usänįl, i qontlax, nar qontlinā, i at qōlsänįl.

18. Os nan qontlelän prittame routįpqar mos.

19. Šoqįń qontlapqar pokne naerlax ŕax, i at nomsap, jiv asrai i tulmentitä routįm taim täu šimenät: tit ton, qotiqar keurne routvus ŕońx vatat.

20. Os kavįń mat routįm taim qašxti ŕax qontlapme i äku latt agtįm vįpme täväme śagtįm;

21. Os ton at tëlvus tärne, tonmos ńoxre at ońḍi; os qun jimti lüš i variš ŕax mos, jerte telili.

22. Os routįmqar ińgetne qašxti qontlap ŕaxme, qotiqar keurt tuš olnälaxnel i ërp poilaxne qarititä ŕaxme, i täu jimti urlextal.

23. Os routįmqar jomas ma-känt qašxti qontlap ŕaxme i nomsap, qotiqar i jimti urlex jot, toqo išto tonqar tati oslįm šāt latne, to qōtpen, to vāt.

24. Mot pritteme mįs tanane, lattįm: avįl naerlax jorti qolesne, routįp jomas taim täuk känetät.

12: тонкарнэ. 13: ватäнзл; колгäнзл; нумсäнэл. 14: тäрмылäнзлт; Исаіл; котыххар; нäлэл (? вäлел). 15: го; пäтсäнзл; ішtoвi; yjäuэл; колäнсл; jälтмотсäнэм. 16: ішто шуншат; ішто контлат. 17: сăрым; найт; ньорsэт; шуншухв; усäнэл; контлахв; колсäнэл. 19: наерлах; лех; котыххар; роутвэс; ватанэ. 20: маuэ; лех. 21: гэлвэс; ат тоньджі; лех; järп. 22: jіmготиэ; контлавмэ лехнэ; котыххар. 23: ма-кäннэ; контлавмэ; лехмэ; номсаuмэ; котыххар; ват (вмэт). 24: прітчамэ; наерлах; тäку: кäнтäнэ.

25. Os elimqoleset quinä mänt joxtes täväme nurmjltamqar, i routes takenaket putit qalne, i menes.

26. Qun tēp küülles, i oit jis, tonśiuvt njglepesjt i takenaket.

27. Os quśet jiu joxtjm lattesjt kozäinne: ańdux, jomas erjn taim routsjn nag nänk känjnt? qōdāľ jisjt takenaket?

28. Täu laves tanane: nurmjltaxtjpqar vares titme. Os quśet päri lausjt täväne: ńoran erjn, man tou menjm liśtsenou?

29. Os täu laves: tomo, iśtobi takenaket nirjm ul nirqtet tan jortjlän i putit.

30. Qūľtjptän äküät jänimax urelanänjl moś; i tonśiuvt am lattam urelapqaretne: axtän elolt takenaket i neglän tanme puxśag, teljnänjl kaśil; os putit śaptän am tēp-küäljmne.

31. Mot amel mjs tanane, lattjm: avjl naerlax jorti gortjtnoi taimne, qotiqarne elimqoles vjm routestä täuk känetät.

32. Qotiqar kaś viś śoqjń taimnel, os qun tēli, tonśiuvt jimti śoqjń tēlnäqarnel jängag, i jimti jivi, toqo iśto touljú uit tjglemlalgjt, i tuitqatilat ton jiv tajt qalt.

33. Mot prittę laves tanane: avjl naerlax jorti kuśśane, qotiqarme ne vjm punestä qūrum mortes tolxen keurne, i qūľtjptestä śoqo pajeltanät moś.

34. Śoqjńqarme lattes Isus prittęl, i prittętal ati-nar at lattes tanane.

35. Tak jimte näit lattjlp, qotiqar latti: punśjljm prittęt keurt am tusjm, suitjltiljn tuitjmqarme śar joltjm jipalnel.

36. Tonśiuvt Isus, atjmetme taretam, tus küälne; i täu pokäne jomlitam täuk qańdtaxtjpän lausjt: punśalen manan amelme, nar tēpkänt takenaket.

37. Täu päri laves tanane: jomas taim routjpqar elimqoles püv;

38. Voiljn tēp-kän śar; os jomas taim naerlax püvet; os takenaket asrai pūvet;

26: кÿäлэс; оäтјэс; ныгләнэсэт. 27: јув; латтэсэт; козäння; роутсэн; јiсэт; 28: тэтмэ; лаусэт; лiаттэноу. 29: тома; iмтоп; fehlerhaft накэнакэт pro такэнакэт. 30: јäнiмахв. 31: амэлмэ; наерлах; котыхкармэ; тäку; кäнтйиэ. 32: котыхкар; тылгэмлалгэт; калнэ. 33: наерлах; котыхкармэ. 35: таку; нлäт; котыхкар; пуншылэм; суйтылтiлэм. 36: тäку; лаусэт. 38: воìлэн; наерлах: fehlerhaft пувэт pro пÿвэт.

39. Os nurmiltaxtim, tonet routįn, kalin asrai; os urelanä pos oxįrsom joxtnä; os urelapqaret aṅgelet.

40. Qumle axtqatat takenaket, i tautel teltqatat, ton qoitel jimti i oxįrsom joxtnä šiuvt.

41. Kieti elimqoles püv täuk aṅgelän, i axtijän täu naerlaxnel šoqo lül nomtet i qajer-varįmqaretme.

42. I rastgänįl tanme tautįń küörne: tat jimti lūš i peṅket jaxštanä.

43. Tonśiuvt śarqaret qòtlat jormänt qödel, tan jegänįl naerlaxt. Päľ ošpqar qontlax tak qontle.

44. Os avįl naerlax jorti tēp-känt šäptam tottįmne, qotiqarme elimqoles qōntįm tuitestä, i tonne śagtįm menes, i šoqo, nar oṅdes, perssän i joutestä ton käume.

45. Os avįl naerlax jorti tin-qumme, ńorpqarne tinįń sakne;

46. Qotiqar äkü tinįń sak qōntįm, menes i perssän šoqo, nar oṅdes, i joutestä tonqarme.

47. Os jorti avįl naerlax jolįmne, sarišne rastįmqarne, ašįrtamqarne šoqįń-sįr qulme,

48. Qotiqarme, qun tantes, vätan tatsänįl, i jomas qulet axtsänįl terįmetne, os lütet rastsänįl kääne.

49. Toqo jimti i oxįrsom joxtnä śiuvt: küälgįt aṅgelet, i paliurtgänįl jomaset lületnel.

50. I rastgänįl tanme tautįń küörne: tat jimti lūš i peṅk jaxštanä.

51. Jolt kitepesän tanme Isus: qašleslän erįn titme? Lattat täväne: qašleslou, poirįxš.

52. Os täu laves tanane: fe äš qōśetag šoqįń nepäkįń, qaṅdtam qōrįnetnel avįl naerlaxme, jorti kozäinne, qotiqar nelti täuk oxśe-moletänel jelpįlqarme i jisqarme.

39: калынг, 40: ci͞ывт. 41: тӓку; ахтӓнэл; наерлахиэл. 42: растӓнэл; пӓннѳт. 43: наерлахт; коптлахя; таку. 44: наерлах; котыхкармэ; пэртэтӓ (? пэртэстӓ). 45: наерлак. 46: котыхкар; пэртэстӓ. 47: наерлах; амыртамкарнэ. 48: котыхкармэ; татснѳл; ахтснэл; растсѳнэл. 49: ci͞ывт; куӓлгѳт; пали-уртгӓнэл лӱлэтмэ jомасэтэл. 50: растгӓнэл; пӓнк. 51: Іиволт; каньляэслӓн; тэтмэ. 52 тэ; нэпэкынг; куормыгэтнэл; наерляхмэ (? наерлахмэ); козӓннэ; котыхкар; тӓку; нэмкармэ pro jisqarme.

53. I qun multesän pritṭet Isus, menes toul toqo.

54. I täuk tëlịm-matetänc joxtịm, qaṅḍtesän tanme tan merküälenänt, toqo išto tan paksesịt, i latsịt: qōteľ täu vịs ťemiľ amel i va?

55. Täu erịn jiv-mašterlap püv? i täu šökä Mariag erịn lavịqti, i täu käšän Iakov i Iosi i Simon i Iuda?

56. I täu jịṭän šoqo maṅk qalovat erịn? Os qōteľ täu vịsän tititme?

57. I šoxtelaxtsịt ṅote täu mosä. Os Isus laves tanane: atiqöt ťë-šiuv moršane näit at jorlovu, qumle täuk tëlịm-matät i täuk küälät.

58. I at vares tat šau amel, tan at-agtnänịl mos.

N'Iläqulplouvt (XIV) Päṅk.

1. Ton latt qōlestä Irod ńilä-vlastnik ľaqịl Isus mos.

2. I laves täuk quśetne: tit Ioan pernä-punịp; täu liljes qolimqaretnel, i tonmos amelet varqtat tävänel.

3. Äkü mat qalt Irod, Ioanme vịm, persaptestä i uttestä ťurmane, jege-püv vant Irodiade mos.

4. Tonmos išto Ioan lattes täväne: nag at tajan oṅḍux täväme.

5. I älux täväme ṅorịm matänel, pelmes mernel, tonmos išto täväme eseplesän näiti.

6. Os Irod namịṅ qōdel šiuvt jeques Irodiade ä xolox elpalt, i ërmiles Irodne.

7. Tont täu ńultịm laves mịx täväme, kaš nar kịšme.

8. Os täu, šökätänel qaṅḍtamatä qoitel, laves: majalen amnane äṅ pat-änane punịm pernä-punịp Ioan päṅkme.

9. Naer tušne pätes; os ṅul-äṭä mos, i äip jortet olnä uil, laves mịx täväne.

54: тӓку; т.-матӓнэ; паксэсэт; латсэт; кодӓль; тэмӓль. 56: кодӓль; тэтэтмэ. 57: шохтэлахтсэт; тэ; пяйт; jорлова; тӓку.

XIV, 1: лекыл. 3: яку-мот. 4: оньджухв. 5: ляухв; осэвлосянвл; няйтi. 6: т.лым-кодм; эм. 7: мыхв. 8: каньджтӓмӓтӓ. 9: паер; мыхв.

10. I kiettes (urmane, Sagrepax Ioannel päńkme.
11. I tatsänjl täu päńkä pat-äne tärmjlt, i narjmtesänjl äue; os täu tatestä šökätäne.
12. Os täu qańdtaxtjpän jim vjsänjl ńouletäme, i ramsanjl täväme; i menesjt, latsjt Isusne.
13. I ton qōljm jipalt Isus ele-menes toul toqo kerep tärmjlt qolestal mane naxkat. Mer, tonme katelam, jomesesjt täu jitä-palt ńšetnel lailel.
14. I küäne-küälljm Isus qöntes šau atjm, akilimľesän tanme, i jältjptesän tan agmjltapqaretme.
15. Eť-pala täu qańdtaxtjpän laquesesjt täu pokäne, lausjt: ma tit tädel, i tou ečlaltes; taretalen merme, ištobi tan menesjt poiletne, i joutsjt tänknane tenäqar.
16. Isus laves tanane: nar kjnšux tan mengjt? majän nan tanane tenäqar.
17. Os tan lattat täväne: man naxke tit ońdou ät ńań i kit qul.
18. Täu laves: tonet tatän tjg am pokjmne.
19. I laves merne untux pum tärmjlne; i vjs ät ńań i kit qulme, i šunšpes avjlne, satqtam, i šaimtam mjsän ńańet qańdtaxtjpetne, os qańdtaxtjpet merne.
20. I tēsjt šoqo, i tantesjt; i axtsjt toul äritam šulet kitquiplou tupjl tagle.
21. Os tēm qoles oles ät šöter vati, nenel višqarnel tärge.
22. I äkü ton lätt erqelesän Isus täuk qańdtaxtjpän tux kerepne i menux täu eltä-palt tat palne, täu merme taretanät mänt.
23. Mer taretam jipalt küälles axne, qošgux naxkat. I eti täu qūltes tat naxkat.
24. Ton mänt vuš joxtes kerep sariš jätne, i šinţintovus qumpetnel, tonmos išto ľalx vot oles.

10: кіэтэс; шагропахв. 11: татсӓнэл; нарымтэсӓнэл; эаин. 12: высӓнэл; ньоулӓтӓмэ; рамсанэл; мэнэсэт; лятсэт. 13: нахкаит; jомэсэсэт. 14: к.-кӱӓлым. 15: лакуэсэсэт; даусэт; ішtoн; joyтент. 16: кыншухв; мэнгэт. 19: унтухв. 20: тэсэт; тантэсэт; ахтсэт; ломтэт (шухэт). 22: тӓку; тухв; мэжухв. 23: кӱӓлэс; кошгухв; нахкаит. 24: сарыш; jетнэ; мінчінтовэс; кумэетнэ.

25. Jei jät śiuvt Isus viṇtt jomeses tan paltäniḷ sariš mänt.
26. Qańḍtaxtịpet, tävämc qōntịm sariš mänt jomnät, telilesịt i lattat: tit peiqtovu; i pelmam šišgeltesịt.
27. Os Isus ton latt sui vares tanane, i laves: ńoxrịmtaxtän, tit am, ul pelän.
28. Os Petr laves tävänc päri: poirịxš! qun tit nag, laven amnane jomux vif tärmịlt nag pokịnne.
29. Täu laves: jejen. I Petr, kerepnel vailịm, jomeses vif ośnel, ištobi joxtux Isus pokne.
30. Votme úoxrag kaṭelam pelmes, śarkepaleltes, i šišgaltes: poirịxš! jältịptalen anịm.
31. Isus ton latt narịmtestä katetäme, puvestä tävämc, i latti tävänc: agttal, nar mos telilesịn?
32. I qun tusi tin kerepne, tonśiuvt vot lašqetes.
33. Os kerept olịmqaret, vaf́ge jomlitam, qošgemesịt täväne, i lausịt: śarịš nag tōrịm püv olịn.
34. I unšịm joxtsịt Gennisaretskoi mane.
35. I kaṭelam täväme, tat olịpqaret kietsịt suitux kitpalqaretme, i tatsänịl täu pokäne agmeltapqaretme šoqo.
36. I jolịntesänịl täväme, ištobi šoqịn laves sartitaxtux täuk mašnäne; i tonet, qotiqaret sartitalxtesịt, jältsịt.

Atquiplouvt (XV) Pänk.

1. Tonśiuvt Ierusalim nepäk-qašpqaret i Fariseit, Isus elpalne jomlitam, lattat:
2. Narmos nag qańḍtaxtịpän peftat peš tasteret? voilịn úaú tēnänịl śiuvt täńk katän at loutat.

25: jeт; віншт; сарыш. 26: сарыш; тэılюсэт; нэйктова; шішгэлтэсэт. 28: jомухв. 29: jäjэн; імтоні; jохтухв. 31: тэılюсэн. 33: компэмэсэт; лаусэт; олан. 34: jохтсэт. 35: кіэтсэт; суйтухв; татсанэм. 36: jолынтэсäнэл; ıштов; сартітахтухв; тäку; котыхкарэт; сартітахтэсэт; jäлтсэт.

XV, 1: нэпэк·к. 2: войлэн; катäнэл.

3. Os täu pāri laves tanane: os nan narmos peltilän tõrjm lavjm-äšme nāńk tasterän kašil?

4. Voilin tõrjm elujn pjmjntam lattes: jorlalen jegju i sökän, tonmos išto jaxstap jegme amne sökäme atelel qoli.

5. Os nan lattinä: mäntim qon lavi jegne amne sökäne: tonme, narel nag amnanel justqatgjn, am majantilim saii tõrjmne,

6. Tonqarne tai at jorlax täuk jegme amne sökäine. Ton qoitel nan rasteslän tõrjm lavjm-äšme nāńk tasterän kašil.

7. Vjtmelapet! šarjš näitexles nan mosän Isai, lattjm:

8. Laxquatat am pokjmne fe elimqoleset tāńk tusänjltel, i jorlijänjl anjm ńilmel, os tan šimänjl amnanel qöšät oli.

9. Os qajerag cseplijän anjm xoloxme joxt-äšńe qaṅḍtanänjl šiuvt.

10. I mer võvelam laves tanane: qontlän i numselän.

11. Ati pjl ton, nar tuv tusne, lülimtitä qolesme; os nar tusnel küäne-küälli, ton lülimtitä qolesme.

12. Tonšiuvt täu pokne jim qaṅḍtaxtjpet lausjt täväne: qaṅḍiljn erjn, išto Fariseit, fe fax qöljm, telilesjt?

13. Os täu pāri laves: Šoqjṅ jänimap, qotiqarme ati pjl am avjl jegjm routestä, ose qolili.

14. Qältjptän tanme; tan tāńk Šämtalet, os Šämtalqaretme tatilijän; os qun šämtal vantjmlitä Šämtalme, tonšiuvt äkü-jot päta voṅqane.

15. Os Petr, qontlam, laves täväne: pali-lattalen manan fe prittame.

16. Isus laves: nan pjl os iṅat qaṅḍilän?

17. Os pjl iúat qaṅḍilän, išto šoqjṅ tusne tunäqar meni käxrane, i rastqati toul küäne?

18. Os tusnel küäne-küälnäqar šimnel küälli; i ton lülimtitä qolesme.

19. Voilin Šimnel küällat lül nomtet, älnä-ätet, ne jot qajerlanä-ätet, qajerel tonuxlanä-ätet, i lülimtanä-ätet.

4: войлан; сьёкын. 5: юсткатгэп; майантізэм; сайы. 6: джрлахв; тӓку. 7: выпималавэт; няйтэхлэс; Исаія. 8: тэ; jорлійӓнэл. 9: эсэплійӓнел; колыхмэ; сохтӓмвэ. 11: күӓлі. 12: лаусэт; каньджікэв; т.с. лех; тэмілэсэт. 13: котыхкармэ. 14: татілійӓнэл. 15: тэ. 16: инат (ыыгат). 18: күӓлі. 19: войлэп; күӓлӓт.

20. Titnel lülimtovu qoles; os tenä-äš louttal katel at lülimtitä qolesme.

21. I toul toqo küäne-küällim Isus menes Tirskoi i Sidonskoi paletne.

22. Tat Xauaneiskoi ne, küäne-küällim ton matnel, oiges täväne, lattim: akilimľalen anim, poirixš, David püv; am cam asrainel šak muttove.

23. Os täu at lattes äkü ľax täväne. I jomlitam täu pokäne, qańdtaxtjpän jolesesit täväme, lattim: taretalen täväme, tonmos išto oigi mańk jitä-palout.

24. Os täu päri laves: am kietvusim naxke qolim ošet palne Izrail küälnel.

25. Os täu jomlitam qošges täväne, lattim: poirixš! ńotalen anim.

26. Os täu laves päri: ati jomas, nirimtax ü-püvetnel ńaúme, i rastux ämpetne.

27. Os täu laves: toqo, poirixš! ämpet pil tet päsennel pätim jovet tüńk küäljúqaretnel.

28. Tonśiuvt Isus laves täväne päri: jomas ne, jäni nag agtnäätin; jimte nagnane ńornju qoitel. I jältes täu eatä äkü ton śast.

29. Toul menim Isus joxtes Galileiskoi sariš vätane; i axne küällim tou untes.

30. I laquesesit täu pokäne šau atimet, qotiqaret ońdat tüńk jortjlän lailpalet, šämtalet, tus-ńilemtalet i šoqiń-sir agmiń- i mošińqaretme; i punsänil tanme Isus laili pokne, i täu pušmelesän tanme.

31. Toqo išto mer pakses, qöntim tus-ülemtalqaretme lattipag, mošińqaretme puši, lailpaletme jomitapi i šämtaletme šunšilapi; i suitiltesänil Izrail törimme.

32. Os Isus, vövelam täuk qańdtaxtipän, laves: te mer amnane akilmi oli, išto qürum qödelag olnänil jimtes am pokimt, i at ońdat, nar tex: os tetal taretax at ńorgänim, ištobi ľońxt paštal ul jimtet.

20: титнэ; луліитова. 21: кўялын. 22: кўялын; асраіпэ; мучтова. 23: лех; јолэсэсэт. 24: кіэтѵусэм. 26: вірмнтахв; эа-п.; растухв. 29: сарыш; кўялын. 30: лакуэсэсэт; котыхкарэт ошсат; јортылäнэл; пунсäнэл. 31: суйтылтэсäнэл. 32: тäку; тэ; акілмаг; тэхв; тарэтахв; иьоргäнэм; іштоні.

33. Täu qaṅdtaxtjpän lattat tävänc: qötel vjx xar mat fe-šiuv ńaṅ, ištobi tettux fc šautqar (šauqaretmc?).
34. I latti tanane Isus: ne-šiuv ńaṅ nan paltän? Tan lausjt: sät i ale-nešiuv qul.
35. I laves mernc untux ma tärmjlne.
36. I vjm sät ńaṅ i quletme, satqtam šaimtesän i mjsän täuk qaṅdtaxtjpäone, os qaṅdtaxtjpet merne.
37. I tésjt šoqo i tantesjt; i ton jipalt sät paip lomttel axtvusjt tagle moš.
38. Os tëm qoles oles ńilä šöter, netnel i višqaretnel tärge.
39. I mer taretam, Isus tus kerepne, i joxtes Magdalskoi matne.

Qōtquiplouvt (XVI) Pänk.

1. I vaſge jomjm Fariscit i Saddukeit rettetaljm qošgesjt tävänc, avjlnel šunštax tanane pos.
2. Os täu päri laves tanane: eti lavinä: jimti jomas qödel, tonmos išto avjl kelpi oli;
3. I qolge-pala: fc qödel lül-törjm, tonmos išto avjl šemelag oli. Vjtmelapet! nan mašteret qaṅdux avjlme; os poset maretnel qaṅdux va at oṅdjnä.
4. Qajer i taital pux pos kjnši; i pos at mjqti tävänc, tärge posnel Iona näit. I qülṭjptam tanme, jomeses toul toqo.
5. I täu qaṅdtaxtjpän, mot palne unšjmänjl šiuvt, ńaṅ vjx jarilesjt.
6. Isus laves tanane: šunšäu, urqatäu Fariseiskoi i Saddukeiskoi kuššanel.
7. Os tau nomsesjt keuränjlt, lattjm: tit qašxti ton, išto man ńaṅ at vjsvu.

33: кодăль; вых в; кар; тэ-сіув; іштопі; тıттухв; тэ. 34: иı-сіув; лаусэт. 35: уштухв. 36: тăку. 37: тэсэт; тäнтэсэт; ломтɔл; ахтвусэт.
XVI, 1: коштэсэт; шуншахв. 3: т); вышмэлапэт; каньджухв. 4: няйт. 5: сіувт; выхв; japyлэсэт. 7: номсэсэт; высоу.

8. Tonme kaṭelam, Isus laves tanane: nar numsinä keurenänt, agttalet, išto ńań at visnä?

9. Os pil ińat erin at qańḍilän i at numsilän ät ńańetme i ät šöter qolesme, i ne-śiuv tupil nan axtsän?

10. At pil sät ńańme ńilä šöter qolesne, i ne-śiuv paip nan axtsän?

11. Qumle numtne at viglän, išto am ati pil ńań mos lausim nanane, ištobi ürqatux Fariseiskoi i Saddukeiskoi kuššanel?

12. Tonśiuvt nomlixtesänil, nar täu lattes tanane, ištobi ürqatux ati pil ńań kuššanel, os Fariseiskoi i Saddukeiskoi qańḍtanäüšnel.

13. Os Isus, joxtim Kesarija Filip matne, kitilesän täuk qańḍtaxtipän, lattim: qonag eseplijän elimqoleset anim, elimqoles püvme?

14. Tan lausit: äkü-materet Ioan pernäpunipi; motqaret Ilii, os toqaret Ieremii amne äkü-materag näitetnel.

15. Isus latti tanane: os nan qonag anim eseplilän?

16. Simon Petr, päri lattim, laves: nag Kristos, liliń törim püv.

17 Tońśiuvt Isus laves täväne päri: šotiń nag, Simon Iona püv! tonmos išto ati ńoul ati kelp tonme qöltsit nagnane, os avilt olip am jegim.

18. Lattam i am nagnane: nag Petr, i te kau tärmilne am uttilim amk törim-küälim, i jol-naer au jolxag at pättitä tonme.

19. I nagnane migänim avil naerlax ošmišet; i nar negan šēmel mat, ton maunctätel jimti tonqarne i avilt; os nar oitilan šēmel mat, ton oitaxti i avilt.

20. Tonśiuvt Isus jole-erqelesän täuk qańḍtaxtipän, ištobi ati qonne ul lattet, išto täu Isus Kristos.

21. Tigil elaľ pümtes Isus qöltux täuk qańḍtaxtipetne, išto täväne qürex menux Ierusalimne, i šau pakux pänketnel i arkipetnel i nepäkiuqaretnel, i jimtux älimag, i qurmet qödelt jältux.

9: iнят (нмгат) эрмн каньджiлән; няньмə; нə-ciyв. 10: нə-ciyв. 11: лаусəм; iштоні: уркатухв. 12: номлыхтəсйнəл; iштоні; уркатухв. 13: тйку; всөпəijäнəл. 14: лаусəт; няйтэтнəл. 17: колтсəт. 18: тэ; уттылəх; јол-няер. 19: мыгäнəм; няерлəх; оһтiлəн. 20: тйку; iштоні. 21: колтухв; тйку; мəнухв; пакухв; вəзəкынгкарəтнəл; јімтухв; jйлтухв.

22. I cleúuv vövelam täväme, Petr püintes falx lattux täväne, lattim: törim ūre, fe äš nagnane at jimti, poirixš.

23. Os täu, päri-johqim, laves Peterne: menen amnancl, asrai; nag anim quitilin per äšne; tonmos išto nag nomsan ati ton, nar törimqar, os nar elimqolesqar.

24. Tonśiuvt Isus laves täuk qaŋdtaxtipetne: qun qon ńori menux am jortilim, täkütag (täu-täuk?) pil ul laviqte, vajalen nänk pernin, i jomen am jortilim.

25. Tonmos, qon ńori täuk liletäme jältiptax, tonqar qoltilitä täväme; os qon qoltilitä liletäme am mosim, ton qōntitä täväme.

26. Tonmos ne-sir jol qolesne, qun täu i puš śar tauti, os liletäme qoltilitä? amne ne-sir elimqoles täuk liletäme päri joutitä?

27. Qun jiv elimqoles püv täuk jegä namel täuk aṅgelän jot, tonśiuvt mig šoqiṅqarne täuk äṭän mos.

28. S'ariš lattam nanane, äkü-materet tit tušpetnel at vagänil aṭelme elimqoles püvme unänil elpalt mennät täuk nacrlax keurt.

Satqniplouvt (XVII) Pänk.

1. I qöt qōdel tulim jipalt vis Isus Peterne i lakovme i Ioanme täu käśetäme, i tatsän tuṅḍih axne tanme.

2. I peltaxtes tan eltä-palänt, i qōtles täu veṭä jormänt qodel; os täu mašnänil jimtsit sairiṅag jormänt pas.

3. I tat qōltqatsag tanane Moisei i Ilija, täu jortilät unlipag.

4. Ton mat Petr laves Isusne: poirixš, jomas manan tit; qun ńoran, varou qürum seń, äkü nagnan, i äkü Moiseine, i äkü Ilijane.

5. Qun täu lattes titme, ratgin päšiń tul nigles tan numtäpalänt; i tat sui tulnel, lattip: tit am erptanä püvim, qotiqar keurt am šoqiń jomas erqim; täväme qontlän.

22: латтухв; тэ. 23: куйтылэп. 24: fehlerhaft Incyc pro Incyc; тӓку; муцухв; тӓу тӓку. 25: тӓку: йӓлтыптахв. 26: тӓку. 27: тӓку. 28: сӓрыш; вагаизл; тӓку; наерлах.

XVII, 1: кӓсьӓтӓмэ. 2: э.-валӓизат. 3: колткатсӓг. 5: котыхкар. 6: нӓтсэг; пэлмэсэт.

6. Tonme katelam, qańdtaxtipet qomi pätsit, i šnkńuv pelmesit.

7. Os Isus, vafge jomim, xolitalxtes tanane i laves: küällän i ul pelän.

8. Os šämänil pali-punšim, tan ati-qonme at qótsänil, Isusnel tärge.

9. I axnel jolaf vailenänil uil crqelesän taume Isus, lattim: ati-qonne ul lattän, nar nan usnä, elimqoles püv atelnel nońxaf jältnät elpalt.

10. I kitepesän täväme täu qańdtaxtipän, lattim: narmos nepük-qašpqaret lattat, išto Ilijane alpil jix qärex?

11. Isus laves tanane päri: kert, Ilijane alpil jix qärex, i šoqo fafptax.

12. Os am nanane lattam, išto Ilija joxtim oli, i at qaššänil täväme, os varsit täu jortilät qumle ńorsit; toqo i elimqoles püv muttaxti tannanel.

13. Tonśiuvt qańdtaxtipet nomissänil, išto täu lattes tanane Ioan pernä-punipme.

14. I qun tan joxtsit mer pokne, tonśiuvt äkü qoles, vafge jomlitam täu pokne i šanši pätim täu eltä-palne,

15. Laves: poirixš! akilimfalen am püvim; täu jelpil jońqip pänk ošxti asrail, i tarvitińiš muttaxti: tot rastelaxti tautne i vafqal vićne.

16. Am tatilesim täväme nag qańdtaxtipän pokne, os tan vagänil at joxtes täväme jältiptax.

17. Isus, päri lattim, laves: qajer pux! qun moš nan jortilän olam? qun moš permam nannanel? Tatelän amnane tig täväme.

18. I erqelestä täväme Isus: i asrai küälles tävänel; i višqum jältes äkü ton latt.

19. Tonśiuvt qańdtaxtipet, vafge jomim Isus elpalne naxke mat, lausit: narmos, man vaou at joxtes kiettux küäne asraime?

7: куйлан. 8: котсйнол. 10: китэпосйнэл; нэпэк-к. 11: jixв; лялытахн. 12: камсйнэл; варсэт; ньорсэт; таналол. 13: номыссйнол. 14: joxтcэт. 15: акиликлалэп, ükiliml'am; тарвытынгыш, tarvitjа. 16: татылэсэм; jлттытахв. 17: пананал. 18: кyйлэc. 19: лаyсэт; вароy; кiэтyхв.

20. Isus laves tanane: näṅk at-agtnän mos. S'ariš lattam nanane: qun nan pūmtinä oṅḍux agtnä-äšme gorṭiṭnoi taim jäntne, i lavinä ċe axne: laquen tịgịl mot mane, tonśiuvt täu meni; i atinar at jimti nanane va-joxttal.

21. Os ċe toxịm kietxti šoqịn pịṭel i qošgenä-äṭel.

22. Tan Galileit olnänịl mänt laves tanane Isus: climqoles püv pertqti climqoles katne;

23. I älgänịl täväme, i qurmet qödelt jälti. I tušne pätsịt šak.

24. Os joxtsịt tan Kapernaumne; tonśiuvt torịm-küälne oxśeaxtpet jomlitesịt Petr elpalne, i lausịt: nau qaṅḍtapän at mịg erịn kit draxmme?

25. Petr latti: mịg. I qun täu tus küälne, täu eltä-palät laves Isus: nag nomtịn qumle, Simon: šemel ma naeret qonnel vịgịt josex amne attịx, täṅk püvetnel amne motqaretnel?

26. Petr latti täväne: motqaretnel. Isus laves täväne: i tonmos püvet pälịn.

27. Os ištobi manan at telitax tanme, menen sarišne, rastalen vönịp, i elol qulme, qotiqar ṅopesi, vajalen; i täu tusä pali-punšịm qöntan statirme; tonqar vịm majalen tanane am mosịm i näṅk mosịn.

N'olouquiplouvt (XVIII) Päṅk.

1. Ton latt vaċge jomịm qaṅḍtaxtịpet Isus elpalne lattesịt: qon jäni avịl naerlaxt?

2. I vövelam Isus viš ä-püvme, tuštestä täväme tan qalenänne.

3. I laves: śariš lattam nanane, qun at joṅqinä i at jimtinä viš ä-püvet qoitel, at tuvnä avịl naerlaxne.

20: сарыш; оньджухэ; тэ. 21: тэ; пічэл. 23: ӓлгӓпэл; пӓтсэт. 24: joxtсэт; jомлітэсэт; лаусэт; кіт-драхммэ (аттых). 25: наерэт; выгл. 27: іштоиі; тэлітахв; сарывне; вонынмэ; котыххар.

XVIII, 1: латтэсэт; jӓнінэв; наерлахт. 2: эа-п.; калӓнэлнэ. 3: сарыш; эа-п.; наерлахнэ.

4. I tonmos qon viši varqti, ťe viš ä-pûv qoitel, ton i jänińuv avịl naerlaxt.

5. I qon tulitä äkü ťemiľ viš ä-pûv am namịm mos, tonqar anịm tulitä.

6. Os qon tịplitä äküqarme ťe višqaretnel, anịm šušpetnel, tonqarne jomasńuv olni, qun taketagat melnitse kavel šịplutänịl, i rastgat täväme sariš milne.

7. Tuš śarne tịplanä-ät̬etnel; voilịn q̱ārex jimtux i tịplanäät̬etne; os tuš ton qolesne, qotiqarnel tịplaná-äš jimti.

8. Os qun nag katịn amne nag lailịn quititä nagịn, šagrepalen täväme, i rastalen näńknanel; jomasńuv nagnane tux lịlne lailpali amne katpali, ati-pịl kit kat jot, amne kit lail jot rastnäg jimtux inra tëp tautne.

9. I qun nag šämịn quititä nagịn, manịmtalen täväme i näńknanel ele-rastalen; jomasńuv nagnane tux lịlne šämpali, atipịl kit šäm jot rastnäg jimtux qarilatal tautne.

10. Ľrqatän jaxstax äkü-materme ťeťe višetnel; tonmos lattam nanane, išto tan ańgelän avịlt šoqịń latt vagänịl am avịl jegịm vešme.

11. Tonmos elimqoles pûv jis kịnšux i jältịptax qolilamqarme.

12. Nan esepänt qumle? Qun äku-mater ońdes šät oš, i tonqaretnel äkü qoliltịpes; at qüľtịptịjän erịn täu ontolšät ontolou axt, i at meni erịu kịnšux qolilam ošme?

13. I qun jolịxti qõntux täväme, tont, śarịš lattam nanane, śagti täu mosä ärińuv ati-pịl ontolšät ontolou tịplaxtalqaret mos.

14. Ťemiľ erx ati avịlt olịp nan jegnel, ištobi qoliles i äku ťeťe višetnel.

15. Mäntim kirex vari nag ľaltịn näńk käśịn, menen i latqaten ńote por qolestal; qun qontịmli nagnane, tonśiuvt nag qõnteslịn näńk käśịn.

16. Os qun at qontịmli, vajen jortịlịn os äkū amne kitqar, ištobi tusel kitag amne qūrum tonux ńoxrịmtaxtes šoqịń äš.

4: тэ; эа-п.; наерлахт. 5: тэміль; эа-п. 6: тэ; мѣльинцэ: сарыш. 7: войлэн; jімтухв: котыхварнэл. 8: тухв; jімтухв; івра. 9: тухв; jімтухв. 10: jахстахв; тэтэ; вагѣнэл. 11: ківтухв: jältыптахв. 12: коліапэс, qülilap-: ківтухв. 13: контухв; сарыщ. 14: тэміль; ішtoni; äку; тэтэ. 15: кäсмв; контэслэн. 16: ишtoni.

17. Os qun at qontįmli tanane, qöltalen i torįm-küälne; at qontįmlcske, tonśiuvt tak jimte nag eltįn-paljut jormänt pupine-šušp amne mįtaŕ.

18. S'ariš lattam nanane: nar nan neginä šēmel mat, negįm jimti i ault; i nar tarctinä šēmel mat, ton tarctaxti i ault.

19. Äkü toqo śariš lattam nanane: qun nannanel kitqar šēmel mat latqata vövux materme, ton šoqo mįqti tanane avįlt olįp am jegįmnel.

20. Qun äküäne axtqatat am namįmne kitag amne qürum, ton mat i am nan qalenänt.

21. Tonśiuvt täu pokäne jomįm, Petr laves: poirįxš! ne-śiuv kes amnane qärex taretax amk käśįmne, qun täu kirex vari am ľaltįm; taretax amne ati sät kes?

22. Isus latti täväne: at lattam nagnane, sät kes, os sät sätlou kes.

23. Tonmos avįl naerlax jorti naerne, qotiqar jimtes täuk xoloqän jot lountaxtux.

24. Os qun pūmtes täu lountaxtux, täu eltä-palne tatįm oles äkü-mater, qotiqar ärįnt ońdes täväne šät quri talant.

25. Os tonśiuvt täu at ońdes, narel tcletax; tont naer laves täväme pertux i täu vantä i ä-püvän i šoqo, nar täu ońdes, i tcletax ärįnt.

26. Os tonqar pātes, i qošgįm täväne lattes: naer, morśe uren, i šoqo teletijänįm nagnane.

27. Naer, akilimľam ton qolesme, taretestä täväme, i ärįntän šoqo rastsän.

28. Küäne-küällįm, tonqar qöntes äküqarme täuk jortetnel, qotiqar täväne ärįnt ońdes šät dinarī; i küän-mitam täväme šetelam laves: am ärįntįm majalen.

29. Täu jortä, täu lailetäne pätįm, joleses täväne i lattes: morśe urqaten, i šoqo teletįlįm nagnane.

17: таку. 18: сярыш. 19: сярыш; нананэл; вовухв. 20: ахткат; тан; калявэлт. 21: на-сіув; тарвтахв, кäсымнэ. 23: наерлах; котыхкар; тäку; лоунтахтухв. 24: лоунтахтухв; котыхкар. 25: тэлэтахв; наер; пэртухв; за-п. 26: наер; тэлэтіянэм. 27: наер. 28: кӱäлмн; тäку; котыхкар; кӱäнмітам; мэталстä. латтым. 29: тэлэтіілэм.

30. Os täu toqo at küuim menes, i uttestä täväme ťurmane, ärintät teletanät moš.

31. Täu jortän, ťe ätet um, Šakńuv ottesit; i joxtim latsit Soqo tańk naerännе, nar oles.

32. Tonśiuvt täu naerät vóvеlеstä täväme, i latti täväne: qajer quś, am amk ärintim nagnane rasteslim šoqo, tonmos išto nag joleseslin anim.

33. At erin qarex oles i nagnane taretax näńk jortin, qumle i am nagin tareteslim?

34. I ton jipalt naer ottam mistä täväme muttapqaretne, šoqo teletanät moš, nar ońdi täväne.

35. Toqo i am avil jegim vari nan jortilän, qun šoqińqar at tareti šimetätel täuk jortetäne lül ätetme.

Ontolouquiplouvt (XIX) Päńk.

1. Qun multesän Isus ťe łańqet, tonśiuvt menеs Galileinel, i joxtеs Iudeiskoi mane Iordan alim palt.

2. Täu jitä-palät šau atim jomes; i tat jältiptalsän tanme.

3. I jomim täu eltä-palnе, Fariseit tiplalsänil täväme i lattesit täväne: šoqiń äš mos erin tai elimqolesne küältqtax täuk netätel?

4. Täu laves tanane päri: qumle äń moš nan at lountalilän, išto elolt elimqolesme tetlamqar qumme i neme joltes täu (tinme?).

5. I laves: tit mos qültiptitä elimqoles jegme i šökäme, i varqti täuk netä ńopił, i jimta kitag äkü ńoul.

6. Os tonmos tin ati pil kitag, os äkü ńoul. I tont, törim äküäne nar neges, tonme elimqoles pali ul manitate.

7. Lattat täväne: narmos Moisei elnin lattes, mix taretanä-nepäk i küältqtax täu jortilät?

31: тэ; очтэсэт; латсэт; наерäнэлнэ. 32: наерäт; растэслэм; joxсэслэн.
33: тарэтэслэм. 34: наер. 35: тäку.
XIX, 1: тэ; ленкэт. 3: тынлялсäнэм; к ялтктахе: тäку. 4: тінмэ. 5: тäку.
7: мыхн; т.-пэнэк; куялтктахн.

8. Latti tanane: Moisei nan šimän oti-olnä qoitel laves nanan küältqtax näńk nenäntel; os ouletät toqo at oles.

9. Os am lattam nauane: qon pali-küälqti täuk netätel, ati qajerät mos, i motqarme vanti vigtä, tonqar qajerli; i küällim neme vanti vimqar, ton pil qajerli.

10. Täu qańdtaxtipän lausit täväne: qun ćemil äš qum netätel, toqo moš vant at vix.

11. Os täu laves tanane: šoqińqar vatä at joxti permelax titme, os tonet, qotiqaretne maivus.

12. Voilin olat skoptset, qotiqaret šökä köhränel jimtsit toqo; i olat skoptset, qotiqaret jimtsit skoptsag qolesnel; i olat skoptset, qotiqaret tańkme tańk varsänil skoptsag, avil naerlax mos. Qou vatä joqti permelax, ton perme.

13. Tonśiuvt tatim olsit täu eltä-palne ä-püvet, ištobi täu tan tarmilän punes kat i qošges; os qańdtaxtipet jole-erqelesän tanme.

14. Os Isus laves: ä-püvetme taretän, i ul erqelesän tanme at jix am pokimne; tonmos išto avil naerlax tanane oli.

15. I tan tarmilän kat punim, menes toul toqo.

16. Tat äkü-mater vaćge jomim, laves täväne: šim qańdtap, ne-sir jomas am varim, ištobi qõntux jelpiń qõdel?

17. Täu laves täväne; narmos nag anim jomasag lavilin? Atiqon jomas, törimnel tärge. Os qun ńoran tux jelpiń qõdelue, üren zakonet.

18. Latti täväne: ne-sir zakonet? Isus laves: ul älen, ul qajerlen, ul tulmenten, i qajerel ul tonuxlen.

19. Erpten näńk jegin šökän, i erpten vać-qolesin qumle näńkinine.

20. Qum latti täväne: višnä mońdel am će ätetnel ürqatsim; os nar at tauli amnane?

8: куялтктахв. 9: тяку; кўялым. 10: лаусэт; томіль; ныхв. 11: нэрмэлахв; котыхваротнэ; майввс. 12: войлэн; котыхварот; кяхрянэл; fehlerhaft köhränel pro köxränel; jimtsэt; варсанэл; наерлах; нэрмэлахв. 13: олсэт; ва-н.; ілтоні; тярмылянэлне. 14- эл н.; эрколін; jіхв; наерлах. 15: тярмылянэлна. 16: варам; імтоні; контухн; 17: лавілэн; тухв. 19: j.-слёкмн; в.-колкэн. 20: тл; уркатсм.

21. Isus laves tävänc: qun ńoran jimtux qoipi, menen, perten šoqiń ošnäqarän, i majen jorlītne; i qōntan jomaslax avįlt; i jejen, jomen am jitä-palįmt.

22. Te ľax qūlįm, ton qum tuštįm ele-menes; tonmos išto ońdes jäni poilax.

23. Os Isus laves täuk qańdtaxtįpetne: śariš nanane lattam: va tux poine avįl naerlaxne.

24. I os nanane lattam: kignäńuv puptax jontįpne veľbľudne, ati-pįl tux poine tōrįm naerlaxne.

25. Tonme katelam, täu qańdtaxtįpän šak paksesįt i latsįt: os qonne vįntt tux avįl naerlaxne?

26. Isus, šunšpam tanane, laves: climqoles vatä at joxti, os tōrįmne šoqo tai.

27. Tonśiuvt Petr, päri lattįm, laves täväne: man an qūľtįpteslou šoqo, i jomesesvu nag jitä-palįnt; nar vįntt nanane jimti?

28. Isus laves tanane: śariš lattam nanane: nan am jortįlįm jimqaret jelk-torįmt, qun unti climqoles püv täuk suip jelpįń päsenetät, untinä i nan kitquiplou jelpįń päsent, suditlax kįtquiplou Izrail toxįmme.

29. I šoqiùqar, qon qūľtįptijän küäletme anme käšän amne įtän amne jegme amne śōkäme amne vantetäme amne a-püvän amne maän am namįm mos, jońxtovu šät pįšel, i inra lįlme qōntitä.

30. Os jäńgetnel šauqar jimtat viši, i višetnel jäugag.

Quset (XX) Pänk.

1. Avįl naerlax jorti kozäinne, qotiqar, alpįl küällįm, menes metelax met-qum täuk vinogradnik keurt varux.

21: јіміухв; jiijen. 22: лех. 23: тāку; сāрым; тухн; наерлахне. 24: пуптахв; тухв; наерлахнэ. 25: пакссют; латсэт; тухв; наерлахнэ. 27: јомоsoу; минавэ. 28: сāрым; тāку; пāсэнäтäт; суднтлахв. 29: на-н.; мағāн; јонхтова; інра. 30: јімтi.

XX, 1: Войлэн аввл насрлах; козāкіппэ; котыхкар; куāлым; мэтэлахв; тāку; вниоградник; варухв.

2. Os latqatjm metqaret jot teletax tanane qödel päńkne denarīl, kietsän tanme täuk vinogradniketäne.

3. I küäne-küälljm qurmet śas xanett, qötsän motqaretme vätelanä-mat päljn tuńdat.

4. I laves tanane: meuän i nan am vinogradnikjmne; i nar qārex jimti, am mjgljm nanane.

5. Tan menesjt. Os täu küäne-küälljm qötet i ontolouvt śas xanett, äkü ton vares.

6. Jolt küäne-küälljm äküquiplouvt śas xanett, qōntes motqaret äštal tušpet, i tanane: nar nan tit puš qôdel tuńdjnä äštal?

7. Päri lattesjt täväne: man ati-qonne at metelovusou. Latti tanane: menän i nan am vinogradnik kevurne, i nar qārex jimti, vajelän.

8. Os qun ełmes, latti kozäin vinogradnikne täuk küäl-ürpetäne: vöven metqaretme, i majen tanane met, jovetam jolqaretnel elolqaret moš.

9. I joxtjm metelamqaret äküquiplou śas xanett vjsjt osqar dinarī.

10. Os joxtjm elolqaret numsesjt, išto tan mjvut šavelńuv; os maivusjt i tan äkü ton śiuvel.

11. I vjm pümtsjt luptaxtux kozäin täri,

12. Lattjm: łełe jolt jimqaret varsjt äkü śas, i nag tuštsän tanme äkü esepne man jortjlou, qotiqaret varsou puš qôdel, i permesou reń.

13. Os täu, pari lattjm, laves äküqarne tonqaretnel: šim jort, am nagjn at obiditljljm; denarīne erjn latqatsjn nag am jortjljm?

14. Vajalen näńkqarjn, i menen; os am ńoram łełe jolqarne mjx ton śiuv, nar i nagnane.

15. Mäntim at tajam varux amkqarjmtel, nar ńoram? amne tonmos nag šämjn ušmjń, išto am jomas oljm?

2: толэтахв; динарінл; тӓку. 3: куӓлым; хаиэт. 4: мыглэм. 5: монэсэт; куӓлым; онтолоут; хаиэт. 6: куӓлым; акукуйплоут; хаиэт. 7: латтэсэт; мэтэловэсоу; каурэл. 8: козяни; тӓку: сьоулэтам jолкарэтнэл. 9: яккукуйплоут; хаиэт; высэт. 10: нумсэсэт; майвэт; майвэсэт; сьуиэл. 11: п"мтсэт; луптахтухв; козяни. 12: тэтэ; варсэт; котыхкарьт; оэрмэсоу рмг; rg, rig, ri. 13: обидытлілэм; динарінно; латкатсэн. 14: тэтэ; мыхв; ciyв. 15: варухв: олям.

16. Toqo jimtat jolqaret elolqari, i elolqaret jolqari; voiļiu vövįmqar šau, os periamqar morśe.

17. I jomentam Isus Ierusalimne i qalt tärge vövelam kitquiplou qańḍtaxtįpān toqaretuel, laves tanane:

18. An tuvvu Ierusalimne, i elimqoles püv pertįm jimti arkįpetne i nepäkįńqaretne; i sut punat täväme älux;

19. I mįgānįl täväme jazįtņiketne āmplax i vońqux i peruano taketax; i qurmet qödelt jälti.

20. Tat vaŕge jomes täu poketäne šökä Zevedei püvetnel, täuk püvän jortįl, qošgįm i ale-nar vövįm tävänel.

21. Täu laves täväne: narne nag ńoran? Täu latti täväne: laven, ištobi ŕeŕe am kit püväm utsįt nag pokįnt, äkü jomaske palne, os motįń olmįx palne nag naerlaxįnt.

22. Isus päri tit türi laves: at qańḍilän, nar vövinä; vaän joxti amne ati äjelax äne, qotiqarıne am äjux pümtilįm, i puńqtax pernäl, qotiqarel am puńqtam? Tin latta täväne: joxti.

23. I latti tinane: am äinä-änįm äilän, i pernäpunnä-äţeł, qotiqarel am puńqtam, pümtinä puńqtax; os ištobi untux am pokįmne jomaske-pal i olmįx-pal katne, ati amuanel oli mįx titme nananc, os qonne taštįm oli am jegįmnel.

24. Kaţelam titme, äritam lou qańḍtaxtįp oṭṭesįt kit jegepüvenţ täri.

25. Os Isus, vaŕge vövelam tanme, laves: nan qańḍilän, išto climqoles öteret ūrat atįmetme, i jäniqaret ošgänįl taume.

26. Os nan qalenänt at tai toqo olux; os qon nannanel ńori jäugi olux, tonqar nananc quśle;

27. I qon ńori nannanel päńki olux, ton jiunte nananc quś;

28. Äkü ton qoitel, qumle climqoles püv jis ati tonmos, ištobi täväne služitlesįt, os tonmos, ištobi služitlax i mįx täuk lįletäme šauqar joutnä mos.

16: пойдём. 18: туда; нападкнигкаротно; клухв. 19: мыгявл; языщинкотно амилахв; пьршяно; такотахв. 20: пўваыныл; тяку вўва. 21: имтоні; тото; утсям; jомаско палг; олмых палг. 22: нагки; вивелахв; котыхкарно; ийухв; вумтілом; пунктахв; котыхкарлм. 23: котыхкарлм; вунктахв; унтухв; мыхв. 24: очтисот. 25: ошгяныл. 26: калянт;олухв. 27: нананлм; олухв. 28: имтоні; служитлосит; служитлахв; тяку.

29. I qun jomesesit tan Ierixonnel, täu jitä-palt jomes šau atjm.

30. Tat kit šämtal, ïoŕix jütt unljm i katelam išto Isus jomi ton mu mänt, pűmtsag aigux lattjm: akilimïen minmjn, poirjxš, David pűv!

31. Os atjmetnel erqelovusag tin, ištobi ul šišgag; os tin toul kűmjn pűmtsag oigux, lattjm: akilimïen minmjn, poirjxš, David pűv!

32. I jole tuńdpam, Isus vövelesän tinme i laves: narne nin amnanel ńorinä?

33. Latta tävüne: poirjxš, ištobi min šämenämjn pušxtessi.

34. Os Isus, akilmät jim, sartitesä tin šämenän; i äkű ton latt šunšpesjt tin šämet, i tin jomesessi täu jitä-palt.

Qus-elol (XXI) Pänk.

1. Qun vaťmesjt Ierusalimne, i joxtsjt Viffagme Eleonskoi ax xanetne, tonšiuvt Isus kiettes kit qańdtaxtjp,

2. Lattjm tinane: menäu paulne, qotiqar unli nin eltinpaljnt; i äkű ton känt qöntinä negjm oslitsame i täu jortjlät pűvä; ele-pešetam tatelän am pokjmne.

3. I qun qon ninane mater laveske, päri lattän, išto ťeqari qärexlovag poirjxšne; i äkű ton latt tin taretovag.

4. Tit šoqo oles tonmos, ištobi šarmelaxte näit lattjlp, qotiqar latti:

5. Lattän Sion eane: au, nag naerjn jiv nag pokjnne, souttaljm-äš varp, oslitse ńaur tärmjlt.

6. Qańdtaxtjpag menesag i toqo varsag, qumle laves tinane Isus,

---

29: jomсесот. 30: jет: oŕiгухn (vgl. v. 31), aig-. 31: эркыловасаг; кÿмингыш. 32: jало. 33: латтаг; иштопі; шäмäымон; пушихтəсы. 34: сартітескы; лат; шушшасот; jомсəсы.

XXI, 1: ватьмəсот; joxтеот; кіотэс. 2: котыхкар. 3: такарі. 4: иштопі; нäйт; котыхкар 5: осляца.

7. Tatsänjl oslitsame püvetätel, i punsänjl tinme tińk mašnenäutel, i utsänjl täväme tin tärmjlne.

8. Os šau atjm nartilesjt tańk mašnänjl ľoúx tärmjlne; os to jextlesjt jivetnel niret, i rastsjt ľoúx mänt.

9. Os atjm, elpalt i jipalt jomjm, ergjm lattes: osanna David püvne! blogoslovitlam jompqarne poirjxš namel, osanna numjn!

10. I qun tus täu Ierusalimne, ūš jäntetätel, numtel telilam, lattesjt: tit qon?

11. Os mer lattes: tit Isus näit, Galileiskoi Nazaretnel.

12. Isus, törim-küälne tum, sirsäm šoqo küäne pertjpet i joutjpet törim-küält; i xolitesän vätelap-qumet päsenetme i kapter pertjpet unljp-jivetme.

13. I lattes tanane: qanšjm oli: am küäljm qošgenä-küäli lavjqti; os nan täväme vareslän olnä-magi xoroxtetne.

14. I jisjt täu pokäne törim-küäl keurt šämtalet i lailpalet; i pušmelesän tanme.

15. Os arkjpet i nepäkjńet, ťe amelet šunšjm, qotiqaret täu vares, i ergjp püvetme törjm-küält i lattjpetme: osauna David püvne! juxsitesjt,

16. I lausjt täväne: erjn qōliljn, nar tan lattat? Os Isus latti tanane: toqo; mäntim nan äń-moš ati-qun at lountalsän qōriǹt: ā-püvet tusnel i šäüküpetnel varesljn ešgenä-äšme.

17. I qüľtjptam tanme üšnel menes küäne Vifaníne; i multestä tat äkü jime.

18. Os mot-qol päri-jomjm üšne, tëx jimtes.

19. I ľoúx vati qōntjm äkü smokovnitsame, vaľge jomes tou; i ati-nar täu tarmjlät at qōntjm, luptanel äri, latti täväne: inramoš ul teljńkun nag pulne. I smokovnitse äku ton kǎnt tōšes.

20. Titme qōntjm, qańdtaxtjpet paksesjt i latsjt: qumle smokovnitse jerte tōšes?

7: татса; пувäтäтəл; пунсäнəл; машнäнäнтəл; утстəн. 8: нартіл͡ѕcəт: танк; машнäнəл; jехтл͡ѕcəт; растcəт. 10: латтэсəт. 11: нäйт. 12: шоко торым-куäлт портынəг і jоутынəт. 14: jіcəт. 15: пошэкынгəт; тə; котыхварəт; jахсітэсəт. 16: лаусəт; коліэн: куоршнгт; эа-п.; варэсл͡эн. 18: мот колэл. 19: тäрмылäт; іпра мош; тəлынкуэн; Яку. 20: пакcəcəт; латсəт; japтэ.

21. Os Isus tanane päri laves: šariš lattam nanane: qun šariš agtux olinä, i mot numjt at vjgnä, tonśiuvt ati pjl ťe-śiuv varinä, qumle varvus smokovnitse jot, os qun i ťe azne lavinä: laquen i päten sarišne, i ton pjl jimti.

22. I šoqo, nar vövelinä aṭintam qošgenän śiuvt, mjqti nanane.

23. I qun jis täu törim-küälne i qańḍtes, tonśiuvt laquesesjt täu pokäne arkipet i mernel jäniqaret, i latsjt: ne-sjr erqel nag toqo varan? i qon nagnane mjs ťemiľ va?

24. Isus päri laves: kitepam i am nannanel äkü äšme; qun tonme amnane lattilän, tonśiuvt i am nanane lattam, ne-sjr val am toqo varam.

25. Ioan pernäpunnä-aš qöteľ oles? avjlnel amne elimqolesnel? Os tan, täńk qalänt kenjšlam, latsjt: qun lavou: avjlnel, tonśiuvt täu lavi mauane: narmos at agteslän tävänie?

26. Os qun lattou: elimqolesnel, tonśiuvt pelou mernel, tonmos išto šoqo eseplijänjl Ioanme näiti.

27. I lausjt päri Isusne: at qańḍou. Laves tanane i täu: am pjl nanane at lattam, ne-voip val am toqo varam.

28. Os nan esepänt qumle? Äkü elimqoles ońḍes kit püv; i vaťge jomjm elolqar pokne, täu laves: šat, menen, varen ťe qödelt am vinogradnikjmt.

29. Os täu päri laves: at ńoram; os jotjl numsaxtjm menes.

30. I vaťge jomjm motqar pokne, lattes äkü tonme. Täu lattes päri: menam, šim ťat, i at menes.

31. Kitagnel qotiqar vares jegä erx? Lattat täväne: elolqar. Isus latti tanane: šariš lattam nanane: mjtaŕet i bludnitset nan elinpal tuvjt törjm-naerlaxne.

32. Voilin jis nan pokenänne Ioan šar ľońqel, i nan at agteslän täväme; os mjtaŕet i bludnitset agtsjt täväme; os nan, tonme umän śiuvt, päri at numsaxtsän, ištobi täväme agtux.

21: сарыш; агтым; вігнӓ; тэ-сіун; варекс; тэ; сармынэ. 22: сіунт. 23: лакуэсэсэт; латсэт; тэміль. 24: нананэм. 25: кодӓль; калӓнэлт; латсэт; мэнанэ (? мананэ); тэкэл. 26: эсэплійнэл; нӓйті. 27: лаусэт. 28: тэ. 30: тять. 31: котыккар; сарыш; элӓн-п. тункт. 32: войлэн; покӓнно; мнтарэт; агтсэт; сіунт; нумсяхтскн; імтоні; агтухэ

33. Qontlän motet prittame. Oles äkü-mater küäljń qum, qotiqar uttes vinogradnik, i multestä tonme setel, i xales ton keurt jol-torim vit-voñqa toṭilo jol-palne, i uttes küäl; i mistä täväme vinograd varpetne, os täuk ele-menes.

34. Os qun vatmes pul axtnä lat, kietsän täuk qušän vinograd varpet pokne, vix täuk urleqän.

35. Vinograd varpet, täu qušän puvim, toqarme voxsänjl, os toqarme älesänjl kavel.

36. Os kiettes täu mot qušet, alpilnel šau; i varsit tan jortilän äkü ton qoitel.

37. Vuš jolt täuk püvä kiettes tan palne, lattim: esermovut am püvimnel.

38. Os vinograd varpet, püvme qöntim, laviqtesjt täuk ńote: tit püvä; menou, älilou täväme, i vigenou täväne pätnäqaret.

39. I puvim täväme, tatsänjl küäne vinogradniknel, i älesänjl.

40. I tonmos, qun joxti ton jivet uttelam qum, nar vari ton vinograd varpet jot?

41. I lattat täväne: te lül varpqaretme terjń atelne migän; i uttelam vinogradnik migtä mot vinograd varpetne, qotiqaret pümtat mix urleqet täväne kalin latät.

42. Isus latti tanane: äń-moš qumle nan at lountalsän qöriut: kau, qotiqarme rastsänjl varpqaret, kalin ton jimtes sam päńki; poirixšnel te äš jimtes, i jängag oli mańk šämenout.

43. Tonmos lattam nanane, išto ele-viqti nannanel törim nuerlax, i miqti jomas urlex tatim merne.

44. I ton, qon päti te kau tärmilne, jouli; os täu qon tärmilne päti, touqarme pali-ńaxṭetaptitä.

45. Arkipet i Fariseit, täu ameläu qontlam, numilmatsit, išto tan mosäu täu latti;

33: котыхкар: i калэс тон куерт точило, i уттэс кулл; vit'-voñqa. 34: тлку; выхв. 35: воxсäнэл; клэсäнэл. 36: кiэтэс. 37: эсäмовэт, есäм-, јеsäм. 38: лaвыктэсэт тлку; täвэа pro: täväme. 39: татсäнэл; клэсäнэл. 41: тэ; внnoградникмэ; котыхкарэт; мыхв. 42: куормытт; котыхкарме; растсäнэл; калмнг. 43: папaнэл; наерлах; татып. 44: тэ. 45: пумылматсэт.

46. I numsesit puvux tävämc; os pelmesit mernel, tonmos išto täväme eseplesänil näiti.

Qus-motet (XXII) Pänk.

1. Isus, elaľ lattentam amelctel, laves tanane:
2. Avil naerlax jorti naerne, qotiqar vares ńopiń pur täuk püvä kašil.
3. I kiettes täuk quśän võvux võvimqaret purne; i tan at ńorsit jix.
4. Os motetqaret kiettes, lattim: lattän võvimqaretne: tēnä-äš varsim, am sagir-püväniin i nar am jänimtesim, šoqo älim olat; jejän pur äjnx i tēx.
5. Os tan juxsitesän tonme; i menesit, to täuk kānetäne, os to vätelanä-matetäne.
6. Os toqaret täu quśän puvim, śoritesänil tanme i joleälesänil.
7. Ton naer, tonme katelam, ottes; i täuk xontän kiettim, qoltilaptsän ton älipqaretme, i ton ūšme tautel teltestä.
8. Tonśiuvt latti täuk quśän türi: pur tēnä-äinä taš; os võvimqaret at jimtsit qoipi.
9. I tonmos menäu loùx toxim-matne, i šoqińqarme, qonme qõntinä, võvän purne.
10. I küäne-küällim ton quśet ľońqetne, axtsän šoqo, neśiuv qõtsit, lület i jomaset; i küäl tantes climqolesel.
11. Naer, šunšux lum unlipqaretme, qõntes tat climqolesme, ati pil purne jimqaret qoitel mašqatim.
12. I latti täväne: am jortim, narmos tig jisin pur-mašnätal? Täu sui at vares.

46: нумсэсэт; пувухв; пэлмэсэт; эсэплэсäнэл; нäйти.

XXII, 2: наерлах; иаернэ: котыххар; тäку. 3: кiэтэс; тäку; вовухв; ньорсэт; jixв. 4: кiэтэс; jäнымтэсэм; jäjäн; äйухв; тэхв. 5: jахсiтэсäнэл; мэнэсэт; тäку. 6: сьорiтэсäнэл; äлэсäнэл. 7: тäку; кiэтым. 8: тäку; jiмтсэт. 10: кÿäлым; ахтсäнэл; нэ-сiув; котсэг. 11: наер; шуншухв 12: jiсэи.

13. Tonśiuvt laves naer quśetne: tcqar kata i laila äkűänc negim, vajelän täväme, rastelän jipiš mane; tat jimti lüš i peńket jaxśtanä.

14. Tonmos išto vövimqar šau, os periam morśc.

15. Tonśiuvt menesit Fariseit i latqatsit, mat-sir amelel tiplax täväme lańqän keurt.

16. I kietsit täu pokäne tańk jortän Irodianet jortil, i tan lattat: qańdtap, qańdilou, išto nag śar, i śariš tōrim lońxne qańdtan, i ati-qonne at rettan, tonmos išto nag at pelan ati-ne qolesnel.

17. I tonmos latten manan, nag esepint qumle oli: tai mix kesańne josex, amne ati?

18. Os Isus, tan qajerän qańdim, laves: nar tiplilän anim, litsemeret?

19. Šunštelän anim oxśil, qotiqarel josex puninä. Tan taxtepesänil täväne denarīme.

20. I latti tanane: qon xōr i nam tig qanšim oli?

21. Lattat täväne: kesańqaret. Tonśiuvt latti tanane: titmos majän kesańqarme kesańne, i tōrimqarme tōrimne.

22. Titme qōlim paksesit, i täväme qūltiptam menesit.

23. Ton qōdelt jisit täu palne Saddukeit, qotiqaret lattat, išto at jimti jelk-tōrim; i kitepesänil täväme,

24. Lattim: qańdtap, Moisei laves: qun qon qoli ā-pūv oštal, tonśiuvt täu käśetäne qärex vix täu vantä, i küältux urlexme täuk jäpetäne.

25. Man paltou oles sät jege-pūv, i jäniqar vant vimät jipalt qoles, i ca-pūv at ońdim, qūltiptestä käśetäne täuk netäme.

26. Äkü ton qoitel i motetqar, i qurmetqar, sätetqarne joxtne.

27. Tan qolimän jipalt qoles i ne.

28. Vintt qotiqarne sätqarnel jimti täu vanti jelk-tōrimt? išto täu śoqińqar palt vanti oles.

29. Isus tanane pari laves: tipgelinä, qōriń i tōrim lavim-äšme qaštul.

13: наер. 15: мэнэсэт; латкатсэт; тыплахв. 16: кіэтсэт; сярыш. 17: мнхв. 18: янценѣрэт. 19: охчыл; котыхкарыя; тахтэпэсäнэл. 22: паксэсэт; мэнэсэт. 23: jicэт; котыхкарэт; кітэпэсäнлл. 24: выхв; кўялтухв; тäку. 25: тäку. 28: котыхкарпэ. 29: куорынг.

30. Tonmos jelk-torimt ati vant viget, ati qumiat, os olget qumle törim angelct avilt.

31. Quipqaret nonxo jältnäme at lountaleslän, nar oli nananc lattim törimnel, qotiqar latti:

32. Am olim Avraam törim i Isaak törim i Iakov törim, törim ati pil qolimqaretne, os torim lilinqaretne.

33. I titmc katelam, atim paksesit täu qandtanäne.

34. Os Fariseit, katelam išto täu esämtesän Saddukeitme, axtqatsit äküäne.

35. I tannanel olip äkü zakon qašp kitepes, rettetalim i lattim:

36. Qandtap, zakont qot pimitpe jäninuv?

37. Isus laves täväne: črptalen nänk poirixš torimme nänk šimintel, i nänk šoqin lilintel, i nänk šoqin numtintel.

38. T'enanki elol i jäninuv pimitpe.

39. Os motetqar täväne qoip: črptalen šoqin qolesme, qumle nänkin črptalin.

40. T'ete kit pimitpe keurt tundi šoqin zakon i näitet.

41. Os qun axtqatsit Fariseit, tonšiuvt kitepesän tanme Isus,

42. Lattim: nar nan numsinä Kristos mos? Täu qon püv? Lattat täväne: David püv.

43. Latti tanane: narmos David lavitä näitixlam täväme tormi, lattim:

44. Laves poirixš poirixšne: unten am jomaske palimne, nagnane lül varpetme lavnim moš nag lailän jolpalne?

45. I tonmos, qun David lavitä täväme poirixtag, vintt narmos täu püv täväne?

46. I ati-qon täväne päri-lavnä Tax at qöntes; i ton qödelnel elal šoqiuqar pelmes täväme kitilax.

Qus-qurmet (XXIII) Pänk.

1. Tonśiuvt Isus jońxtestä laxme mer täri i täuk qańḍtaxtịpän täri,
2. I laves: Moisei unlịp-jivne utsịt nepäkịńet i Fariseit.
3. Šoqo, nar tan lavat nanane ūrux, ūrän i varän; os tan äṯän qoitel ul varän; voilịn lattat, i at varat.
4. Negsat tarvịṯịń i ustal xutet i puntlat qoles vajnet tärmịlne; os täńk tulāl pịl xoiltax tonme at ńorgänịl.
5. Os täńk šoqịń äṯäu vargänịl tont, ištobi šunštax täńkme motqaretne; pali-puńgänịl täńk šumeqänịl, i küältijänịl täńk mašnäqar kepletme.
6. Äkü ton qoitel ērptat mulgaĺ untux äinä-küält i sinagoget keurt,
7. Ištobi tanane qošgesịt mer axtqatnä-mat, i ištobi elimqoleset latsịt tanane: qańḍtap, qańḍtap.
8. Os nan ul lavịqtän qańḍtapi, tonmos išto nan paltän äku qańḍtap, Kristos; os nau šoqo jege-püvenṯet.
9. I ati-qonme nańknan jegi ul lavän šēmel mat, tonmos išto nan paltän äkü jeg, qotiqar oli avịlt.
10. I ul lavịqtän qōltilapi, tonmos išto nan paltän äkü qōltilap, Kristos.
11. Nan keurt qon jäni, jimte nanane quśi.
12. Tonmos išto kašpelapqar jolxag päti, os jolxag olịpqar nońxaĺ päti.
13. Tuš nanane, nepäkịńet i Fariseit, litsemeret, išto pańtilän avịl naerlaxme elimqolesetnel, tonmos i nańk at tuvnä, i tux ńorpqaretme at taretän.
14. Tuš nanane, nepäkịńet i Fariseit, litsemeret, votep küälet tēnän mos, i litsemerno qošginä qōšä; tit mos pätinä tarvịṯịń sutne.

XXIII, 1: лехмэ; тӓку. 2: утсэт. 3: уруxn; войлэн. 4: хойлтахв; ньоргӓнэл. 5: ѣчӓнэл; варгӓнэл; ізнтопі; мунштахв; пуиѓӓнел; мумэкйinj; кӱилтіjӓнэл. 6: унтухв. 7: іштопі; коштэсэт; латсэт. 9: нанкцано; котыхкар. 13: ціктіjӓц; насрлахмэ; тухв. 14: немокынгэт; коштпнӓ мое коси̯й.

15. Tuš nanane, nepäkińct i Fariseit, litsemeret, nar multinä sarišme i tōšįm mame,ištobi jońxtax kaš pįl äkūqarme, i qun jońxtilän, tonśiuvt varilän täväme quľ-naer püvi, kit pįš lūli nańknancl.

16. Tuš nanane, Ïońx qōltilap šämpįltalet, lattįpet: qun qon ńulti tōrįm-kūälel, ton ati nar; os qun qon ńulti tōrįm-kūäl sufnel, ton vinovat.

17. Saittalet i šämpįltalet, nar jäni, sūrin amne tōrįm-kūäl, jelpįńlap sufnme?

18. Äkū ton qoitel, qun qon ńulti jor-päsenel, ton ati nar; os qun qon ńulti jorel, qotiqar tärmįlät, ton vinovat.

19. Saittalet i šämpįltalet, nar jäni, jor amne jor-päsen, jelpįńlap jorme?

20. I tonmos, qon ńulti jor-päsenel, ńulti i šoqįńqarel, nar täu tärmįlät.

21. I qon ńulti tōrįm-kūälel, ńulti tävetätel i keuretät olįpqarel.

22. I qon ńulti avįlel, ńulti tōrįm jelpįń päsenel i täu tärmįlät unlįpqarel.

23. Tuš nanane, nepäkįńet i Fariseit, litsemeret, išto mįgnä louvt urtme mätanel, anisnel i tminanel, i quľtįpteslän jorįń äšme zakont, śar sut i akilimľanä agtnä-äšme; tit qärex oles varux, i mot äṭetme at qūľtįptax.

24. Šämpįltal ľońx qōltilapet, ľomīme ele-sįsilän, os verbľudme jou ńaltilän!

25. Tuš nanane, nepäkįńet i Fariseit, litsemeret, išto lištilän šoqįń änet kūän-palme, ton mänt tan keurenän qajarel i retel tagle.

26. Šämtal Farisei, lištalen alpįl änet keurānel, ištobi i kūänpalänįl lištįm ole.

27. Tuš nanane, nepäkįńet i Fariseit, litsemeret, joltqatinä aľšįń xońgeletne, qotiqaret kūänel Šušnän śiuvt xōrįmįńet, os keuränįlt motau lušemetel i šoqįń lūletel tagle.

15: сарышмэ; иштопі; jоңхтахв. 16: шӓмпалталэт. 18: котыхвар. 23: нэпэкыңэт; лоут; матаноэ; варухв; куьтыптахв. 24: шӓмпалтал. 25: нэпэкыңэт. 26: иштопі; к-налӄнэл. 27: нэпэкыңэт; альмиңс; котыхқарэт; кэурӓнэлт.

28. Äkü toqo nau pil küänel qolesne šušnän śiuvt śaret olnä, os keurenänt litsemeril i qajerlanä-ätel tagle.

29. Tuš nanane, nepäkińet i Fariseit, litsemeret, narmos varinä xoùgelet näitetne, i xörimińi vargän šopińet śaretne;

30. I lattinä: qun man jegänou olnä lat śiuvt olnou olxe, tonśiuvt tan kenjšän keurt at alnou, ištobi šošux näitet kelpme.

31. Tonmos nańkme nańk tonuxlilän, išto nan pūvet tonqaretnel, qotiqaret näitetme älesänjl.

32. Os taultelän nan nańk jegän mortesme.

33. Pupiqoret, urlex pupiqornel, qumle tulinä nan inra olip tautnel?

34. Tonmos, an, am kietam nan palänne näitetme, amelin- i nepäkińqaretme; i nan tanme jole-älgän i pernäne voxgän, os toqaretme voùgux pümtijän nańk sinagogänt, i kiettux ūšnel mot ūšne.

35. Tak joxte nan tärmilän šoqiń śar kelp, ma tärmilt šošimqar, śar Avel kelpnel Zaxarī Varaxī pūv kelp moš, qotiqarme nan äleslän törim-küäl i jor-päsen kit-qalt.

36. Sariš lattam nanane, te äš šoqo jimti te toximne.

37. Ierusalim, Ierusalim, näitet älp i kavel älptap nag pokinne kiettimqaretme! ne-śiuv kes am ńorsim axtux nag pūvän, qumle tonlin-ui axtijän täuk pūvän marqa jolpalne, i nan at ńorsän!

38. An, quItiptaxti nanane nan küäläu tatlanä.

39. Tonmos lattam nanane: at vailän anim tigil mońdel ton moš, qun lavinä: blagoslovitlam jomp törim namel.

Qus-ńilt (XXIV) Pänk.

1. I menim Isus jomes törim-küälnel ele; i vaŕge jomesit täu pokne qańdtaxtipän, ištobi šunštnx täväne torim-küäl vartul.

28: колюсотво; сiувт; олiвä; лицемѣрiел. 29: пэпюкынгэт; наітэтвэ. 30: сiувт; олноу олга; канынäнэл; пошухв; илнтэт. 31: котыхкарэт; наітэтмэ; ilэcäнэл. 32: jетпäн. 33: тулінä iнра. 34: кiэтгäнэм; наітэтмэ; пэпюкынгкарэтмэ; вохган; вонгухв; синагогант; кiэтухв. 35: таку; тäрмылäннэ; котыхкармэ; äлэсäн. 36: сäрыш; та. 37: наітэт; кiэтымкарэтмэ; ахтухв; тäку.
XXIV, 1: jомэсэт; iштоní; шупштахи.

2. Os Isus laves tanane: vagän amne ati ƚe vartulet? S'ariš lattam nanane, ƚeqaret šoqo porti ratvut, toqo išto at qūlti tit kau tärmįlt kau.

3. Os qun unles täu Elconskoi ax tärmįlt, tonśiuvt vaƚge jomįm täu pokäne qańḍtaxtįpet jiúkįm mat kitepesįt: latten manane, qun ƚe äš jimti, i ne-sįr pos nag joxtnįn i oxįrsom joxtnä elpalt jimti?

4. Isus laves tanane päri: ūrqatän, ištobi materne (maternel?) ul rettańkuän.

5. Tonmos išto šauqar jivįt am namentel, lattįm: am Kristos, i šauqarme rettijän.

6. Äkū ton qoitel qōlilän xontetme i xontlaxtnä-äṯetme. Šunšän, ul pelän; tonmos išto qārex ton äšne jimtux; os ton ati pįl oxįrsom joxtnä.

7. Tonmos išto kūälgįt atįmet tärmįlne atįmet, i naerlax tärmįlne naerlax; i jimti tētal, qolįntul, i to mat ma ńouņä.

8. Ƚe äš šoqo oule agmetne.

9. Tonśiuvt mįx pūmtovän muṯtax i älptax, i jimtinä ertal (erptal?) šoqįń atįmetne am namįm mos.

10. I tonśiuvt šauqaret tįplaxtat; i motįń motįńme mįx jimtitä; i jaxsitat ńote.

11. I šau qajer nüit kūälli, i rettat Šauqarme.

12. I lūl šaumanä jipalt šau qoles erp poli.

13. Os pätte moš permįpqar jälti.

14. I jimti lattįmag ƚe jelpįń ƚax naerlaxnel šoqįń śar laxvu, tonuqi šoqįń atįmetne; i ton jipalt jimti oule.

15. I tont, qun šämne päti lūl tädelpätnä-äšnel, qotiqarme lattestä näit Danįl, išto tonqar tuštvus jelpįń ma tärmįlt (lountapqar numsate),

16. Tonśiuvt Iudeit olįpqaret qaitet ańqetne;

17. I qon lep tärmįlt, jole ul vaile vįx mater täuk kūäletänel.

18. Os qon tep-känetät, päri ul jouńqe vįx täuk mašnän.

2: тэ; сарыш; тэкарэт; ратвуэт. 3: кiтэпэсэт; тэ. 4: iмтопi; матэрнэ. 5: jiвэт; нахыытэл; рэттijäнэл. 6: jiмтуха. 7: кӳäлгет; насрлах. 8: тэ. 9: мыхв; мучтахв; клптахв; эрптал. 10: мыхв. 11: няйт; куälі. 14: тэ; лех; насрлахнэл. 15: котмхкармэ; няйт; туштвэс; нумсахтэ. 17: выхв матэр кӳäлэтäнэл. 18: мыхв: тäку.

19. Os tuš tarvįtįń-lailpetne i šäūkütap netne ton qödelet śiuvt.
20. Qošgän, ištobi ul jimte nan mennä-äṭän teli amne subotat.
21. Tonmos išto ton latt jimti jäni nimtui, ton voip at olilales ma sońqįmlam mońdel äń moš, i jotel at jimti.
22. I qun ton qödelet at multän olxe, tonśiuvt ati-nar at qūľtni; os šoqįń periamqaret mos multaxtat ton qödelet.
23. Tonśiuvt qon nanane latti: te tit Kristos, amne tat, ul agtän.
24. Ton latt taulat qajer Kristet i retįń näitet, i varat jäni poset i amelet, tonmos ištobi rettax, tajeske, i periamqaretme.
25. Am, an, alpįlńuv nanane lattam.
26. I tont qun lavat nanane: tit täu xar mat, ul menän; täu tit küäl keurt, ul agtän.
27. Qumle sali pakepap qödelnel matįp qödel jurx moš, ton qoitel jimti elimqoles pūv jinä-äṭä.
28. Tonśiuvt (tonmos?) qöt jimti qole, tou axtqatat šarkeset.
29. I ratgįn nimtui qödelet mulnā jipalt qödel jole-jiūki, i jońqįp täuk päsä at mįgtä, i sovet pätat avįlnel, i avįl va ńoumti.
30. Tonśiuvt qöltqati elimqoles pūv posä avįlt; i tonśiuvt lūń-dįltaxtat Šoqįń śar atįmet, i qötgänįl elimqoles pūvme jinät avįl tulet tärmįlt jäni va i sui jot.
31. I kietgän täuk ańgelän suiiń porgįm jot; i axtijän täu periamqarän ńilä vot jurxetnel, elol qör avįlnel mot qör moš.
32. Tonuqi vajelän smokovnitsame; qun täu nirän jimteltesįt kämiľtag i śirketesįt luptet, tonśiuvt qańḍilän, išto tuimax jimtes.
33. Tonśiuvt i nan, qun qöntilän šoqo titme, qańḍilän, išto vatgįn au poket.
34. S'ariš lattam nanane: at muli te toxįm te äš šoqo jimtnät moš.
35. Avįl i šemel ma peltaxti, os am ľańqįm at peltaxti.
36. Os ton qödel i ton śas ati-qonne at qašvu, ati avįl ańgeletne, äkü am jegįmnel tärge.

19: сіувт. 20: імтоні. 21: лат. 22: мултан олга. 23: то. 24: лат; нäктэт; імтоні; роттахв. 26: кар. 28: тонмос. 29: ратгни (vgl. doch 50: ратьгни); тäку; миктä. 30: коттäнэм. 31: тäку; ахтіjäнэл. 32: jімтэлтэсэт; сіркэсэт; туймахи. 34: сирми; тэ. 36: кампа.

37. Os qumle oles Noi qōdelet lat śiuvt, ton qoitel jimti i climqoles pūv jinä śiuvt.

38. Tonmos, qumle potop qōdelet śiuvt tēsit, äisit, vant visit i qumne misit, ton qōdel moš, qun Noi tus kerepne;

39. I at numsesänil vit küälnäme i šoqińqar qolnä-äšme, toqo jimti i climqoles jinä-äṭä.

40. Tonśiuvt nigla kitag tēp-känt, äküqar vivu, os motin qulti.

41. Kit ne kau qartip; äküqar vivu, motin qūltiptovu.

42. I tont ūrqatän, tonmos išto at qańḍilän, qot śast nan poirixṭän joxti.

43. Os nan qaúḍilän, išto küälin qum qašxat olxe, qot śast tulmex jiv, ton at quini, i at minitä xalux jolx täuk küälctäme.

44. Tonmos i nan tašnä olän; voilin qot śast at nomsinä, joxti climqoles püv.

45. Os qon śar i numtiń lax-qōlp, qotiqar täuk pojerctänel tuštvus quśän numpalne, ištobi tēnäqarel miglalińkut posetät?

46. Šotin lax-qōlp ton, qun täu pojerät, jim, qōntitä täväme äš varpi.

47. S'ariš lattam nanane: šoqiń oxśe-molä tärmilne tuštitä täväme.

48. Os qun ton lax-qōlp oipiń lavi täuk śimä keurt: jerte at jiv am pojerim,

49. I pümti älux täuk jortän, i tēx i äjux äipet jot,

50. Ratgin joxti ton lax-qōlp pojerät ton qōdelt, qot qōdelt täu at urestä, i ton śast, qun täu at pil numsestä;

51. I pali-šagrepitä täväme, i pättitä täväme litsemeret jot äku śiuvne; tat jimti luš i peńk jaxštanä.

37: сіуат. 38: тэсэт; яясэт; высэт; мысэт. 39: нумсэсяпэл; fehlerhaft токо pro токо. 40: выва. 41: нывa; культмытова. 43: нашгат олгэ; мынітя жол-калухн тяку. 44: войлэн. 45: лех-к.; котыхкар; тяку; туштвэс; пумпал; ілтопі; мыглалэнвуат. 46: лех-к. 47: сарыш. 48: лех-к.; тяку. 49: ялухв; тяку; тэхв; яйухв. 50: лех-к.; тон pro тян. 51: сіувнэ; пянк.

Qus-ätet (XXV) Pänk.

1. Tonśiuvt jimti avil naerlax äkü ton lou ea, qotiqaret, vim tańk jivvoi-putänil, küälsit ženix Ïalx.

2. Ät ton keurt oles nomtiń, i ät saittal.

3. T'e saittalet tańk voi-putänil visänil, os voi jot at visit.

4. Os numtińet visit voi terimet keurt, tańk putännel tärge.

5. I qun ženix rates, tonśiuvt šoqo i oilmatvusit.

6. Os ji jätt sumles Ïax: an, ženix vintt te jiv, küällän täu Ïaltä.

7. Tonśiuvt küälsit ton eat šoqo, i pelimtesänil tańk putänil.

8. Os saittalet numtińetne lausit: majän manane nańknanel voi, tonmos išto man putenou qarilax jimtsit.

9. Numtińet, päri lattim, lausit: ištobi ul jimte mošnä-äš manane i nanane, tonmos menän pertipqaret palne, i joutän nańknane.

10. Os qun menesit tan joutux, ženix joxtes, i tašqaret tusit täu jortilät purne, i au tourtaxtes.

11. Jotil joxtsit i äritam eat, i lattat: poirixš, punšen manane.

12. Os täu päri laves: śariš lattam nanane, at qašgänim nanme.

13. I tont ürqatän, tonmos išto at qańdilän ati qōdel, ati śas, qun joxti elimqoles püv.

14. Tonmos avil naerlax jorti elimqolesne, qotiqar menux jimtes qōśe Ïońxne, vövsän täuk qušän, i puviltestä tanane täuk oxśe-molä;

15. I mis elolqarne ät talant, motetqarne kitag, qurmetqarne äkü, osqarne vatä śiuv; i äkü ton latt menes.

16. Ät talant vimqar menes, qoltilesän tonet äšne, i qōntes tonetel mot ät talant.

XXV, 1: jорті аяыл наерлах топ лоу эана, котыхкарат; ванс pro ženix, vaps, vips. 3: тэ; высänол; высот. 4: высот. 5: ванс; ойлматвэсэт. 6: лех; ванс; тіjiв; кÿäläн. 7: куäлсэт; вälмытэсänол. 8: лаусэт; карілахв; jимтсэт. 9: лаусэт; ілтоні. 10: мэнэсэт; joyтyхв; ванс; тусэт. 11: jотсл; joxтсэт. 12: сäрыш; кашгäнэм. 14: наерлах; котыхкар; мэнухв; тäку. 15: сiyв; лат. 16: колтылэсäн.

17. Kaljn äkü toqo i kit talant vįmqar qōntes mot kitng.
18. Os äkü talant vįmqar menes i ramestä tonme ma keurne, i tuitestä täuk pojerät alįn.
19. Qōśe mare muljm jipalt päri-joxtes ton qumet pojeränjl, i kįśmes tannanel mjmqarän.
20. I vaſge jomlitam, ät talant vįmqar tates mot ät talant, i latti: pojer, nag mįsįn amnane ät talant; tit am tonetel qōntsįm ät talant.
21. Täu pojerät laves täväne: lań, jomas i śar quś; morśel nag olsįn śari; šau numpalne nagįn tuštilįm; tujen näńk pojerįn jot śagtux.
22. Äkü toqo jis i kit talant vįmqar, i laves: pojer, nag amnane mįsįn kit talant; tit am tonetel qōntsįm kit talant.
23. Täu pojerät laves täväne: lań, jomas i śar quś; morśel nag olsįn śari; šau numpalne nagįn tuštilįm; tujen näńk pojerįn jot śagtux.
24. Ton jipalt jis äkü talant vįmqar, i laves: pojer, am qańḑilįm nagįn, išto nag küxṭi elimqoles; urelau, qōt at routsįn, i axtan, qōt at miglesįn;
25. I pelmam menesįm i tuiteslįm nag talantįn mane; fenańki nagqarįn vajalen.
26. Os täu pojerät laves täväne päri: qajer i šivįń quś; qun nag qašsįn, išto am urelam, qōt at routsįm, i axtam, qōt at miglesįm;
27. Ton qōśetag nagnane taini am alnįm mįx tin-qumetne, i am, päri-joxtįm, vįnilįm amqarįm ärgetätel.
28. I tonmos ele-vajelän tävänel talantne, i majelän lou talant ośqarne.
29. Šoqiù ośpqarne mįqti, i šaumelaxti; os oštalqarnel vįqti i ton, nar ońḑes.
30. Tonmos taital quśme rastelän oúx-pūtne; tit jimti lūš i peńket jaxštanä. Titme lattįm laves: päľ ośpqar qontlax tak qontle.

18: таңу. 19: таnансл. 20: мысон. 21: туштілэм; сьагтухн. 22: мысон; контесм. 23: олсэп; туштілэм; сьагтухв. 24: коньджілэм; роутеэн; мыглэсоп. 25: мэнэсэм; туйтюсэм; талантми; тэнанкі. 26: клмсэн; роутесм; мыглэсом. 27: мыхв; вынілэм. 30: нѣнкот; контлахв; таку.

31. Os qun joxti climqoles pūv tāuk joretät, i šoqo jelpįń ań-
gelän täu jortįlät, tonśiuvt unti suitįń jelpįń pāsenctäne.

32. I axtqatat täu eltä-palne śar atįmet; i urtgän tanme motįń
motįńel toqo, qumle ūrįp pali-urtijän ošetme kozletnel,

33. I tuštijän ošetme jomas-pal kat ńopiľ, os kozletme ol-
mįx palne.

34. Tonśiuvt lavi naer tāuk jomaske palt tušpqaretne: jejän,
blagoslovitlam am jegįmnel; tujän naerlaxne, ľaľptam nananc atįm
sońqįmlam mońdel.

35. Qun tēx jimtelesįm, nau anįm titteslän; äjux jimtelesįm, i
nan anįm äiteslän; el-maqari olsįm, i nan anįm tuleslän;

36. N'ärnä olsįm, i nan mašteslän anįm; agmeľtesįm, i nan
tulileslän anįm; ćurmat unlesįm, i nan jisne am pokįmne.

37. Tonśiuvt śarqaret, lattįm täväne, lavat: poirįxš, qun man
nagįn uslou tēx ńorpi, i tittoslou, amne äjux ńorpi, i äiteslou?

38. Qun äkū ton qoitel nagįn uslou el-maqari, i tulileslou,
amne ńärnä, i mašteslou?

39. Qun äkū ton qoitel uslou man nag agmeľtanįú amnc ćur-
mat, i jalsou nag pokįnne?

40. Naer lavi tanane päri: śariš lattam nanane, kaš nan var-
sän titme äkū višqarne am će käśetnel, äkū ton amnanc varsän.

41. Tonśiuvt lavi i olmįx palt tušpqaretne: menän ele amna-
nel, erįmqaret, qarilatal tautne, ľaľptamqarne asraine i täu jortetne.

42. Qun am tēx ńorsįm, nan anįm at titteslän; äjux ńorsįm,
i anįm at äiteslän;

43. Olsįm el-maqari, i at tuleslän anįm; olsįm ńärnä, i anįm
at mašteslän; agmeľtesįm i ćurmat olsįm, i at jalsän am pokįmne.

44. I tan tonśiuvt lavat täväne päri: poirįxš, qun uslou man
nagįn tēx ńorpi, amne vić äjux ńorpi, amne el-maqari, amne ńärnä,
amne agmeľtami, amne ćurmat, i at služitlesou nagįn?

31: тӓку. 32: мотыиги̇эл; п.-уртіјан. 34: наер; тӓку; јӓјӓи. 35: тохв; јіита-
лэсэн; титэслӓн; олэсм. 36: олэсм; агмэлтэсэм; унлэсэм; јіcӓн. 37: тохв; ӓйухи.
39: агмэлтаииг. 40: наер: сӓрыш; то. 41: јерыыкарот. 42: тохв; ньорcэм;
ӓйухв. 43: олэсм; агмэлтэсэм. 44: тохв; ӓйухн; агмэлтамі.

45. Tonśiuvt lavi täu tanane päri: śariš lattʌm nanane: at varsän ſe višqaretnel kaš pịl ǟkü materne, ton amnane at-varịmän śiuv.

46. I mengịt titet inra muṭtaxtux, os śaret inra olịp päsịń mane.

Qus-qotet (XXVI) Pänk.

1. Qun multesän Isus ſe ľańqet šoqo, tonśiuvt laves täuk qańḍtaxtịpetne:

2. Nan qańḍilän, išto kit qödel mulịm jipalt jimti pasxa, i climqoles püv pertịm jimti pernäne taketax.

3. Tonśiuvt arkịpet i nepäkịńet, i mer pänket axtqatsịt Kainf arkịp küälne;

4. I oi varlesịt, vịx Isusme mat-sịr amelel, i älux.

5. Os latsịt: ati pịl poirịm śiuvt, ištobi ul jimte šivtlax mer keurt.

6. Os qun Isus oles Viſaniat ńoltịń Simon küält,

7. Tonśiuvt jis täu pokülne ne kau-terịm jot, qotiqar kevurt oles šak tinịù miro, i šošestä unlịpqarne pänk tärmịlne.

8. Tonme um, täu qańḍtaxtịpän šalelesịt, lattịm: narmos ſeśiuv qoltili täuknanel?

9. Toqo moš ſe voi jäni tinel ele-pertnovu, os ton oxśe jorlïtue urtnovu.

10. Os Isus, titme kaṭelam, laves tanane: uarne tịplilän ſe neme? Täu jomas äš vares amnane.

11. Tonmos išto jorlīt šoqịǹ latt olat nan jortịlän, os am inra at olam.

12. Ťe voi šošịm am ńoulịm tärmịlne, täu anịm jole-šäptanä qoitel ľaľptestä.

45: сʌрыш; т.: сiув. 46: мэнгịт; iнpa: мучтaxтухѵ.

XXVI, 1: т.; ленкэт; тǟку. 2: такетахв. 3: нэпякнигэт; ахткатсэт. 4: кар-ласэт; выхв: ǟлухв. 5: латсэт; ciувт; iштoпi. 7: котыхкар; кэурт. 8: шʌлэлэсэт; т.ʊ ciуn. 9: т.ʊ; о.-пэртпова; уpтновa. 10: т.ʊ. 11: лат; iнpa. 12: т.ʊ.

13. S'ariš lattam nanane: qōt lattux pūmtovu ĉe lattįlp, kaš šoqiń śart, i tonme, nar täu vares, lattovu täväme ärilam.

14. Tonśiuvt kitquiplou qańdtaxtįp keurnel äkū, Iuda, Iskarioti lavįmqar, mcnes arkįpet pokne,

15. I laves: nar mįx ńorinä amnane, am pertilįm täväme? Tan lansįt täväne vāt manet.

16. I ton latnel ūres taipįń lat täväme mįx.

17. Os elol poirįm qōdel jisįt qańdtaxtįpet Isus palne, lattįm täväne: qōt lavan nańknane Tafptax pasxame?

18. Tāu laves: menän ūšne ĉe-nampqar pokne, i lattän täväne: qańdtap latti: am posįm vaĉmes; nag pokįnt mulilįm pasxame amk qańdtaxtįpänįm jot.

19. Qańdtaxtįpet varsįt toqo, qumle laves tanane Isus, i Taftesįt pasxame.

20. Os qun eĉmes, täu untes kitquiplou qańdtaxtįpān jot.

21. I qun tan tēsįt, täu laves: śariš lattam nanane: äkūqar nannanel mįgtä anįm.

22. I jäni tušne pätįm, tannanel šoqįńqar pūmtes kitilax: am erįn atim, poirįxš?

23. Os täu laves pāri: am jortįlįm pat ānane katä magįntamqar, ton anįm mįgtä.

24. Ton mänt elimqoles pūv ele-meni ton qoitel, qumle täu mos qanšįm oli: jäni tuš ton qolesne, qotįqar elimqoles pūvme mįgtä; jomasńuv olni at tēlux ton qolesne.

25. Tat Iuda, täväme mįp, äkū toqo laves: ravvi, am erįn ati? Isus latti täväne: nag latteslįn.

26. I qun tan tēsįt, Isus, ńaūme vįm i blagoslovitlam, šaimtestä, i urtįm qańdtaxtįpetne laves: vajän, tajän, tit am ńoulįm.

27. I vįm āname, satqtam mįstä tanane, lattįm: šoqo ĉeqarnel äjän.

13: сарыш; латтухв; пӯмтова; то; латтова. 15: мыхв; портiлам; лаусэт. 16: мыхв. 17: jiсэт; ляльтахв. 18: тэ-п.; муліам. 19: варсэт; ляльтэсэт. 21: тэсэт; сарыш; мыктӓ. 22: кiтілахв; атым. 23: jортылям; пат-анане магынтамкар; мыктӓ. 24: котыхкар; мыктӓ; толухв. 25: равви; латтэслэн. 26: тэсэт. 27: токарпэл; ӓӥӓн.

28. Tetit am kelpim jelpil zakonnel, šau mos šošqtam, kiräket qūľtiptanä kašil.

29. Os lattam nananc, išto tigil elaľ at äjam vinograd orox ton qödel moš, qot qödelt äigim nan jortjlän jelpjl orox amk jegim naerlaxt.

30. I ergim, menesit Eleonskoi axuc.

31. Tonśiuvt latti tanane Isus: nan šoqo tc ji am mosim numtet telilinä; tonmos qörint qanšim oli: ürpme älilim, i laxvu menat ošet.

32. Os am noúxo jältnim jipalt qöntqatinä am jortjlim Galilei ūšt.

33. Petr laves täväne päri: qun i šoqo telilat nag mosju, am ati-qumlc at telilam.

34. Isus laves täväne: śariš lattam nagnane, äkū tc ji toxox ergemanä elpalt qūrum kes úultan, išto anim at qańdjlin.

35. Petr latti täväne: qun i qolnä-äš jimti nag jortilin, am tärge at tuńdpam nagnanel; i šoqo qańdtaxtipet lausit äkū tonme.

36. Tonśiuvt jis tan jortjlän Isus Gefsimanī paulnc, i latti qańdtaxtipetne: unlän tit am jinim mänt tat qošgux.

37. I vim täuk jortjlät Peterme i Zevedeiev pūvi äkū jot, pūmtes śargux i tuštux.

38. Tonśiuvt latti tanane Isus: am lilim šak moš śargi; tit olentän i qošgän am jortilim.

39. I morśe eleńuv jomim, pätes ńol-šämū tärmilne qošgim i lattim: šim tat, qun tai, anim multate te äne; ton mänt ati toqo qumle am úoram, os qumle nag.

40. I päri-joxtim qańdtaxtipet palne, qötsän tanme quimag, i latti Peterne: nar mos at ūrqatsän äkū śas śiuv am jortilim?

41. Qošgän i ürqatän, tonmos at jimtinä rettamag. Lil vagjń, os ńoul paštal.

42. Ton jipalt menes motintag i qošges, lattim: šim tat, qun at tai multax anim te änane, ištobi am tävänel ul äjem, jimte nag erqin qoitel.

_{28: тэтiт. 29: äääм; äйгэм. 30: мэнесэт. 31: тэ; нумтэл; куормнгт: кяiлэм. 34: сярыш, тэ; айганä (эргэманä); кaньджiлэн. 35: таргэ; лаусэт. 36: комгухн. 37: тäку; Леведеен; съаргухн; туштухн. 39: т:, 42: мултахн; интонi; äнем.}

43. I püri-joxtįm os qōtsän tanme quimag; tonmos iśto tan šämän tarvįtįůag jimtsįt.

44. I qūľtįptam tanme, menes os i qošges qurmįntag, lattįm äkü ton ľańqet.

45. Tonśiuvt püri-joxtįm täuk qańḑtaxtįpän palne latti tanane: nan äkū toqo quinä i vanśaxtinä; an, vaſmes śas, i climqoles pūv mįqti kiräkįů katetne.

46. Küällän, menou; vaſmanti anįm mįp.

47. Os täu lattentanät münt joxtes ludu, i täu jortįlät šau atįm širi i oute katel, arkįpetnel i mer jäńgetnel kiettįmqaret.

48. Os täväme mįp inįs tanane qańḑux, lattįm: qonme am päśelilįm, ton ſenańki, täväme vajelän.

49. I ton śast vaſge jomįm Isus pokne laves: ravvi, päśe olen; i anilestä täväme.

50. Os Isus laves täväne: am jortįm, narne tįg jisįn? Tonśiuvt vaſge jomsįt i katänįl älmesänįl Isus täri, i vįsäuįl täväme.

51. I tat äkü olįmetnel Isus jot, katä naritam, täuk širitäme levetestä, i jönitam tonel arkįp qušme, šagrepestä täu pälä.

52. Tonśiuvt Isus latti täväne: punalen nańk širin sipeľetäne; tonmos iśto šoqo širi älmįpet širil qolat.

53. Amne numsan, iśto am vam at joxti jolįntax amk jegįm, toqo iśtobi täu kiette amnane šauńuv ati-pįl kitquiplou legeon ańgel?

54. Os qumle śarmi qōrįń lattįlp, iśto titne jimtux qärex?

55. Ton śast laves Isus merne: jormänt xoroxš puvux nan jisnä širi i oute katel, iśtobi anįm vįx; šoqįń qōdel am nan jortįlän unlesįm, tōrįm-küält qańḑtam, i nan at vįslän anįm.

56. Šoqo ſe äš jimtes tonmos, iśtobi śarmet näit lattįlpet. Tonśiuvt qańḑtaxtįpet šoqo, täväme qūľtįptam, laxvu tulsįt.

57. Vįmqaret Isusme tatsänįl täväme Kaiaſa arkįp palne, qōdäľ axtqatsįt nepäkįńet i mer pańket.

43: јімтсот. 44: леньят. 45: тяку; ваньсьахтінй, ваньахт-. 46: куяльн. 47: кіэтьмкарэт. 48: каньджухв; пйсьслілям; тэнанкі. 49: інікластй. 50: јісьн; јомсэт; алмэсйвэл; вьсйньл. 51: тяку. 53: јольнтахв; кіэтэ; леріон. 54: куормнг; јімтухв. 55: вувухв; јісйв; уваэсэм. 56: то; іятові; ялят; тулсэт. 57: татсйвэл; ахтватсэт; иэнэвьнгот.

58. Os Petr jomentes qośatńuv täu jitä-palt arkip kūäl moš; i ūs keurne tum untes quśet jot, ištobi šunšux, te ūš qumle muli.

59. Arkipet i mer pänket i sut jäntetätel kisṣit retel tonuxlapme Isus pänkne, ištobi täväme jole-älux.

60. Os at qōtsit; i šau xoše nigleles retel tonuxlap, at qōtsit. Voš jolt jisi kit retel tonuxlapi,

61. I lausit: täu lattes: vam joxti porti ratux tōrim-küälme i qūrum qōdelt noňxo varux täväme.

62. Arkip, tuńdpam, laves täväne: narmos nag ati-nar päri at lattan? qōlilin erin, nar tin nag päňkinne tonuxla?

63. Isus suital oles. Arkip laves täväne: erilim nagin liliń tōrimel, latten manane, nag erin Xristos, tōrim püv?

64. Isus latti täväne: nag lausin; tonmos lattam nanane: tigil elaľ qōntilän climqoles püvme unlenät tōrim va jomaske palt, i mennät avil tulet tärmilt.

65. Tonśiuvt arkip manitesün täuk mašnäqarän, lattim: täu tōrim täri lül latti; osne tonux manan qärex? ań nan qōleslän tōrim täri nernät.

66. Nan numtän qumle? Tan lausit päri: atelne qoi.

67. Tonśiuvt salgesänil täu ńol-šämä, i voxsänil täväme votmast; os toqaret poitänil jōnitam,

68. Latsit: laven manane, Xristos, qonnel jōnitovusin?

69. Os Petr unles küän; i täu poküne jomlites äkū iňki i laves: i nag olsin Isus Galileanin jot.

70. Os täu jole-varetestä šoqińqur elpalt, lattim: at qańdilim, nar nag lattan.

71. Os qun täu küälles üš-au küänpalne, qōntestä täväme motqar, i latti tit olpetne: i täu oles Isus Nazarei jot.

72. I os jole-varetestä, ńultim, išto at qańditä te qolesme

73. Morśe ratim jipalt vaľge jomim tat tušpetnel lausit Peterne: äkū ton pil i nag tonqaretnel; näňk lattilpinnel qōltvun.

58: имтоɴи; тэ. 59: кумсэт; имтоɴи; j.-ялухэ. 60: котсэт; jicм. 61: лаусэт; ратухэ; варухэ. 62: холiлэм. 63: jepiлэм. 64: лаусэм. 65: тiлу. 66: лаусэт. 67: салɣросиуэл; воxсяɴэл. 68: латсэт; конɴэ; jонiтовэсэɴ. 69: jомлiтэс иɴкi; олсеɴ. 70: каɴьджiлэм. 71: куялэс; Назореi. 72: тэ. 73: лаусэт; колтвэɴ.

74. Tonśiuvt pümtes täukame erim ńultux, išto at qańḍitä te qolesme. I rat́gin ergemes toxox.
75. I numilmates Petr Isus lattim Taxme: išto toxox ergemanä elpalt qūrum kes ańtqatgin amnanel. I küäne-küällim šak lūńḍes.

Qus-satet (XXVII) Päṅk.

1. Motet qōdel qōtlam śiuvt šoqo arkipot i mer päṅket varsit oi, ištobi Isusme jole-älux.
2. I persam täväme, tatsäṅil ūš ūrp päṅk Pontīskoi Pilat pokne.
3. Tonśiuvt Iuda, täväme mim, qōntestä, išto polane pättovus, i pàri-nomilmatim misän vät manet arkipetne i mer jäniqaretne,
4. Lattim: kirex varsim am vinovattal kelp minim śiuvt. Os tan lausit: man ne ašvu oli? näṅk qōntilen.
5. I manetet rastim tōrim-küält, küäne-küälles, i menim pośetaxtes.
6. Arkipet, manetet vim, lausit: t́eqaret at tajat punux tōrim-küäl xosnane, tonmos išto tan tin kelpne.
7. Os keniš varim, joutsit tonetel sul-put varpnel ma, el-ma qolimqaret šaptanä kašil.
8. Tonmos i lavjqti ton ma äń moš kelp tin magi.
9. Tonśiuvt śarmes Ieremī näit lattilp, qotiqar latti: i am vi-sim vät manet, sonetamqar tinä, qotiqar sonetovus Izrail püvetnel.
10. Os tan misänil tonetme sul-put varp qumne ma mos; ton äšne qōltvusim am poirixšne (ton āš qōltvus amnane poirixšnel?).
11. Os Isus tuńḍpes ūš ūrp päṅk elpalt; i kitepestä täväme ūš ūrp päṅk, lattim: nag erin Iudeit naer? Isus tävāne laves: nag lattan.

74: тӓкутӓмэ; jepым; нюлтухв; тэ; аӣгэлэс (эргэмэс). 75: лехмэ; аӣгланӓ (эргоманӓ); арьткатгэн; кӱӓлын.
XXVII, 1: сіуат; варсэт; иштоні; j.-ӓлухв. 2: татсӓнэл. 3: пӓттовэс. 4: варсэм; сіунт; лаусэт. 5: кӱӓлэс; пасьетахтэс. 6: лаусэт; тэкарэт; таӣат; вунухв; колэмэ. 7: joутсэт. 9: наӣт; хотыхкар; высэм; сонэтовэс; пӱвэтнэ. 10: мысӓ-нэл; тон яшнэ колтвэсэм ам поӣрыхшнэ. 11: кітэпэстӓ ум.

12. I qun täväme retel pošgesänil arkipet i mer pänket, täu päri ati-nar at lattes.
13. Tonśiuvt latti täväne Pilat: at qōlilin, ne-śiuv nag pänkinne tonuxlat?
14. I äkū laxne pil päri at lattes täväne, toqo išto ūš pänk šak pakses.
15. Os pasxa poirim käšil ūš ūrp inra moš taretales äkū poliūqarme, qotiqarme mer ńorgänil.
16. Tonśiuvt oles äkū poliūqar, laviltanä Varavva.
17. I tont, qun tan axtqatsit, tonśiuvt kitepesän tanme Pilat: qonme ńorilän, ištobi am tareteslim nanane, Varavvame amne Isusme, laviltanä Xristosme?
18. Voilin täu qańdestä, išto misänil täväme ušmanel patet.
19. Ton qalt, qun täu unles sutvarnä-matät, täu netä kietes täväne lattux: ati-ne lūl ul varen će śarne; tonmos am äń šau muttaxtsim ulnim patet täu mos.
20. Os arkipet i mer jäńget merme quitsänil vōvux Varavvame, os Isusme älux.
21. Ūš ūrp kitepesän tanme: qotiqarme kitagnel ńorilän, ištobi am tareteslim nanane? Tan päri lausit: Varavvame.
22. Pilat latti tanane: os nar am varem Isus Xristos jot? Lattat šoqo täväne: pernäne voňqalen täväme.
23. Ūš ūrp laves: os ne-sir lūl vares täu? Os tan kümińiš šišgesit, lattim: voňqalen pernäne täväme.
24. Pilat katelam, išto täu lańqä at qontlovu, os kümin noūxal pāttat, vis vić, loutsä kata mer šämt, lattim: am vinovattal olim će śar kelpne; nūūk vailän.
25. I päri lattim mer jäntetätel laves: täu kelpä päte man tärmilovane i püvenou tärmilne.
26. Tonśiuvt taretestä tanane Varavvame; os Isusme ratim, mistä voňqux pernäne.

12: пошгосäнэз. 13: колiлэн; нэ-сiув. 14: лехно. 15: iнра; котыхкармэ; ньоргäнэл. 17: ахткатсэт; таротэслэм. 18: войлэн; мысäнэл; ушмапыл. 19: латтухв; тэ; мучтахтсэм. 20: куйтсäнэз; вовухв; äлухв. 21: котыхкармэ; iмтонi; таротэслэм; лаусэт. 23: шiмгэсэт. 24: ленкä; контлова; пätат; олэм; тэ. 25: тäрмыловаiнэ. 26: вонкухв.

27. Tonśiuvt ūš ūrp Pilat xont-qumet Isusme vim ūš sutkūälne, axtvus xont kavvim šoqo.

28. I ele-aṅgusam, maštesänil täväme šēmel mašnäqarel.

29. I kulpme sagim jotpiṅ-jivnel, punsänil täu päṅkä tärmilne; i misänil täväne jomas-pal katetäne sui-jivme; i täu eltäpalt šanš qōdiltam, vaxnitesänil täväme, lattim: päśe olen, Iudeit naer.

30. I polqel saľgesänil täväme, i sui-jiv vim voxsänil täu päṅkäne.

31. I qun ṅartelam poššänil täväme, aṅgusesanil šēmel mašnäme, i maštesänil täväme täuk mašnätel, i tatsänil täväme pernäne voṅqux.

32. L'oṅxt ľalx-qojesänil Simon Kirineaninme, qotiqarme joselesänil älmux täu pernäme.

33. I kānne joxtim, laviltanä Golgoľa, nar qašxti lobnoi ma,

34. Misänil täväme äjux uksus, vośerim jot telitam, i ōrmelam, äjux at taṅxestä.

35. Os täväme pernäne lixtentumqaret täu mašnäqaränil urtsänil, šerep rastim;

36. I jole-untim ūrtsanil täväme tat.

37. I qaššänil täu päṅkä numpalne ľaṅqet, qašxtax toqo: tit ľenaṅki Isus, Iudeit naer.

38. Tonśiuvt pernäne voxvusag täu jortilät kit xoroxš: äkū jomaske palne, motiṅ olmix palne.

39. Tigil toul jipqaretnel täu lülimtovus, päṅkänel ṅaigiltam,

40. I lattim: tōrim-küäl ratip i qūrum qōdelt noṅxo varip, näṅkūen näṅk jältiptalen; qun nag tōrim pūv, vailen pernänel.

41. Äkū toqo i arkipet, nepäkiṅet i mer päṅket vaxnitam latsit:

42. Motqaret jältiptesän, os täukame vatä at joxti jältiptax. Qun täu Izrail naer, tak äṅ vaile pernänel, i agtilou täväme;

27: ахтвэс. 28: анкусам; маштесӓвэл. 29: пунсӓнэл; мысӓнэл; вахнiтэсӓнэл. 30: салгысӓнэл; воксӓнэл. 31: пошсӓнэл нартэлам; ӑнкусэсӓнэл; маштэсӓнэл; тӓку; татсӓнэл; воӊкух. 32: л.-kojесӓнэл; котыхkармэ; josэлэсӓнэл; алмух. 34: мысӓнэл; ӑйухв; уксусэл; восьером. 35: машнӓkарӓн уртсӓнэл. 36: уртсӓнэл. 37: kашсӓнэл; леӊкэт; kашxтахв; тэнапки. 38: воxвэсӓr. 39: jiпkарэт тӓвӓмэ лулiмтэсӓнэл. 40: варп. 41: нэпэkмпгэт; латсэr. 42: jӓлтмптахв; таку.

43. Täu tōrịmne šunšes; tak äń oitate täväme, qun täu jorịń täväne; täu voilịn lattes: am tōrim püv.
44. Äkū ton qoitel i xoroxṯag, täu jortịlät pernäne voṅqịmqari, täväme vaxnitesten.
45. Qōtet śasnel jiṅkịm oles śar laxvu ontolouvt śas moš.
46. Ontolouvt śas xanett oigemes Isus suińiš, lattịm: ili, ili, lama savaxfani? tit ton: am tōrịmịm, am tōrịmịm, narmos anịm qūltịpteslịn?
47. Äkü-materet tat tušpetnel, tonme qōlịm, latsịt: Ilijame täu vōvitä.
48. I äkü ton latt qaitịmles tannanel äküqar, vịs šēni, uksusel tutịltestä, i sui-jivne ńaltam äitestä täväme.
49. Os toqaret latsịt: sesar, šunšilou, jiv amne ati Ilija jältịptux täväme.
50. Os Isus, motịntag oigemam suińiš, lịlä qartes.
51. I tonśiuvt tōrịm-küäl jelpịń au-qašịp pali-manịmtaxtes numel jole moš, i ma tornes, i kavet qalpesịt;
52. I xoṅgelet puštesịt, i šau pịtịń jole-qolịmqaretnel küälles,
53. I küäne-küällịm xongeletnel täu jältịmät jipalt, tusịt jelpịń ńšne, i qōltqatsịt šau qolesne.
54. Os šāt-päṅk i täu jotä Isus ürpet, kaṯelam ma tornanä i olịm-äš šoqo, pelmesịt šak i latsịt: śariš tōrịm püv oles täu.
55. Äkü toqo tat olsịt i qōśanel šušsịt šau ne, qotiqaret jisịt Isus jot Galileinel, täväne služitlam.
56. Tan qalenänt oles Maria Magdalina i Maria, Iakov i Iosī sōkänịl, i šōkä Zevedeiev püvetne.
57. Os qun jole-jiṅkes, joxtes äkü poi qum Arimafeinel, namā Iosif, qotiqar äkü toqo qaṅḍtaxtes Isusnel.
58. Täu, Pilat elpalne menịm, vövestä loxtịm Isusme; tonśiuvt Pilat lavestä mịx täväme.
59. Iosif, täväme vịm, maúntestä täväme lań sairịń torel.

43: таку; войлэп. 45: онтолоут. 46: онтолоут; хаиэт; суйигмш; клв: культыштэслши. 47: латсэт. 48: пйлтвм. 49: латсэт; јлдтмытахв. 50: суйигмш. 52: пуштэсэт; күйлэс. 53: күйлым; тусэт; колткатсэт. 54: пэлмэсэт; сярым. 55: олсэт; косьянэл; шушсэт; котыхкарэт; јісэт. 56: калйнэлт; Зеведееѵ. 57: котыхкар. 58: мыкв.

60. I punestä täväme täuk varim jelpil xoṅgeletäne, qotiqarme šagrestä kau keurne; i pagertam jäni kaume xoûgel au pokne, menes.

61. Äkü toqo tat olsag Maria Magdalina i motet Maria, i unlesag xoṅgel ťalx.

62. Pätnitse motet qödelt axtqatsit arkipet i Fariseit Pilat pokne;

63. I latsit: aṅdux, man numilmatsou, išto ťe qajer, liljṅag olimät śiuvt, lattes: qūrum qödel mulnä jipalt jältam;

64. I tonmos laven ūrux xoṅgelme qurmet qödel moš, ištobi täu qaṅdtaxtipän, ji menim, ul tulmentäṅil täväme, i ul palimtet merne, išto täu jältes; i jimti jol ret elolqarnel kūmiṅag.

65. Pilat laves tanane: vajän ūrpet, menän, ūrän, qumle qaṅdinä.

66. Tan menesit, i petetet punsit kau tärmilne, i tuštsit xoṅgel pokne ūrpet.

Qus-nolouvt (XXVIII) Päṅk.

1. Subote mulim jipalt, sät elol qödel qötlaltam śiuvt, jisi Maria Magdalina i motet Maria šunšux xoṅgelme.

2. I oles jäni ma tornanä-äš, tonmos išto aṅgel tōrimnel, avilnel vailim, vaťge tuṅdpes, kaume ele-pagertestä xoṅgel aunel,˙i uni unles täu tärmilät.

3. Täu xörä oles jormänt salnäqar, i täu mašnät oles jormänt tuit.

4. Tävänel pelmam roxtsit ūrpet, i tuṅdpesit jormänt qolet.

5. Aṅgel pümtes lattux i laves negiane: ul pelän, am qaṅdilim, išto nan kinšilän älim Isusme.

6. Täu tit atim; täu jältes, qumle laves; vaťge jomän, ton mame šunšelän, qöt qujes poirixš;

60: тӓву; котыккармэ. 62: пятнице; ахтватсэт. 63: латсэт; тэ; сіуат. 64: урухв; імтопі; тулмэнтӓнэл. 66: мэнэсэт; пунсэт; туштсэт.

XXVIII, 1: jicм. 2: тӓрмыл̇т. 4: рохтсэт; туньджпэсэт. 5: латтухв; каньджіл̇эм. 6: атым.

7. I menän jerte, i lattän täu qańḍtaxtịpetne, iśto täu aṭelnel jältes, i qöntqati nan jortịlän Galileit; tat täväme qóntilän; am nanane lattam.

8. Tin molemtaxtịm küälsag xoügelnel, pelịm i śagtịm, qaitịmlesị palimtux täu qańḍtaxtịpetne.

9. Os qun jomsag palimtux täu qańḍtaxtịpetne, tonśiuvt qöntqates tin jortịlän i laves: śagtän! Tin vaƚge jomlitesị, puvịxtesi täu lailäne, i qošgemesi täväne.

10. Tonśiuvt latti tinane Isus: ul pelän; menän, palimtelän am käśänịmne, istobi tau jomsịt Galileine; tat anịm tan qötgänịl.

11. Os qun tin jomsag, tonśiuvt äkü-materet ürịpetnel joxtsịt üśne, latsịt arkịpetne šoqịů olịm-äšne.

12. I tonet axtqatsịt mer jäńgịt jot, i varsịt kenịš, šau oxśe mịsịt ürpetne,

13. Lattịm: lattän, isto täu qańḍtaxtịpän ji jisịt i tulementesänịl täväme man quimou latt;

14. Os qun titme qölestä üš ürp, man jolịutilou täväme i nanịn polanel oitilou.

15. Tan, oxśame vịm, varsịt, qumle quitvusịt; i tus ton ƚax Iudeit qalne äń moš.

16. Os äküquiplou qańḍtaxtịpet jomesesịt Galileine, ax tärmịlne, qumle laves tanane Isus.

17. I täväme qöntịm, qošgemesịt täväne; os toqaret kitqalne pätsịt.

18. I vaƚge jomlitam, Isus laves tanane: maivus amnane šoqịů erx avịlt i ma tärmịlt;

19. I äń menän, qańḍtän śar atịmetme, tanme pernäl punịm jeg, püv i jelpịů lịl namne,

20. Tanme qańḍtam ürux šoqo, nar am qöltsịm nanane; i an, am nan jortịlän šoqịů qödelet oxịrsom joxtnä moš. Amiń.

7: järtə. 8: малымтахтым; палімтухв. 9: палімтухв; контватэс Ісѵс тін; коштэмэсм. 10: іштоні; jомсэт; котрăнэл. 11: jохтсэт; латсэт. 12: ахтватсэт; варсэт; мысэт. 13: jісэт; тулмэнтэсäнэл. 14: jолэнтіjоу. 15: варсэт; куйтвэсэт; лех. 16: jомэсэт. 17: коштэмэсэт; нäтсэт. 18: майвэс. 20: колтсэм.

Das Evangelium Marci.

Marknel Jelpiṅ Lattilp.

Elol (I) Pänk.

1. Elol lattilp Isus Xristosnel, tõrim püvuel.
2. Qumle qanšim oli näitet palt: an, am kietam amk suimtapim amk jinim elpalt, qotiqar laľptitä nagnane loůxme eltin-palt.
3. Sui lattipnel xar mat: laľptän loůx poirixšne, varän patim täväne.
4. Qöltqates Ioan, pernäl-punux xar mat, i lattux pernäpunnääš pokajanija kiräket taretanü mos.
5. I joxtelesit täu palne Iudei pal jäntetätel i Ierusalimqaret; i pernäl-puṅxtesit šoqo tävänel Iordant, lattim täṅk kiräkän.
6. Os Ioan mašnä oṅḋiles verbľud šarnel, i touľ entepel enteptaxtim; os tës akridet i saittal mag.
7. I suitiltestä, lattim: am jitä-palimt jomi amnanel vagiṅ, qotiqar palt am at qojam pešetax ṅur täu poľkesetnel.
8. Am pernäl-puṅgänim nanme viťel; os täu pernäl-puṅgän nanme jelpiṅ lilel.
9. Ton qödelet jis Isus Galileiskoi Nazaretnel, i pernäl-puṅxtes Ioannel Iordant.

I, 2: нлйтот; суймтаоным наг конечын элюалт; котыхкар; э.-валмнт. 3: кар. 4: в.-пунухв; латтухв. 5: joxтэлэсэт; в.-пунхтэсэт; кiрäкэнäн. 6: i кар ма мйт. 7: котыхкар; колам; нантаxв. 8: в.-пунгаюм.

10. Vitnel küäne-küällentanät latt uipestä Ioan avilet pali-urtqatnänil i lilme, jormänt kapterme, jolaľ jinät.

11. I sui joxtes avilnel: nag am ërptanä püvim, qotiqar keurt am ërpim.

12. Raštal tit jipalt asrai tatestä tävämc xar mane.

13. Täu oles ton xar mat nälmen qodel, qöt asrai qaṅḍux ṅoristä tävämc; i oles uit jot. I aṅgelet tävänc služitlesit.

14. Os ton jipalt, qun Ioan mim oles urexne, jis Isus Galileine, i pümtes lattux lattilp törim naerlaxnel,

15. Lattim: taultaxtes mare, i vaľmes törim naerlax; pali-punäu nan kiräkän, i agtän lattilpne.

16. Os jometam Galileiskoi sariš vati, qöntes Simonme i täu käšä Andreime, qotiqaret rastelat jolimet sarišne. Voilin tan qulkišpet olsit.

17. I lattes tinane Isus: jejän am jitä-palimt, i am vargänim išto jimtinä nan elimqoles kišpi.

18. I äkü ton latt, täṅk jolimänil qüľtiptam, jomesesi täu jitä-palt.

19. Toul morše menim, qöntestä täu Iakov Zevedeievme i täu käšä Ioanme, jolimet juntsaxtipag äkü toqo qäp keurt.

20. I äkü ton latt vövelesün tinme, i qüľtiptam tiṅk jegä Zevedeime qäpetät metqarän jot, menesag tän jortilät.

21. I joxtsit Kapernaumne, i jerte tum qaṅḍtaxtnä-mane subotat, täu pümtes qaṅḍtax.

22. I paksesit täu qaṅḍtanäne; voilin täu qaṅḍtesän tanme jormänt va ošp, ati nepäkiṅet qoitel.

23. Tan qaṅḍtaxtnä-määu keurt oles äkü qoles, qotiqar keurt oles asrai, i šišgemes,

24. Lattim: qüľtipten, nar nagnane man mosou, Isus Nazarenin! Nag jisin manou älux. Qaṅḍilim, nag qon, jelpiṅ törim.

10: к.-кÿäлэнтанät; päli-urtqat-; лат. 11: котыккар. 12: кар. 13: кар; каньджухв; служитэсэт. 14: латтухв; päli-pnn-. 16: сарыш; котыккарl растэла; войлэн; тін; кул-кышпі олсаг. 17: jäjän; варгäнэм. 18: лат; тінк; jолымäнäu; jомэсы. 19: Зеведеевмэ; jоитсахтыпаг. 20: лат. 21: jохтсэт; каньджтанä-манэ; каньджтахв. 22: паксэсэт; войлэп; нэпäкыпэт. 23: каньджтанä-магäныл; котыккар. 24: Назаряннн: jісэн; älухв; каньджілем.

25. Os Isus erqelestä täväme, lattim: sital, i küällen täunanel.

26. I asrai, šak torgetam täväme, šišgemes suiń turel, i küälles täunanel.

27. I pelmesit šoqo, toqo išto kitilesit motiń motiäme, lattim: nar tit? i ne-sir jelpil qańdtanä-äš, išto täu te erqetätel i asraitme lavgän, i qontlat täväne?

28. I vońdin tatixtes täu mosä laqil šoqiń poilet laxv Galileit.

29. Raštal, küällim qańdtaxtnä-manel, tusit küälne Simon i Andrei, Iakov i Ioan jot.

30. Os Simon agutä qujes qolat, i äkü ton latt lattat täväne täu mosä.

31. Täu jomlites, vistä täväme katänel, i almestä; i äkü tou latt qole qultiptestä täväme, i täu pümles služitlax tanane.

32. Os et-pala, qun qodel matantes, tatvusit täu pokäne šoqo agminet i tonet, qotiqaret keuränilt ošsit asrai.

33. I üš šoqo axtqates au-suntne.

34. I täu jältiptes šavu, qotiqaret permesit mat-sir agmettel; i šavu asrait küäne-kietes, i at altsän asrait lattux, išto tan qašgänil tävänie, išto täu Xristos.

35. Os qolt šak alpil, küällim, küälles i menes naxke mane, i tat qošges.

36. Simon i toul elqaret qaitimlesit täu jitä-palt.

37. I qóntim täväme, latsit täväne: šoqo kišgänil naginme.

38. I latti tanane: menou vat poiletne, ištobi amnane i tat lattux; voilin am ton kašil jisim.

39. I lattes tan qańdtaxtnä-magänilt, Galileit laxve, i asrait sirilesän.

40. I jomlites täu pokäne ńoltiń, i pätim täu elä-palt šanši, jolesitä täväme, i latti täväne: qun ńorsiuke, van joxti anim lištux.

25: сытал; куялэн; тауванэл. 26: куялэс; таунанэл. 27: пэлмэсэт; китилэсэт; та. 28: лекыл. 29: куялым; каньджтанä-м.; тусэг. 30: куйес; лат. 31: лат; служатлахв. 32: татвэсэт; котыхкарэт; ошсэт. 34: котыхкарэт; пэрмэсэт; латтухв; камгäнэл. 35: куялым; куялэс. 36: кайтымлэсэт. 37: латсэт; кышгäнэл. 38: ишто ви; латтухв; войлэн; jicэм. 39: каньджтанä-м. 40: нэлтынг; ньорсэнкэ; лиштухи.

41. Isus šalelestä, katä narjmtam, xoiltestä täväme, i latti täväne: ńoram, lištqaten.

42. S'are täu lavepestä titme, ratgjn ńoltet täunanel pätsjt, i täu lištqates.

43. I äkü ton latt kiettestä täväme, ńoxrjš täväme erqelam,

44. I lattjm täväne: šunšen, ati-qonne ul latten; os menen, qōltqaten pupne, i taten näńk lištqatanjn mos, nar laves Moisei, tonuxlanä kašil tanane.

45. Täu menes i pūmtes lattux suińjš i palimtax te jimtelamqarme, toqo išto Isus ati-qumle va at ońḑes šäm-xorä tux üšne; os oles ton küänpalt, naxke mat; i joxtelesjt täu pokäne šau manel.

Motet (II) Päńk.

1. Jotjl os jis Kapernaumne; i qōlvjs, išto täu küält oli.

2. Äkü ton latt axtqatsjt šauqaret, toqo išto au küänpalt ma atim oles; i täu lattes tanane ľax.

3. I joxtsjt täu pokäne quitjpqar jot, qotiqarme tatsänjl ńiläqar.

4. I at tajes täu pokäne joxtux šau qoles olnanä mos, i küäl lep pali-puššänjl, qōt täu oles; i täre šailjm, taretesänjl qujentanäpalkänme, qotiqar tärmjlt qujes quitjpqar.

5. Isus, tan agtnänjl qōntjm, latti quitjpqarne: šaṭ, taretaxtat nagnane nag kiräkän.

6. Ton mat to nepäk-qašpqaret unlesjt, i numlesjt täńk šimänjl keurt:

7. Nar täu toqo tōrjm ľuketi? Qon vatä joxti taretax kiräket, tórjmnel tärge?

8. Isus äkü ton śast kaṭelestä täuk ljletätel, išto tan toqo numsat täńk qalänjlt, i laves tanane: narmos nan toqo numsinä näńk šimenäut?

42; нюлтэт. 43: лат; кiэтэстä. 45: латтухв; налiмтахв; тэ; тухв; jохтэлесэт.
II, 1: колвэс. 2: лат; ахтхатсэт; лех. 3: jохтсэт; котыххармэ; татсäнал.
4: тäнес; jохтухв; олнä; п.-пушсäнэл; päli-p.; тарэтосäвэл; хуневтанä-п.; котыххар;
куйес. 6: унлэсэт; нумсэсэт. 7: тарэтахв. 8: тäку.

9. Nar kignä, mäntim lavux quitipqarne: taretaxtat nagnane kiräket, amne lavux: küällen, vajalen näńk quinä-palkänjn, i jomiten?

10. Tonmos ištobi nan qańdeslän, išto elimqoles püv va ońdi ma tärmilt taretax kiräket (latti quitipqarne):

11. Nagnane lattam: küällen, vajalen näńk quinä-palkänjn, i menen näńk küäljnne.

12. Täu äkü ton latt küälles, vistä pal-känme, i küäne menes šoqjńqar olnä uil; toqo išto teľgelasjt šoqo, i suitjltesänjl törimme, lattjm: ati-qun man ati-nar ťe-voip at utjntesvu.

13. I jomeses Isus os sariš vätane; i mer šoqo jomes täu pokäne, i täu taninme qańdtes.

14. I jomim qöntestä Levi Alfeievme, unlim attex axtnämat, i laves täväne: jomen am jim-palt. Täu küälles, i jomes täu jitä-palt.

15. I qun Isus unles päsent täu küäletät, tonśiuvt i šau attexaxtpet i kiräkjńet unlesjt täu jotä i täu qańdtaxtjpän jot; voilin šau oles täu jitä-palt jimqar.

16. Nepäkjńet i Fariseit, um išto täu tēg attex-axtpet i kiräkjńet jot, latsjt täu qańdtaxtjpänne: qumle toqo täu tēg i äi attexaxtpet i kiräkjńet jot?

17. Isus, titme qōljm, latti tanane: ati pjl agm-moštalet qärexlat lekar, os agmjńet. Am jisjm ati śaret vövux, os kiräkjńet ńultux.

18. I qumle Ioan i Fariseiskoi qańdtaxtjpet ošsjt pjtet, tonśiuvt toqaret joxtsjt, i lattat täväne: narmos Ioan i Fariseit qańdtaxtipet pitelat, os nag qańdtaxtjpän at pitelat?

19. Isus laves tanane: tajat amne ati pur-muit pitelax, qun vaps tan jotänjl? Šoqjń latt, qun tan jortjlänjl vaps, at tajat pitelax.

20. Os joxtat qödelet, qun ele-viqti tannanel vaps; i tonśiuvt pümtat pitelax, ton qödelet.

21. Ati-qon at olti laltame jelpjlqarnel peš mašnäne; voiljn jelpjl lalte manimti pešqarnel, i äs jimti jängag.

9: кірнӓнов; мӓнтум; лавухв; куӓлэн. 10: иштоні; тарэт ахв. 11: куӓлэп 12: лат; куӓлэс; тальгэласэт; суйтылтэсӓныл. 14: Алфеевмэ; аттых; куӓлэс. 15: аттых-а.; унлэсэт; войлэн. 16: нэпэкнынгэт; аттых-а.; латсэт. 17: агым-м.; агмыоштаl; лӓкарь; jiсон; вовухв; нюлтухв. 18: омсэт; joxтсэт. 19: тайат; пычэлахв; кат. 20: пымчэлахв. 21: вомлэн; лалтӓ; манымтахті. 22: мӓхэтнэ; тарго; пунухв.

22. Ati-qon äkü toqo at šoši jelpil orox peš mexetne; tonmos jelpil orox tarc manimtijän terimet; i orox küänc šošxti, i mexet qolilat; jelpil orox punux qärcx jelpil mexetnc.
23. I jolixtes täväne jomux subotc qödelt routim tēp-känet mänt; Ionxt täu qaüdtaxtipän pümtesit manitax tēp-pänket.
24. I Fariseit latsit täväne: šunšen, narmos tan subote qödclt varat, nar at qärex?
25. Täu laves tananc: mäntim nan ati-qun at lountalsän, nar vares David, qun mondiles, i tēx jimtes täuk, i täu jotä olimqaret?
26. Qumle täu tus törim-küälne Aviafar arkip olnä uil, i punim-ñañet tēs, qotiqaret ati-qonnc tēx at taisit, pupetnel tärge, i mis täu jotä olimqaretne?
27. I laves tanane Isus: subotc varvis elimqoles kašil, ati pil elimqoles subote kašil.
28. I tonmos elimqoles püv oli pojer i subotane.

Qurmet (III) Pänk.

1. I os tus sinagogne; i tat oles elimqoles, ošp tōšim katme.
2. I eseplesänil täväme, at erin jältiptitä täväme subote qödelt, ištobi vinitlax täväme.
3. I latti elimqolesne, ošpqarnc tōšim katmc: küällcn magjätne.
4. Tanane latti: jomas varux qärex subote qödelt, amnc lül varux? lil jältiptux, amne älux? Tan sui at varat.
5. I šunšpam tan tärgänil küxštam, ošgelam tan küxti šimänil täri, latti ton qolesne: narimtalcn näñk katin. I narimtestä; i jimtes täu katä puši, qumle motiñatä.
6. I küällim Fariseit ton śast varsit täu faltä kenjš Irodianit jot, qumle älux täväme.

23: jомухв; пумтэсэт; манітахв. 24: латсэт. 25: тэхв; тäкy; олмвкарэг. 26: котыхкарэт; тэхв; тайсэт. 27: варвэс. 28: олі пäнк і субота̄нэ.
III, 2: эсэплэсäнэм; jäлтыптытä; іштоні; вниитлахв. 3: куäлэн. 4: варухв; jäлтыптухв; äлухв. 5: кумлэ мотыиг катй. 6: куäлмм; варсэт; Иродіанэт: äлухв.

7. Os Isus qaṅḍtaxtjpän jot menes sariš vätane; i šavu atjm jomeses täu jitä-palt Galileinel i Iudeinel,

8. I Ierusalimnel i Iordan mot palnel; i oljmqaret Tir i Sidon kitpalt, qöljm, nar täu vares, šaumanjltel joxtsjt täu pokäne.

9. I täu laves täuk qaṅḍtaxtjpänne, ištobi täu kašil tašnä ole višṅuv kerep, mernel, ištobi at ponitesänjl täväme.

10. Voiljn šauqaret pušmeles; toqo išto agm-ošpqaret rastelaxtesjt täu tärmjlne, ištobi xoiltaxtux täu aľgä.

11. I lül ljlet, qun usänjl täväme, pätilesjt täu elä-palt i šišgesjt, lattjm: nag püv törjmne.

12. Os täu ṅoxriš erqelesän tanjn, ištobi täu mosä at latsjt.

13. I küälles axne, i vöveles, qonme täuk ṅores; i jomesesjt täu pokäne.

14. I vares täu kitquiplou apostoletme, ištobi tan olsjt täu jotä, ištobi kietsux tanjn suitjltanä kašil,

15. I ištobi tan oššjt erx jältjptax agmet i sirelax asraitme:

16. Elolqar Simonme, i namtes Simonne nam Petr;

17. I Iakov Zevedeievme, i Ioan Iakov käśme, i namtes tinane namet Voanerges, tit ton: püvi śaqjlne;

18. I Andreime, i Filipme, i Varfolomeime, i Matfeime, i Fomame, i Iakov Alfeievme, i Faddeime, i Simon Kananitme,

19. I Iuda Iskariotme, qotiqar i mjstä täväme.

20. I joxtsjt küälne; i os axtqati mer, toqo išto tanane at tajes i ṅaṅ tex.

21. I qöljm täu vaťqarüu, menesjt vjx täväme; voiljn latsjt, išto täu oles oṭṭjptam.

22. Os nepäk-qašpqaret, joxtjm Ierusaljmnel, latsjt: täu keuretät Veelzevul, i: täu sireligän asrait asrait öter xouxo.

23. I vövelam tanjn, lattes tanane prittetel: qumle vatä joxti asrai asraime sirelax?

7: сарми. 8: joxtсот. 9: тӓку; ішtoні; noвітэсӓвэл. 10: воӓлэн; агми-о.; растэлахтэст; ішtoні; хойлтахтухв. 11: нӓтілэсэт; мішгосэт. 12: ішtoні; латсэт. 13: хӱӓлэс; тӓку; joмэсэсэт. 14: ішtoні; олсэт; кіэтсухв. 15: ішtoні; омсэт; jӓлтміптахв; сірэлахв. 17: Зеведеевмэ. 19: котікар. 20: joxtсэт; тӓйес; тохв. 21: мэнэсэт; вихв; вoйлэв; латсэт. 22: Іерусалімнвэл; латсэт; асрайт асрай. 23: сірэлахв.

24. Mäntim urtqati naerlax täuk keuretät, at jimti ńoxrag.
25. I mäntim kůäl urtqati täuk keuretät, at jimti ńoxrag ton kůäl.
26. Äkū toqo i satana, mäntim kůälles täu-täuk tärmįletänc, i urtqati, at jimti ńoxrag; no joxtes täu oule.
27. Ati-qon vatä at joxti, joxtįm ńoxrįm olįp kůälne, nirišlax täu ošnäqarän, mäntim elolt at persitä ťc ńoxreqarmo; tonśiuvt naxke nirišlitä täu kůälä.
28. S'arjä lattam nanane: tarctaxtat elimqoles půvetne šoqįń kiräket i ľuketanä-äṭet, kaš ne-voipqaretel ľuketänįl.
29. Os qon lavi lůl ľax jelpįń lįl täri, tonqarne at jimti taretanä-äš inra moš, no joreli täu äků pįš olįp sutne.
30. Tit tonmos lattes, išto latsįt: täu keuretät lůl lįl.
31. Tonśiuvt jisįt śökätä i käśän; i tuńdįm kůäl kůän, kicttįxtcsįt täu pokäne, vövux täväme.
32. Täu kitä-palt unles mer. Tat latsįt täväne: tit, nag śökįn i käśän i jiṭän kůän, kįšgänįl naginme.
33. Täu laves tanane päri: qon am śökįm amne am käśänįm?
34. I šunšilam unlįpqaretme täuk kitä-palt, latti: tit, am śökįm i am käśänįm.
35. Voilįn qon varitä törįm erxme, tonqar käš amnane, i jiš i śökä.

N'ilet (IV) Pänk.

1. Os śouletes qańdtax sariš vati; i axtqates täu pokäne šavu atįm, toqo išto täu, tum kerep keurne, unles sarišt; a mer šoqo oles sariš vatat ma tärmįlt.
2. I qaůdtesän tanįn šau pritṭetel, i täuk qańdtanätä qalt lattes tanane:

24: тӓку. 25: тӓку. 26: кӱӓлвс; т.-тӓку. 27: ньохро; нipiмaxв; то. 29: лех; iнpa. 30: латсот. 31: jicот; кiотосот; вовухв. 32: латсот; хышрӓвол. 33: лавас вapi. 34: тӓку. 35: вoӓлэн.
IV, 1: каньдхтахв; сарыш. 2: тӓку.

3. Tįg qontlän: tit, küälles routįpqar routux.

4. I routnät mänt jimtes, išto to pätes, ľoňx vati; i tįglesįt uit i naxvsänįl täväme,

5. Motįňqar pätes kavįň mane, qöt morśe oles ma; i äkü ton śast nįgles, tonmos išto tōśįmt oles ma keurt.

6. Sax päm úuvnel taivįs, i tont at oúdes tär, tōšes.

7. To pätes ini keurne; i jänimes ini, i täu tagįľttovįs jolo, i tajem at tates urlex.

8. I to pätes jomas ma tärmįlne; i mįs urlex, qotiqar nįgles i jänimes, i tates to vät, to qotpen, os to šat.

9. I laves: päľ ošpqar qontlax tak qontle.

10. Os qun qūľtes küänpalqarettal, tonśiuvt kitepesänįl tävämc olįmqaret täu kitä-palt, kitquiplou qaňdtaxtįpän jot, ťe pritte mos.

11. Täu laves tanane: nanane maivįs qaňdux kaltal äš tōrįm naerlaxt, a tinetne, qotiqaret elįn, šoqo olilali prittet kevurt;

12. Toqo išto täňk šämänįltel šunšux pümtat, i at qōtgänįl; i täňk päľänįltel qontlax pümtat, i at qōlgänįl; ati pįl joňxtat, i taretaxtat tanane kiräkänįl.

13. I latti tanane: neušto nan at eseplilän ťe lattįlp; os qumle nanan qaňdux šoqįň lattįlpet?

14. Routįp ľax routi.

15. Os routįmqar ľoňx vati qaňdixti tonet, qotiqaret keurne routqati ľax, i qotiqaret pokne, qun qōlgänįl, äkü ton śast joxti satana, i tatitä ľaxme, routįmqarme tan šimänįl keurne.

16. Äkü ťe qoitel routįmqar kavįň mat qašxtat tonetme, qotiqaret, qun qōlgänįl ľaxme, äkü ton latt vįgänįl tonme śngtįm;

17. Os at oňdat keuränįlt tär, a taitalet; tonmos, qun jimtelali lül amne ľax mos sirelauä, äkü ton latt telilat.

18. A ini keurt routįmqar qašxti qōlįpetme ľax;

3: вӱӆӆэс; роутухв. 4: тыгләсот. 5: ишто ат мiлт олэс. 6: таӊвэс 7: jiнiн; тагыльтовэс. 8: котыхкар. 9: контлахв; таку. 10: кiтопэсäнэл; то. 11: майвэс; каньджухв; каштал (? калтал): котыхкарот. 12: шуншухв; коттäнэл; контлахв; колгäнэл; joнгхтэт. 13: те; каньджухв. 14: лех. 15: котыхкарэт; лех; колгäнел; лехмэ. 16: то; котыхкарог; колгäнэл; лехмэ; лат; выгäнэл. 17: лех; лат. 18: jiнiн; лех.

19. Os qotiqaret ërptesjt ťe olnä-törjm i oxśe molme, i motsjr ńornä-ätet, tan keuränjlne tuttelapqaret, päntjm pättigänjl ľaxme, i jimti täu joltali.

20. A jomas mat routjmqar qašxti tonetme, qotiqaret qontlat ľaxme, i vjgänjl, i tatat urlex, to vät, to qotpen, os to šūt pjš.

21. I laves tanane: ton kašil li tatat śam, ištobi uttux täväme äne jolpalne amne unljp-jiv jolpalne? Krjn tonmos, ištobi uttux täväme śam-putane?

22. Voiljn ati-nar tulmex, ištobi täu at pätes noúxaľ; i atinar jimtelali tuitjmnel, ištobi ton at njgles.

23. Mäntim qon ońḑi päli qontlax, tak qontle.

24. I laves tanane: qańḑelän, nar qōlinä. Ne-voip mortesel mortinä, äkü toqo mortqati nanane, i os äŕgag jimti nanane, qontlapqaret.

25. Tonmos qon ońḑi, tonqarne mjqti; os qon at ońḑi, tonqarnel vjqti i ton, nar ońḑi.

26. I laves: törjm naerlax jorti tonme, qumle mäntim elimqoles rasti jem ma keurne;

27. I qui, i küälli ji i qōdel; i qumle jem širketi i jänimi, at qańḑitä täuk.

28. Voiljn ma täuk jińkjmne (jińkjmnel?) tēllitä elolt ńari, jotjn pańkä i tantam šäm päńk keurt.

29. Qun os ponši urlex, ton latt kietitä urex; tonmos išto jimtes lat urelax.

30. I laves: narne jortilou törjm naerlaxme, amne narne jortilou täväme?

31. Täu jorti gortjtnoi jemne, qotiqar, qun routqati mane, oli šoqjń jemnel viš ma tärmjlt;

32. Os qun routqati, jänimi i jimti šoqjń tēlnäqarnel jäńgi, i tareti jäni toxet, išto täu isä jolpalt tjglelap-uit tuitqatux taigjt.

19: котыххарот; орптэсэт; тэ; пяттiгäным; лехме. 20: котыхкарэт; лехмэ; вмгäнэл. 21: ïштоиi; уттухв. 22: воïiлэн; iштоиi. 23: контлахв; такy. 26: расти тайм ма кэyрне. 27: кyäлi; тайм шiркэтi; тäкy. 28: воïiлэн; тäкy; iнымно; i jотмн тактам. 29: лат; урэлахв. 30: наерлахмэ; амнэ не-воïiн прнтчэл jортiлоy тäвäма. 31: горчччной тайино; котыххар; тайимэл. 32: jäнi тоyвнт; осä; туйтхатyхн тайгет.

33. I te-voip šavu prittetel lattes tanane īax, ne-śiuvne tan qontlesit.

34. A prittetal at lattes tanane ati-nar. Os täuk qańdtaxtipänne tärge lattilesänjl šoqo.

35. Eti ton qōdel täu lattes tanane: unšovu mot palne.

36. I tan, mer taretam, menesit täu jotā kerep keurt, qotiqar keurt täu oles; qumle os i mot kerepet menesit täu jitä-palt.

37. I nerites jäni vot; qumpet voxtesit kerep ali toqo, išto täu uš tantaltes vitel.

38. Os täu qujes pošimt asmä tärmilt; i kinteltigänil täväme, i lattat täväne: qańdtap, neušto nagnane äš ati, išto man qolovu?

39. (Dieser vers kommt im manuscripte nicht vor.)

40. I laves tanane: narne nan toqo pelipet? qumle nan at agtinä?

41. I pelmesit jäni peltipel, i latsit motiń motiůne: qon os tit, išto i vot i sariš qontlat täväne?

Ätet (V) Pänk.

1. I joxtsit mot pal sariš vätane, Gadarinskoi kepletne.

2. Täu kerepnel śare küällimät jipalt qaixates täväne xońgeletnel küällim elimqoles, ošpqar küxtī lil.

3. Täu ońdes olnä-ma xońgelet keurt, i ati-qon vatä at joxtes puvux täväme i segiretel.

4. Voilin täu vaťqal oles persam okovetel i segiretel, manitalsän segiret, i ratiles okovet; i ati-qon vatä at joxteles soutimtax täväme.

5. I šoqiń qōdel i ji xońgelet i ańqet keurt šišges, i voxtes kavet ali.

33: тэ-в.: лех: из-сіувнэ; контлэсэт. 34: латтілэсӓніл. 36: мэнэсэт; котыхкар.. 37: вохтэсэт. 38: куйес: кынчэлтігӓнэл. 39: I нох-кынышн ялнонтыхтэстӓ вотмэ, і латтэс сарынне; сытая, понтэн; і таувентэс вот, і јімтэс јӓні таувэт. 41: палмэсэт; латсэт; сарым.

V, 1: joxтсэт; сарым. 2: сарэ; күӓлымӓт. 3: пувухя. 4: нойлэн; соутымтахв. 5: ӓлі.

6. Qöntcstä že Isusme qośanel, vaťge qaites i qošgemes täväne.

7. I šišgemes suiiń turel, laves: nar nagnane am mosįm, Isus, püv num tõrįmne? Tõrįmel erilįm nagįnme, ul muțtalen anįm.

8. Voilįn Isus laves täväne: küällen, asrai, će qolcsnel.

9. I kitepestä täväme: qumle nag namįn? Päri lattes: nam amnane legion, tonmos išto man šavu.

10. I šavu jolesestä täväme, ištobi at kietsän tanįn küäne ton palnel.

11. Os oles tat jäni purįs-ane, qotiqar ürvįs ax tärmįlt.

12. I jolcsesänįl täväme asrait šoqo, lattįm: kieten manou purįset keurne, ištobi man tusve tan kevįrenänne.

13. Isus raštal laves tanan. I küällįm asrait tusįt purįset keurne; i rastqates ane reuknel sarįšne (a oles šoqįń kit šöter vati); i śarkepesįt sarįst.

14. Purįs ürįpet os qaitįmlesįt, i latsįt üš keurt i poilet laxve. I küälsįt šunšux, nar jimtes.

15. Joxtantat Isus pokne, i vagänįl asrai onḑįmqarme, qotiqar keurt oles legion, unlįm i maštįm i jomas numįt ošnäg; i pelmesįt.

16. Umqaret latsänįl tananc tonme, qumle jimtes asrai ošpqar jot i purįset jot.

17. Tonśiuvt pümtsįt jolesax Isusme, ištobi cle-mcues tan keplänįlnel.

18. I qun täu tus kerepne, tonśiuvt asrai onḑįmqar vöves tävänel, lavux olux täu jotä.

19. Os Isus at laves täväne, i laves täväne: menen jiu näńkqarän pokne, i latten tanane, nar poirįxš vares nag jotįn, i qumle akilimľestä nagįnme.

20. Täu menes, i pümtes lattux lou uš keurt, nar vares täväne Isus; i šoqo paksesįt.

21. Qun Isus os unšes kerep keurt tatįx palne, tonśiuvt axtqates täu pokäne šavu atįm; i täu oles sarįš vatat.

7: суңиг; јеріхм. 8: воңлэн; күӓлэн; то. 10: јоңсосӓимл; імтоні. 11: котыхқар. 12: јоңсосӓнэл; імтоні. 13: күӓлым; тусэт; сьарқопэсэт. 14: кӓйтымлэсэт; латсэт; күӓлсэт; туншухв. 15: ваӷӈимл; котыхқар; пэлмэсэт. 16: латсӓңнэл. 17: пумтсэт; јоңсахв; імтоні. 18: лавухв. 19: јув; нӓнккарӓн, (? нӓнккарӓн). 20): латтухв; паксэсэт.

22. Tovu joxtes äkü pänketnel sinagognel, namä Iair; i qŏntjm täväme, pātes tāu lailāne;

23. I qošgjm vŏvitā täväme, lattjm: cam am aṯel vati; jejen i punen tāu tärmjlctāne katän, i täu jälti i jimti ljljùag.

24. Isus jomses täu jotā; i täu jitā-palt jomeses šau atjm, i märemag oles tävāne.

25. Tat äkü mot ne, muṯtaxtjpqar kelp-njgnä-äṯel kitquiplou el,

26. I permjm šavu lekaretnel, i qoltjm šoqo täu oṅḍjmqarä, ati-ne jol at um, a os joxtam toul lül äšne,

27. Isus mos qŏljm, mer keurt jomlites täu pokāne jil, i xoiltaxtes täu mašnāne.

28. (Voiljn lattes: mäntim naxke täu mašnäqaretäne xoiltaxtam, jältam.)

29. I raṯgjn ponšes täu kelp-njgnä-äṯä; i täu kaṯeles ńoulä keurt, išto jältes ṯe agjmnel.

30. I äkü ton śast Isus kaṯeles tāuk keuretät, išto täunanel küälles va, joṅqes mer ńopjṯ i kitepes: qon xoiltaxtes am mašnjmne?

31. Täu qaùḍtaxtjpän pāri-latsjt tävāne: nag voiljn, qumle mer ponitlgänjl nagjn, i kitilan: qon xoiltaxtes am pokjmne.

32. No täu laxve šunšiles, ištobi qŏntux, qon vares titme.

33. Ne, pelmam i torgjm, qaùḍjm, nar täu jotā varqtes, jis, pātes täu elä-palt, i lattes tävāne šoqjń śarme.

34. Täu os laves tävāne: ea, nag agtnä-äṯin jältjptestä nagjn; menen śagtjm, i jimten puši näṅk agmjnnel.

35. Qun täu titme lattes, joxtsjt sinagog-päṅk küälnel, i lattut: nag can loxṯes; nar os šivetjljn qaùḍtapme?

36. No Isus, lattjmqarme qŏljm, äkü ton śast latti päṅkne sinagogne: ul pelen, naxke agten.

37. I at aftes jomux täu jitā-palt ati-qonne, Peternel tärge i Iakovnel i Ioan Iakov käśnel.

38. Joxtes sinagog-päṅk küälne, i qŏntes oxter, i lūšpet i suiińag šišgjpetme.

22: синагогиэ. 23: jäjen. 26: лекаротнэл. 28: войлэн. 29: тэ. 30: тäку; кÿäлне; ньонил, ńŏpjṯ ńŏpel. 31: латсэт; войлэн; новiтлгäнем. 32: ишtoni; контуxв. 35: joxтсэт; ивэтилэн. 37: jомухв; тäку. 38: суńнгаг.

39. I tum latti tanane: nar telilesnä, i nar nan lúńḍinä? ea at loxṭes, os qui.
40. I vaxnitesänjl täväme. Täu os ele-kietsän šoqo, vjs jeg i sökä eane i oljmqaret täu jotä, i tus tou, qòt qujes ea.
41. I vjm eame katetänel, latti täväne: talifa kumi, nar qašxti: ea, nagnane lattam, kűällen.
42. Äkü ton śast ea küälles i jomeses; voiljn täu oles kitquiplou eli. I umqaret šak paksesjt.
43. I erqelesän tanjn ńoxrjš, ištobi ati-qon at qańdestä titme, i laves mjx täväne tēx.

Qṍtet (VI) Pắnk.

1. Toul küällim, joxtes tāuk jegä-mane; täu jitä-palt jomesesjt täu qańḍtaxtjpän.
2. I oles subote; täu pümtes qańḍtax sinagogt. I qōljmqaretnel šavu paksesjt i latsjt: qōteľ tit täväne? I ne-sjr amel mjm oli täväne, išto i ćemiľ äḷet varqtat tāu katātel?
3. Erjn plotnix tävu, pův Marī, käš Iakovne i Iosīne i Iudane i Simonne? i täu jiṭän erjn mańk qalenou? I telilalsjt täu mosä.
4. Os Isus lattes tanane: ati-qōt atim näitne višńuv śes, qumle jeg-aś-mat i täukqarän qalt i täuk küälä keurt.
5. I ati-nar tat at vares, tonnel tärge, išto jältjptes matśjuv agmeľtapqaretme, kata puntlam.
6. I pakses tan at-agtnänel. Ton jipalt jomites täu kitpal poilet mänt, i qańḍtes.
7. I vǒvsän kitquiplou qańḍtaxtjpän, i pümtes tanjn kietsax kitagel; i mjs tanane va asrait tärmjlt.
8. I lattes tanane, ati-nar at vjx ľońxne, naxke sui-jivnel tärge, at sume, at ńań, ati oxśe entepet keurt;

39: тэлілэсӓн. 40: вахнітесӓнэл; куйэс. 41: талнфа; кўӓлэн. 42: кўӓлэс; войлэн; паксэсэт. 43: імтоні; мыхв; тэхв.

VI, 1: кўӓлым; тӓку; jомэсэсэт. 2: каньджтахв; синагогт: паксэсэт; латсэт; кодӓль; тэміль. 3: плотнях; тэліалсэт. 4: няйтнэ; тӓкукарӓн. 7: кіэтсахв. 8: мыхв; энтмнэт.

9. No ońḍux ase ńare-vai, i at vix kit mašnä.

10. I laves tanane: qōt tuvnä nan küälne, olän täu keurät, toul mennän moš.

11. I mäntim qon at tulgän nanin, i at pūmti qontlax naninme, to toul küällim parketän poriš nänk lailenännel, tan tärmilänilne tonuxlanä mos. S'ariš lattam nanan, kignäńuv jimti Sodom i Gomorne sut-qōdel ati-pil ton üšne.

12. Tan menesit, i laviltesänil pokajaniame.

13. I šavu asrait sirelesit, i loutsänil voil šau agmińetme, i jältiptesit.

14. I qōlim naer Irod Isus mos (tonmos išto täu namä kalemes), laves: tit Ioan pernä-punip jältes aṭelnel, i tonmos varqtat täunanel äṭet.

15. Tot latsit: tit Ilija; os tot latsit: tit näit amne näitet voipqar.

16. Os Irod, qōlim, laves: tit Ioan, qotiqarnel am šagrepesim pänkä; täu jältes aṭelnel.

17. Voilin ton kalin Irod, kietim, vis Ioanme, i uttestä täväme ćurmane, Irodiade mos, täuk käsä Filip ne mos, tonmos išto negi vistä;

18. Voilin täu lattes Irodne: at tai nagnane ońḍux nänk küśin neme.

19. Os Irodiade simtes täu tärge i kiušes älux täväme, no vatä at joxtes.

20 Voilin Irod peles Ioannel, qańḍim išto täu qum śar i piṭiń, i śarestä, i qontlim täunane, šavu vares, i śagtim qontlestä täväme.

21. I joxtes ćemiľ lat, qun Irod täuk tëlim-qōdeletät vares äinä täuk velmožetne i šōter-pänketne i Galileiskoi pešetne.

22. Ea ton Irodiadanel tus i jeques i lani pätes Irodne i täu muiänne; tonśiuvt naer laves cane: vōven amnanel, narme ńoran, i migim nagnane.

9: оньджухв; асе: выхв. 11: контлахв; кўälым; порыш. 12: мэнэсэт; лавылтэсäнэл; покалнlämэ. 13: сірэлэсэт; лоутсӥпэл; jältмптэсэт. 14: наер. 15: латсэт; нäйт. 16: котыхкарнэл; шагрэпэсэм. 17: войлäн; калынг; тäку. 18: войлсрн; оньджухв; кӥсьеп. 19: älухв. 20: войлэп. 21: темiлʟ; тäку: тэлым-к. 22: наер.

23. I ńultes täväne: kaš nar nag amnanel vövelen, mįgįm nagnane, i ürnä-mamnel palä mošc.

24. Täu os, küälljm, kitepes täuk šöktänel, nar vovux; a täu laves: päńk Ioan pernä-punįpnel.

25. I äkü ton latt molemtaxtįm tum naer pokne, vöves, lattįm: ńoram, ištobi nag mįsįn amnane äń pat-äne tärmįlt Ioan pernäpunįp päńkme.

26. Naer tušne pätes; no ńultįmatä mos i täuk muiän mos at ńores artux täväme.

27. I ton šast naer, kiettįm ürex, laves tatux täu päńkä.

28. Täu menes, i šagrepestä täu päńkme furmat, i tatestä tävämo pat-äne tärmįlt, i narįmtestä täväme viš-nene, a viš-ne mįstä tonme täuk šöktäne.

29. Tonme qölįm, täu qańdtaxtįpän joxtsįt, vįsänįl täu ńoulä, i punsänįl tonme xońgel keurne.

30. I axtqatsįt apostolet Isus pokne, i latsįt täväne šoqo, i nar tan varsįt, i ne-šiuv qańdtesįt.

31. Täu laves tanane: menän nan äkü näńk naxke mane, i vańśaxtän morśe; noilįn šau oles joxtelap i menįp, toqo išto tanane tëx morįm atim oles.

32. I menesįt naxke mane kerep tärmįlt naxkat.

33. No mer qóntestä, qumle tan menesįt; i šavet täväme katelesänįl; i lailel qaitsįt šoqiń üšnel tovu, i joxtsįt tan elänįlpalt, i axtqatsįt täu pokäne.

34. Isus, küälljm, qóntes šau atįm, i šalelesän tanįn, tonmos išto tan olsįt jormänt ošet ürextal; i pümtes qańdtax tanįn šak.

35. I qumle voš marįńįš qödel mules, ton täu qańdtaxtįpän laquesesįt täu pokäne, lattįm: ma tit tädel, a lat voš efmaltes;

36. Tareten tanįn, ištobi menesįt kitpal matne i poiletne, i joutsįt täuknane ńań, voilįn tanan tëx ati-nar ati.

24: күälмм; тäку; вoвухв. 25: лaт; мalмнтaxтым, malimtaxt-; нaep; iштоni; мыcnн. 26: нaep; тäку; apтухв. 27: нaep; кiзтым; тaтyxв. 28: нapымтэcтä niшнэнэ; тäку. 29: joxтcэт; выcйнзл; вyиcäнзл. 30: axтвaтcэт; лaтcэт; вapcэт; кaньджтocэт. 31: вoйлзм; тoxн. 32: мзнэcэт. 33: мзвэcэт; кaчэлэcäнзл; кaйтэт; joxтcэт; axтвaтcэт. 34: күälмм; oлcэт; кaньджгaхн. 35: лaкyзcэcэт. 36: iштоni: мзнэcэт; joyтcэт; вoйлзн; тoxн.

37. Tāu laves tanane pāri: majän nan tanane tēx. I lattat täväne: mäntim manan menux i joutux kit šāt denarī śiuvne ńań, ištobi mjx tanan tēx?

38. Täu os latti tanan: nc-śiuv nan paltānt ńań? jejän, šunšelän. Tan, elolt, lattat: ăt ńań, i kit qul.

39. Tonśiuvt laves tanan, uttux šoqo mat mänt ma pum tärmjlt.

40. I utsjt olx paši, šāt śiuvel i ätpen śiuvel.

41. I vjs ăt ńań i kit qul, šunšpes aulne blagoslovitlam, i Šailesän ńańet, i mjs täuk qańḍtaxtjpänne, ištobi tan urtsänjl tanane; i kit qul urtestä šoqjńqarne.

42. I tësjt šoqo, i tantesjt.

43. I axtsjt ńań šul i qulnel qūľtjmqaret kitquiplou tupjl tagle.

44. Os oles ńań tëp ăt šöter vati climqoles.

45. I äkū ton śast erqelesān täuk qańḍtaxtjpän tux kerepne i menux elaľ mot palne Vivsaide pokne, ton mänt, qumle täu tareti mer.

46. I taretam täväme, menes ax tärmjlne qošgux.

47. Eti kerep oles sariš mag-jätt, a täu vătat äkū täuk.

48. I qöntestä tanme pelnä-äš jot natgelanänjl, voiljn vot oles tanan ľalx. I ńilet śas vati joxtes tan pokänjlne, jomjm sariš mänt, i ńores mulux tanjnme.

49. Tan, qöntjm täväme sariš mänt jomitanät, numsesjt išto peiqtaxti, i šišgemesjt;

50. (Voiljn šoqo qötsänjl täväme, i pelmesjt); i äkū ton latt pūmtes lattux tan jotänjl, i laves tanan: ńoxrjmtaxtän; tit am, ul pelän.

51. I tus tan pokänjlne kerepne, i taventes vot; i tan šak moše pelsjt tāńk keuränjlt, i paksesjt.

52. Voiljn at numtjńag jimtsjt ńańet tärmjlt, tonmos išto tan šimäńjl kau qoitel oles.

37: тохв; мэнухв; jоутухэ; ciувнэ; ištoni; мыхв; таванэ; тохв. 38: нэ-ciуu; jājku. 39: уттухв. 40: утсэт; ciувэл. 41: тăху; ištoni; уртсăнэл. 42: тэсэт; тантэсэт. 43: ахтсэс. 45: тăху; тухв; менухв. 46: комгухв. 47: сарышн; магjатыт; тăху. 48: воляэв; вялăт; сарыш; мулухв. 49: сарыш. нумсэсэт; mišгэмэсэт. 50: воляэв; котсăнэл; нэлмэсет; лат; латтухв. 51: полсэт; паксэсэт. 52: волjэн; jimtсэт.

53. I unšįm joxtsįt Gennisaretskoi mane; i vătane puvįqtesįt.
54. Qun tan kūālsįt kerepnel, ton śast mat olįp qoleset, katelam tăväme,
55. Multesănįl ton palme šoqo, i pūmtsįt tatilux agmeľtap quină-magănįl tărmįl tou, qōt, qumle qōlvįs, tău oles.
56. I qōdăľ tău at joxteles poverne li, ūšetne li, poiletne li, puntlesănįl agmįńet päl matne, i jolįntesănįl tăväme, ištobı tanan kaš-pįl xoiltaxtux tău mašnăqar keplane; i šoqo, qotiqaret xoiltalixtesįt tău pokăne, pušmelaxtsįt.

Sătet (VII) Pănk.

1. I axtqatsįt tău pokăne Fariseit, i nepăkįúetnel to-materet, jimqaret Ierusalimnel.
2. I qōntįm to-materetme tău qańḍtaxtįpetnel lüme, tit ton, louttal katel ńań tēnănįl luptaxtsįt.
3. Voilįn Fariseit i šoqo Iudeit at tēt kat louttal, puvįqtam peš tasterne;
4. Toqo že joxtįm vătelană-manel, at tēt loutqattal; i mot šau peš ățetne puvįqtat, tit ton, loutat ănet, kuvšinet, pūtet i unlįp-jivet.
5. Ton jipalt kitiligănįl tăväme Fariseit i nepăkįńet: narmos nag qańḍtaxtįpän at varat peš qoitel, no louttal katel tēt ńań?
6. Tău laves tanane päri: śariš lattes Isaija nan litsemeret mos, qumle qaušįm oli: te xolox jorligănįl anįm tusel, a tan šimănįl qōšat oli amnanel.
7. No qajerel jorligănįl anįm, qańḍtam qańḍtană-ățetne i elimqoles pįmįtpetne.

53: joxтсот; вувыктэсот. 54: күӓлсот; колвсот. 55: муятосӓняя; пүмтсот; татіяухв; колвэс. 56: пунтяэсӓняя; joлмнтосӓняя; іштоні; хоӓятахтухв; котыкаpoт; хоӓятаяіхтэсот; пушмояяхтсот.

VII, 1: ахткатсвт. 2: луптахтсот. 3: воӓявн. 5: кітіяігӓняя. 6: сярмш; jopяirӓняя. 7: jopяirӓняя.

8. Voiljn nan, qūľtjptam tōrjm pjmjtpame, puvjqtinä elimqoles tasterne, loutinä änet i kuvšinet; i mot šau ľe-voip varinä.

9. I laves tanane: lań li nanan, ele-rastelax tōrjm pjmjtpamc, ištobi ūrux nänk tasterän?

10. Voiljn Moisei laves: jorlalen nänk jegjn i nänk śōkjn; i ottaptjp jegme amne śōkmc atelel qole.

11. Nan lattinä motqarne: mäntim qon laves jegäne amne tāuk śōkäne „korvan", šoqjńqar, qotiqar tatan tōrjmnc, ton nanan tai; ľcqar vari zakon.

12. I ton-voip tasterel at aľtilän täväme ati-nar varux tāuk jegä kašil amne tāuk śōktä kašil,

13. Pcltam tōrjm ľaxmc nänk tasteretel, qotiqarme nan tušteslän; i šau ľe-voip varinä.

14. I vōvelam mer šoqo, lattes tanan: qontlclän anjm šoqo, i qańdclän.

15. Ati-nar elimqoles keurnc tumqar vatä at joxti lülimtux täväme; no nar küälli täunanel, ton lülimtitä qolcsme.

16. Qon ońdi pāľ qontlax, qontle.

17. I qun tāu mernel tus küäl keurne, tonśiuvt qańdtaxtjpet kitepesänjl tävämc ľc prjtte mos.

18. Täu laves tanan: neušto i nan toqo estalet? neušto at qańdilän, išto šoqo elimqoles keurne tujentanäqar vatä at joxti lülimtux täväme?

19. Tonmos išto ati pjl täu šimäne tuv, no käxränc, i küälli küänc, narel urtqati lūl šoqjń tēnäqarnel.

20. Elaľ laves: elimqolesncl küälnäqar lülimtitä elimqolesme.

21. Voiljn keurnel elimqoles šimetänel küällat lūl numtet, preľubodcjania, ľubodcjania, älnä-ätct,

22. Tulmentanä-ätet, śagjrlax, kūxštanä-ätet, qajer ätct, esäremtal äš, kuvrjšlaqjń šüm, tōrjm ľuketanä, šuńgenä-äš, numjttal äš.

8: войлэш; то-в. 9: растэлахв; іштопі; урухв. 10: войлэн. 11: амнэ сьӧкäнэ „корван", тіт тон, топмэ, нарэл наг амнанэл юсткаттэп, ам маянтілэм саѣы Тормынэ; тэкар. 12: нарухв; тäку. 13: лехмэ; котыхкармэ; тэ-войп. 15: лулімтухв; куäлі. 16: контлахв. 17: кітэвэсäнэл; тэ. 18: лулімтухв. 19: кӱäлі; тэнакарнэл. 21: войлэн; кӱäлäт; нумтэт, нэ јот кајерлашä-äчэт, älnä-äчэт.

23. Т'е lül šoqo keurnel küällali, i lülimtitä climqolesme.

24. I menįm toul, joxtes Tirskoi i Sidonskoi kepletne: i küälne tum ńores, ištobi, ati-qonne ton at qašvįs; no at tajes tuitqatux.

25. Voilįn qölįm täu mosä, äkü-mater ne, qotiqar catä ońdįm oles lül lįlnel, joxtes i rägetes täu lailäne.

26. A ton ne oles pupine-šušp, toxįmetätel Sirofinikianka. I jolesestä täväme, ištobi täu küäne-kietestä asraime täu catetänel.

27. Isus laves täväne: morįm majen elolt püvet tittux, voilįn ati jomas ele-vįx ńań püvetnel, i rastux ämpetne.

28. Täu os laves täväne päri: toqo, poirįxš; no i ämpet päsen jolpalt tët jovet püvet palt.

29. I laves täväne: ne, fe lax mos, menen, asrai küälles nag canel.

30. I jońqįm täuk küäläne, qöntestä, išto asrai küälles, i ea qui quinä-matät.

31. Küällįm os kepletnel Tira i Sidona, Isus lovu üš końxo joxtes Galileiskoi sariš vätane.

32. I tatvus täu pokäne päľtal i vixlapqar; i jolįntesänįl täväme, ištobi punestä täu tärmįletäne katä.

33. Isus ele-tatįm täväme mernel äkü palne, punsa täuk tuľä täu päline, i salgemam xoiltaxtes täu ńilmetäne,

34. I šunšpam aulne lįlies, i laves täväne: evvata, tit ton, pušxten.

35. I ton śast pušxtesi täu pälä, i taretaxtesįt segret täu ńilmetänel, i pümtes lattux lani.

36. I at aľtes tanane, ištobi ati-qonne latsįt; no narel ärine täu tanan at aľsän, toul kümįn palįmtesįt.

37. I šak moše paksesįt, lattįm: šoqo vari jomas; i päľtalet vargän qölpi, i ńitemtalet lattįpi.

23: тэ; кулалі. 24: ımтоні; хамвэс; туйткатухв. 25: войлэн; котыххар. 26: ımтоні күänэ-к.; эатäнэл. 27: майем; тіттухв; войлэн; выхв; растухв. 29: тэ; лех; кулэс. 30: тäку; күäлэс. 31: Кулнм ос Тяр i Сндон колэтнэл; сарыш. 32: татвэс; joлмнтэсäнэл; ımтоні. 33: тäку. 35: тарэтахтэсэт; латтухв. 36: ımтоні; лaтcэт; палмнтэсэт. 37: накссэт.

N'olouvt (VIII) Pänk.

1. Ton qōdelet, qun axtqates šau atįm, i at ošsįt nar tēx, Isus, vōvclam täuk qańdtaxtįpān, lattes tanan:

2. Šalelilįm am merme, tonmos išto vuš qūrum qōdel am pokįmt olnānįl at ońdat, nar tēx.

3. I jestli taretagānįm tanįn jiu tētal, paštįmtat ľońxt; voiljn to-materet tannanel jisįt qōśanel.

4. Täu qańdtaxtįpān päri latsįt tävāne: qōteľ vįx tit xar mat ńaú, ištobi tittux tanįn?

5. I kitepesān tanįn: ne-śiuv nan paltįnt ńań? Tan latsįt: sāt.

6. I laves merne untux ma tärmįlne; i vįs sāt ńań, i ešgįm tōrįmme šaimtestā, i mįs täuk qańdtaxtįpānne, ištobi tan urtsānįl; i tan urtsänįl merne.

7. I oles tan paltänįlt tat śiuv qul; täu, blagoslovitlam, laves urtux i tonet.

8. I tēsįt i tantesįt; i axtesįt lomtel qūľtįmqaret sāt paip.

9. Os tēmqar oles ńilā šōter vati. I taretesān tanįn.

10. I äkü ton śast tum kerepne täuk qańdtaxtįpān jot, joxtes Dalmanufskoi kepletne.

11. I küälsįt Fariseit, i pūmtsįt varetux täu jotä, i vōvux tävänel aulnel pos, qańdux tyväme.

12. I tarvitįńįš lįliam täuk lįletānel, latti: nar kašil ľe toxįm pos kįnši? S'ariš lattam nanan, at mįqti ľe toxįmne pos.

13. I qūľtįptam tanįn, tales os kerepne; i menes mot palne.

14. I jańlesįt täu qańdtaxtįpān vįx ńań, i äkü ńańnel tärge at ošsįt kerept.

15. A täu laves tanan, lattįm: šunšān, ūrqatän Fariseiskoi kuššanel i Irod kuššanel.

VIII, 1: омсэт; тэхв; тӓку. 2: шалэлilэм; олвт; i ат; тэхв. 3: естьли; jув; вонэн; jicet. 4: латсэт; выхв; кар; ішtoвi; titтyхв. 5: палэнӓнt; латсэт. 6: унтухв; тӓку; іштовi; уртсӓвэл. 7: ciув; уртухв. 8: тэсэт; тантэсэт; ахтэсэт; 10: тӓку. 11: кӱӓлсет; пӱмтсэт; варэтухв; вовукв; канЬджухв. 12: тӓку; тэ; сАрыш. 14: jарулэсэт; выхв; омсэт.

16. I numsesįt tänk qalänįlt, lattįm: tit qašxti, išto man at vįsve ńań.

17. Isus, katelam, latti tanane: nar lattinä tonmos, išto ńań at vįsnä? Os li at qańdįlän i at nomlixtilän? Os mäntim kavįń šim nan keuränt?

18. Šämi ońdįm at vainä; i päli ońdįm at qölinä, i at numsilän.

19. Qun ät ńań am šaimteslįm ät šöter climqolesne, neśiuv tupįl tatesnä nan axtįm šulettel? Lattat tävänc: kitquiplou.

20. A qun sät ńań ńilä šöter tärmįlne, ne-śiuv paip tatesnä nan axtįm šulettel? Tan latsįt: sät.

21. I laves tanane: os qumle at qašlįlän?

22. I joxtes Vifsaidane; i tatvįs täu pokäne šämtal, i jolesat, ištobi xoiltaxtcs tävänc.

23. I vįm katetänel šümtalme, tatestä täväme küäne paulnel; i saľgemam täväne šämä tärmįlne, punsa täu tärmįletäne katä, i kitepestä täväme: mater van?

24. Täu šunšpam laves: vam climqoleset jomitapi jormänt jivet.

25. Ton jipalt os punsa katä Šämi tärmįlne tävänc, i laves täväne šunšpux; i täu pušmes, i pümtes ux šoqo lani.

26. I kietestä täväme jiu, lattįm: ul menen paulne, i ul latten ati-qonne.

27. I menes Isus täuk qańdtaxtįpän jot poilet keurne Kesarī Filippovoi; i ľońxt kitilesän täuk qańdtaxtįpän, lattįm tanan: narag anįm esepligänįl climqoleset?

28. Tan päri latsįt: elolet Ioan pernä-punįpi, motįńet Ilijag, a toqaret äku-materag näitetnel.

29. Täu os kietepsän tanįn: os nan narag anįm eseplinän? Petr päri latti, i latti täväne: nag Xristos.

30. I erqelesän tanįn, ištobi ati-qonne at latsįt täu mosä.

31. I pümtes qańdtax tanįn, išto climqoles püvne šau qärex muttaxtux i jimtux ele-artįmag pešqaretnel i arkįpetnel i nepäkįnetnel, i jimtux älįmag, i qurmet qödel jältux.

16: нумсэсэт; высвя. 17: ли. 19: шайнтэслэм; на-сіув. 20: на-сіув; латсэт. 22: татввс; імтоні. 23: кятэтаноя. 25: мунтпухв; ухв. 26: jув. 27: тяку; эсэплігяля. 28: латсэт; няйтэтвоя. 29: эсэплілян. 30: імтоні; латсэт. 31: каньджтахв; мучтахтухн; jімтухв; иэпэкмигэтнэл; jімтухв; jіштухв.

32. I lattes ſe mos pālin. No Petr, ele-vȫvelam tävȧme, pūmtes Ialx lnttux tävänc.

33. Täu os joṅxtim i šunšpam tāuk qańḍtaxtipän täri, jolo erqelestā Peterme, lavim: ele-menen amnanel, satana; tonmos išto nag numsan ati tōrimqarme, no elimqolesqarme.

34. I vȫvelam merme tāuk qańḍtaxtipän jot, laves tanane: qon ńori jomux am jitim-palt, aftqaten näṅknanel, vajalen näṅk pernim, i jejen am jitim-palt.

35. Voilin qon ńori täuk lįletäme ūrux, ton qoltilitā, a qon qoltilitā täuk lįletäme am kaštilim i jevangelic, ton jåltiptitā täväme.

36. Os ne-voip jol elimqolesne, qun täu qōntitā merme šoqo, a täuk lįletäme qoltilitā?

37. I nar mig elimqoles täuk lįlä mos?

38. Os mäntim qon esāremove amnanel i am Iaṅqelimnel ſe qajer i kiräkiṅ toxim keurt, tonśiuvt i elimqoles pūv esärmove täunanel, qun joxti täuk jegä sui keurt jelpiṅ aṅgelän jot.

Ontolouvt (IX) Pånk.

1. I laves tanane: śariš lattam nanane: to-materet tit tušpqaretnel atelme at vagānil, qumle voš vagānil tōrim naerlaxme, joxtim vatetät.

2. I qōt qōdel mulim jipalt vistā Isus Peterme, Iakovme i Ioanme, tatsän tuńḍiṅ ax tärmilne, tärge äkū tanin; i piĊltaxtes tan clänil-palt.

3. I täu mašnāqarän varqatsit pāsiṅag i šak sairiṅag, jormänt tuit, qumle ma tärmilt beliftšik sairiṅag varux vatä at joxti.

4. I qōltqatsit tanane Ilija Moisei jot; i Iaqil latsag Isus jot.

5. Ton känt Petr latti Isusne: ravvi, laṅ manan tit; tuštovu qūrum seń, nagnane äkū, i Moiseine äkū, i Ilijane äkū.

32: тэ; латтухв. 33: тӓку. 34: тӓку; jомухв; jӓjеп. 35: воӣлюн; тӓку; урухв; евангеліе камiл. 36: сьарыз; тӓку. 37: тӓку. 38: эсӓрмовэ; лепкэлымизл; тэ; тӓку.

IX, 1: сэрыш; вагӓвэл; наерлахмэ. 3: варкатсот; бѣлильцак; варухв. 4: колткатсаг. 5: сѣнь.

6. Voilịn at qańḍes, nar lavux; tonmos išto tan olsịt šak jåṅgịš pelmam.

7. I nịgles tul, i pịtvịsịt tan: i küälles tulnel sui, lattịm: tit (enańki am ërptanä püvịm; täväme qontlelän.

8. I ra(gịn šunšpam, ati-nar voš at usịt, no naxke Isusme tańk jotänịl.

9. Os qun tan vailantesịt nxnel, täu laves tanan, ati-qonne at lattux, nar usịt, ton moš qun climqoles püv at jülti aṭelnel.

10. I tan tuńḍpesịt (e (ax tärmịlt, i kitilat motịů motịůme: nar qašxti jältux aṭelnel?

11. I kitilcsänịl täväme, lattịm: qumle že nepäkịůet lattat, išto Ilijane qärex joxtux elolt?

12. Täu laves tanane päri: kert toqo, Ilijane qärex joxtux elolt, i varux šoqo; i, qumle qanšịm oli climqoles püv mos, qärex, ištobi täu šau muṭtaxtes i oles lülimtam.

13. No am nanane lattam, išto i Ilịja joxtes, i varsịt täu jotä, qumle ńorsịt, toqo qumle qanšịm oli täu mosä.

14. I joxtịm qańḍtaxtịpet pokne, ɋõntes šau atịm tan kitänịlpalt, i nepäkịńet varctapet tan jotänịl.

15. Ra(gịn, ɋõntịm täväme, mer šoqo teliles; i va(ge qaitịm päšelalsänịl täväme.

16. Täu kitepesän nepäkịnet: narmos nan varctinä tan jortilän?

17. Äkü mernel laves päri: qańḍtap, am tatislịm nag pokịnne amk püvịm, ošpqar ńilemtal lịl.

18. Šoqịń kes, qun vịglitä täväme, manititä; i täu tarctitä ńerme, i jaxštali peńkänel, i töši. Am joleselịm nag qańḍtaxtịpännc, ištobi sirsänịl täväme, no vagänịl at joxtes.

19. Isus päri laves täväne, latti: o agttal toxịm! qun moše olam nan jotän? qun joxtne permux nanịn? tatelän täväme am pokịmne.

6: войлон; лавуха; олсэт. 7: питвысэт; куӓлэс; тэнанки. 8: усэт. 9: вайлантэсэт; латтуха; усэт. 10: туньджэсэт; ту; лох; йӓлтуха. 11: китилэсӓнэл; йохтуха. 12: йохтухн; варуха; іштопі. 13: варсэт; ньорсэт. 14: нэпэкинэт. 15: пӓселалсӓнэл. 16: нэпэкинӓгтмэл; йортылӓн. 17: татыслэм. 18: нӓнкӓнэл; іштопі; сірсӓнэл. 19: агтал; нэрмуха.

20. I tatsänjl täväme täu pokäne; i qun asrai ošpqar qöntestä täväme, ton śast asrai pümtestä Šailux täväme: täu pätes ma tärmjlne i pagerales, ńer taretam.

21. I kitepestä Isus täu jegäme: qumle qöśat tit täväne jimtes? Täu laves: višnel mońdel.

22. I šau kes rastclestä tävea, tot tautne, tot vićne, ištobi qoltilax tüvea; os mäntim van joxti mat śiuvne, akilimłen manou, ńoten manane.

23. Os Isus laves täväne: mäntim nag mat śiuvne van joxti agtux, šoqo tai agtjpne.

24. I raćgjn ton vier qum jegä šišgemes lūńdjm: agtam, poirjxš! ńoten am at-agtjmne.

25. Isus, šunšjm, išto axtqati mer, erqelestä asraime, lattjm täväne: ńilcmtal i päłtal ljl, am nagnanc lavam, täunanel küänekūällen, i jotjl ul tuttelen täu keuretäne.

26. I lūl ljl, šišgemam i vagjńjš rextesam täväme, küälles; i täu jimtes jormänt qoljmqar, toqo išto šauqar lattes: täu qoles.

27. Os Isus, kat-paletänel täväme vjm, küältestä täväme; i täu küälles.

28. I qun tus Isus küälne, tonśiuvt qańdtaxtjpän kitilesän täväme naxke mat: narmos man vagou at joxtes küäne-kietux täväme?

29. I päri lattes tanane: će toxjm ati-narel küäne-kietux at tai, šoqjn pjtel os qošgenä-ätel.

30. I toul küäne-küälljm tärmel jomsänjl Galileime, i at ńores, ištobi materne qańdińku.

31. Voilin qańdtesän täuk qańdtaxtjpän, i lattes tanane, išto elimqoles püv mjqti elimqoles katne, i jole-älgänjl täväme; i alnät jipalt qurmet qödelt jälti.

32. Os tan at nomlixtalsän će łańqet, i pelsjt kitilax täväme.

33. I joxtes Kapernaumne; i küäl keurt oljm kitepesän tanme: łońxt jomnänjl uil nar latsän ńote?

20: татскёол; шаядухв. 21: косьёт. 22: іптоні; колтідахв; матсіувно 23: матсіувно; аггухв. 24: віар (воёра); куёлоп. 26: куёлос. 27: куёлос. 28: кітівосяёюл; кіотухв. 29: то: кіотухв. 30: куёлым; тёрмыл; jомсяёол; іптоні; каньджіпьуя. 31: войлон; тяку; j.-няґявол. 32: помліхталсяёюл; то; ленкот; влост; кітілахв.

34. Tan sui at varsįt, tonmos išto Toñxt ñote varetaxtsįt, qon jäniñuv.

35. I jole-untįm vövelesän kitquiplou qañḍtaxtįpän, i lattes tanane: qon ñori jängag olux, ole šoqįñqarnel viši i šoqįñqarne quśi.

36. I viš ā-pūvme vįm, tuštestä täväme tan qalenänne, i katel tärmįl punįm täväne, laves tanane:

37. Qon tuli äkū ťe viṭetnel am namįmnel, tonqar anįm tulitä; os qon anįm tulitä, ati pįl anįm tulitä, os anįm kietįmqarme.

38. Os Ioan, lattuxv pūmtįm, läves täväne: qañḍtap, man uslou äkū-mat qolesme, nag namįntel, kietgän asraitme, qotįxqar at jali man jortįlou; i erqeleslou täväme, tonmos išto man jortįlou at jali.

39. Isus läves: ul erqelän täväme; voilen atiqon, am namįmtel amel värp, vatä at joxti järte anįm śoritaxv.

40. Voilen qon ati-pįl nan Taľtän, ton nan mosän.

41. Voilen qon äitijän nan viť-anel, am namįm mos, tonmos išto nan xristosqaret, śarįš lattam nanane, at qūťti täku justįletänel.

42. Os qon telititä äkū te viṭetnel, amnane agtįpetnel, tonqarne jomasñuv olni, taketaxv šįplutäne kav, i rastuxv täväme sarįšne.

43. I qun quititä nagįn näñk kūtįn, šagrepalen täväme; jomasñuv nagnane tuxv lįlne kättali, ati-pįl kit kät jot menuxv qarilatal tautne.

44. Qōt tan tonṭän at qolilali, i tautän at qarilali.

45. I qun näñk lailįn quititä nagįn, šagrepalen täväme; jomasñuv nagnane tuxv lįlne lailpali, ati-pįl kit lail jot rastnag jimtuxv qarilatal tautne,

46. Qōt tan tonṭän at qōli, i tautän at qarili.

47. I qun näñk šämįn quititä nagįn, puvtmalen täväme; jomasñuv nagnane šämpali tuxv Törįm najerlaxne, ati-pįl kit šäm jot rastnag jimtuxv qarilatal tautne,

48. Qōt tan tonṭän at qōli, i tautän at qarili.

49. Voilen šoqįñqar tautel tuselaxti, i šoqįñ jor śäkel tuselaxti.

50. S'äx jomas: os qun śäx attal pāti, narel täväme Ťaľptilūn? S'äx nañk keurenänt oñḍelän; i ñote soutįš olän.

34: варсэт; варэтахтсэт. 35: олухе; куси. 36: эа п.; шыитам тäвäмн. 37: тэ.

Louvt (X) Pånk.

1. I toul menim joxtes Jud'eiskoi kepletne, Jordan alim pålt, i os jomenti täu pältä atim; i täu täku qoitelät qańd́tesän tanme.

2. I vat́ge jomim, Fariśeit rēttetalsänel täväme, kitilam: tai erin qumne päli-küälqtaxv uetätel?

3. Täu läves tanane päri: nar nanane pimitpe punes Moiśei?

4. Tan läveset: Moiśei läves qanšuxv taretanä-nepek, i päli-küälqtaxv.

5. Isus päri läves tanane, lattim: nan šimän ot́ı-olnä qoitel täu qanšes nanane te pimitpame.

6. Pänketät že tēlim-äšt qumme i neme joltsäu tinin Tȯrim.

7. Tit mos qūlt́iptä elimqoles täku jegetäme i šökätäme, i värqti täku netä ńōpil;

8. I jimtä kitag äkü ńoul; toqo išto tin ati-pil kitag, os äkü ńoul.

9. I tonmos, nar Tȯrim ńēges, tonme elimqoles päli ul urtate.

10. Mȯtińtag äkü tonme kitepesänel tävänel küäl keurt täu qańd́taxtipän.

11. Täu läves tanane: qon päli-küälqti täku uetätel, i mōtqarme vanti viqtä, ton pŕeʀubod́eistvovaitli tävänel tärge.

12. I qun ne päli-küälqti täku qumtätel, i qumi mōtqarue, pŕeʀubod́eistvovaitli.

13. I tatileset täu pälne ea-püvetme, ištopi xoiltaxtes tanane; os qańd́taxtipet at taretalsänel tatipetme.

14. Tonme qōntim Isus ot́tes, i läves tanane: taretän ea-püvetme, i jole ul erqelän tanme jaluxv am pȯkimne; voilen teqaret mos oli Tȯrim najerlax.

15. S'ariš lattam nanane, qon at viqtä Tȯrim najerlaxme qumle ea-püv, ton at tuv täu keuretäne.

16. I šipitam tanme, blagoslovl'aitlesän tanme, tan tärmiläuelne käta puntlam.

17. I qun täu küälentes ʀońxne, qaitimles äkü-mater, šanši tuńd́pes täu eltä-pälne, i kitepestä täväme: jomas qańd́tap, nar amnane väruxv, ištopi qōntuxv ira olip lilme?

X, 9: uarəc; 17: qaitiml-.

18. Isus lāves tävänc: narmos nag anjm lāvjlen jomasi? atiqon jomas, äkū Tōrjmnel tärge.

19. Pjmjtpet qašgan: ul preľuboďcistvovaitlen; ul ālen; ul tulmenten; qajerel tonuxlen; ul obidetlen; jorlen näńk jegjn i šūkān.

20. Os tāu lāves täväne päri: qańḑtap, te āš šoqo višnel am ūreslem.

21. Isus tävnane šunšpam, ērpi vjstā täväme, i lāves tävänc: äkū āš nagnane at tauli: menen, šoqo, nar ońḑan, pērten i majen jorlītne; i qòntilen avjlt justjlme; i jäjen, pērnä vjm jomen am jortjljm.

22. Os tāu, te ľeńqel telilam, tuštjm ele menes; voilen ońḑes jāni poilax.

23. I laxvu šunšilam, Isus latti täku qańḑtaxtjpetnc: šaq va tuxv poitne Tōrjm najerlaxne.

24. Qańḑtaxtjpet že pelmeset tāu ľeńqetnel. Os Isus ľaqjl lattjm, latti tanane: pūvet, šaq va poilaxne atintapqaretne tuxv Tōrjm najerlaxne.

25. Kignāńuv verbľudne tāre menuxv jontjp pupnel, ati-pjl poine tuxv Tōrjm najerlaxne.

26. Os tan šaq moš pakseset, i ńote latset: os qonne vintt tai jāltuxv?

27. Isus, tanane šunšpam, latti: elimqolesetne at tai, ati-pjl Tōrimne; voilen Tōrjmne šoqo tai.

28. I pūmtes Petr lattuxv täväne: an, man qūľtjpteslou šoqo, i nag jortjljn jomesesvu.

29. Isus lāves päri: śarjš lattam nanane, ati-qon ati, qon bj qūľtjptestā küälme, amne käšän, amne jjten, amne jegme, amne šökme, amne nēme, amne ea-püvän, amne mame am mosjm i jevangelije mos,

30. I at vjnitā ań te mārat, i ńauljnā-ātet keurt, šāt latne jängag küāletnel, i käšetnel, i jjtetnel, i jegetnel, i šōketnel, i ea-püvetnel, i matnel, os jelktōrjmt ľra oljp ljlme.

31. Os šauqar elolqaretnel jimtat jolqari, i jolqaretnel clolqari.

32. L'ońxt, qun tan jomset Jerusaľimne, Isus jomes tan eltäpälenänt; i tan telilalset, i täu jitäpält jomset peljm; i vōvelam kitquiplou qańḑtaxtjpän, täu os pūmtes lattuxv, nar täu jortjlät jimti.

30: ńauljnā-āš.

33. An, man tuijentou Jerusaľimne, i elimqoles püv mjnnag jimti arkịpetne i nepekịnetne; i pättijänel täväme ätelne, i mjgänel täväme pupine-šušpqaretne.

34. I śoritigänel täväme, i pümtat vonguxv täväme; i älgänel täväme; i qurmet qõdelt jälti.

35. I vaľge jomes täu pökäne Jakov i Joan Z'evedci püvi, i latta: qańḑtap, min ńorimen, ištopi nag vären minane, nar vövelämen.

36. Täu läves tinane: narme ńorinä, ištopi am värem ninane?

37. Tin lävsag täväne: läven minane untuxv nag pokịnt, äküqarne jomaske pälne, os motịńne olmịx pälne, nag suitnä-ätịnt.

38. Os Isus läves tinane: at qańḑilän, nar võvinä; vään joxti ľi äijuxv aname, qotịxqarme am äilem, i puńqtaxv pernäḷ, qotịxqarel am puńqtam?

39. Tin päri lävsag täväne: vamen joxti. Os Isus läves tinane: aname, qotịxqarme am äilem, äilän; i pernäl, qotịxqarel am puńqtam, puńqtinä.

40. A ištopi untuxv am pokịmt jomaske i olmịxke päluc, ati am erqịn titme mịxv ninane, no qonne taštịm.

41. I katelam, äritam lou otteset Jakov i Joan täri.

42. Os Isus, tanme vaľge võvelam, latti tanane; qańḑilän, išto atịm öterettel namtamqaret ürat atịmetme, i jänịqaret ošgänel tanme.

43. Os nan qalenänt at tai toqo oluxv: os qon nannanel ńori jängag oluxv, tonqar nanane quśle.

44. I qon ńori nannanel päuki oluxv, ton jimte nanane quś.

45. Voilen i elimqoles püv ati tonmos jis, ištopi täväne služitleset, os ištopi služitlaxv, i mịxv täku lịletäme šauqar joutnä mos.

46. I tuset Jerixonne. I qun küälentes täu Jerixonnel, i täu qańḑtaxtịpän, i šau atịm, Varćimei T'imei püv šämtal unles ľoóx tärmịlt, i võves milostịname.

47. I katelam, išto tit Isus Nazoŕei, pümtes oiguxv i lattuxv: Isus David püv, äkilimľalen anịm!

48. Šauqaret erqelesänel täväme suital oluxv; os täu toul kümịn pümtes oiguxv: Dav'id püv, äkilimľalen anịm!

33: nepäkịä; pupine šnnšqar. 37: suitnä-äš. 38: äne, änä, ani.

49. Isus, jole-tuńdpam, lāves tävämc vövelaxv. I vovat šämtalme, i lattat tävänc: derzai, kūālen, vövitä nagin.
50. Täu rastestä täkunanel num mäšnätäme, kūāles, i jis Isus elpālne.
51. I kitepestä täväme Isus, lattjm: nar nag amnanel ńoran? Sämtal lāves tävāne: qańdtap, ištopi am šunšpem.
52. Os Isus lāves täväne: menen, agtnä-ätin jältjntestä nagin. I ton śast šunšpes i jomeses ľońx mäut Isus jipält.

Äkqulplouvt (XI) Pānk.

1. I qun vaľmeset Jerusaľimne, Viffagine i Vifanıne, Jeľeonskoi ax pokit, Isus kieti kitag täku qańdtaxtjpetnel;

2. I latti tinane: menän paulne, qotjxqar nin eltä-pālenänt; i tonqarne tunän siuvt, äkū ton lat qōntinä nēgjm osľeńkame qotjxqar tärmjlne elimqolesetnel ati-qon at untses; ele pešetam täväme tjg tatelän.

3. I qun qon kitepi ninnanel: narmos tit värinä? päri lattän: täu qārexlovu poirjxšne? i äkū ton lat taretitä täväme tjg.

4. Tin menesag, i qōtsag osľeńkame, ūš-avne nēgjmqarme ľońx laxvu-toxjm-mat, i ele pešetesten täväme.

5. I äkū-materet tat tušpetnel latset tinane: nar tit värinä? narmos ele pešetilän osľeńkame?

6. Os tin päri latsag tanane, qunle lāves Isus; i tonqaret taretesänel tinme.

7. I väntimlesänel osľeńkame Isus elpālne, i nartset tańk mäšnänjl täu tärmjlne. Isus untes täu tärmjlne.

8. Os šauqar nartileset tańk mäšnänjl ľońx mänt; os toqaret jextleset jivetnel niret, i rastset ľońx tärmjlne.

9. I elpält i jipält jompqaret oigeset, lattjm: osanna! blagoslovítlam jomp Tòrjm namel.

10. Blagoslovítlam poirjxš namel vaľmam najerlax, man jegnel Davídnel! Osanna numjn!

XI, 2: ńēg-.

11. I tus Isus Jerusaľimne i törjın-kűälne; i šoqo šunšilam, voilen tonsiuvt jińkantes, küäles Vifanīme, kitquiplou qańḍtaxtịpän jot.

12. Motet qödelt, qun tan kūälset Vifanīnel, täu texv jimtes.

13. I qöśanel qōntịm luptane tēlịm smokovńitsame, jomeses, mater qōntuxv täu tärmelät; os tou joxtịm täu pōkäne, ati nar at qöntes, luptanel tärge, qaš smokvet axtnä-pos iú at jimtes.

14. I laves täväne Isus: ištopi tịgịl elaľ ati-qon nagnancl pul ul taije īra moš; i qōlsänel tonme täu qańḍtaxtịpän.

15. I joxtset Jerusaľimne. Isus törịm-kūälne tum, pūıntes kietuxv joutịp- i pērtịpqaretme törịm-kūält; i oxśame pēltapqaret i kapteretme pērtịpqaret päsenänịl qolitesän.

16. I at läves, ištopi tates mater qoles törịm-kūäl mänt kūänpäl materme.

17. I qańḍtesän tanme, lattịm: quorịnt erịn qanšịm oli: am kūälịm taku lävịqti qöšgenä-kūäli šoqịń atịmet mos; os nan täväme väreslän olnä-magi xoroxṭetne.

18. Titme kaṭelam, nepekịůet i arkịpet kịšset, qotịš qoltilaxv täväme; voilen tävänel pelset, tonmos išto puš atịm pakses täu qańḍtanä-äṭetäne.

19. Os qun cfmes, täu ūšnel kūäne menes.

20. Xolkes topiľ (tōpiľ?) joxtịm, qōtsänel, išto smokovńitse töšes tärän moš.

21. I nūmịlmatịm Petr latti täväne: ravvi, šušpen, smokovńitse, qotịxqarme nag jëreslen, tōšes.

22. Tonśiuvt Isus, päri lattịm tanane, latti:

23. Ońḍelän Tórịmne agtnä-äšme. Voilen śarịš lattam nanane, qun qon lävi te axne: laquen i rastqaten sarịšne, i at telili šimetätel, os agtqati išto jünti täu ľeńqänel qoitel, jimti täväne, qaš nar latte.

24. Tit mos lattam nanane: šoqo, nar nan qöšgịm vövelinä, agtän, išto vịgnä; i jimti nanane.

25. I qun tuńḍinä qöšgịm, taretän, qun mater ońḍinä qoles täri, ištopi i nan ävịl jegan tarctestä nanane nańk kiräkenän.

26. Os qun at taretinä, tonsiuvt i nan ävịl jegän at taretitä nan kiräkenän.

17: xoroxš.

27. I os jis Jerusalimne. I qun täu jomites tõrįm-küält, jomliteset täu pokäne arkįpet i nepekįnet i jäniqaret,
28. I lattat täväne: ne-sįr val nag titme värilen? i qon nagnane mįs va titme väruxv?
29. Isus läves tanane päri: i am nannanel kitilam, i lattän amnane, tonsiuvt i am lattam nanane, ne-sįr val am titme värilem.
30. Joan pērnäpunnä-äš ävįlnel oles, amne elimqolesnel? lattän amnane.
31. Os tan ńote värleset oi, lattįm: qun lattou: ävįlnel, tonsiuvt latti: narmos nan at agtsän täväne?
32. Os qun lattou: elimqolesetnel, pelou mernel, voilen šoqo numseset Ioan mos, išto täu oles ńäit.
33. I lavset päri Isusne: at qańḍilou. Os Isus läves tanane päri: i am at lattilem nanane, ne-sįr val am titme värilem.

Kitquiplouvt (XII) Pänk.

1. I pümtes attuxv tanane priṭtel: äkü-mater elimqoles utteles vinogradńik, i multestä üšel, i xales voñqe toṭilo jolpälne, i uttes, gorńitse, i mįstä täväme vinogradaretne; i menes.
2. I kietestä täku latetät vinogradaret pokne qušäme, vįxv tannanel urlex vinogradńiknel.
3. Os tan, puvįm täväme, voxsänel, i ele kietsänel ati-nar jot.
4. Os kietestä tan pokänįlne möt qušme; i tonqarne kavel portī voxsänel päökä, i kietsänel täväme šoritam.
5. I os mötqarme kietes; i tonıne älesänel; i šau mötqaret, tot voxsänel, tot jole älilesänel.
6. Os ońḍim naxke äkü ērptanä püvme, voš jivolt i tävea kietestä tan pökänįlne, lattįm: esärmovet am püvįmuel.
7. Os ton vinogradaret lävset mötįń mötįńne: tit nasľedńik, menou, älilou täväme, i poilax jimti manqarou.
8. I puvįm täväme älesänel, i rastsänel küäne vinogradńiknel.

9. Nar že väri kožäin vinogradńikne? Joxti i mįgän ągelne vinogradaretme, i mįqtä vinogradńikme mötqaretne.

10. Mäntim nan at lountalsän quorįńet keurt: kau, qotįxqarmc rastsänel värpet, qaljn ton värqates sam pänki;

11. Poirįxšnel tit värqates; i jäńag oli man šämenou elpält.

12. I nergescset vįxv täväme; no pelset mernel; voilen qašlesänel, išto tan mosänįl lattes amel; i qūľtįptam täväme meneset.

13. I kietset täu pōkäne äkü-materetme Fariśeitnel i Irodianetnel, ištopi puvuxv täväme ľeńqän keurt.

14. Tan joxtantat, i lattat täväne: qańḑtap, man qańḑlou, išto nag śar i at lattan rēt ati-qonne, i at šušgen ati-nevoip vešne, os Tōrįm ľoùxne śarįš qańḑtan; erįn tai mįglaxv jōsex kesaŕne, amne ati? mįxv amne at mįglaxv manan?

15. Os täu, qańḑįm tan qajeränįl, läves tanane: nar pergetalilän anįm? tatän amnane ďenari, ištopi am uslem.

16. Tan tatset. Tonsiuvt latti tanan: tit qon xor i qanšįm-äš? Tan lävset täväme kesaŕqari.

17. Isus läves tanane päri: majelän kesaŕqarme kesaŕne, i tōrįmqarme Tōrįmne. I paksesct täväme.

18. I joxtset täu pōkäne Saddukeit, qotįxqaret lattat, išto at jimti qoles jältnä-äš; i kitipesänel täväme, lattįm:

19. Qańḑtap, Moiśei qanšes manane, ištopi, qun äkü-mater pält jege-pūv loxṭi i qūľtįptitä netäme, os ea-pūv at qūľtįpti, täu küśä vįstä täu netäme i küältestä bį urlex täku jege-pūvetäne.

20. Oles sat jege-pūv; elolqar vįs vänt, i loxṭes, at qūľtįptam ea-pūv.

21. Vįstä täväme mōtetqar, i loxṭes; i täu at qūľtįptes ea-pūv; äkū toqo i qurmetqar.

22. I vįgloves täu satne; no ati-qotįxqar at qūľtįptes ea-pūv. Šoqįńqar jipalt loxṭes i ne.

23. I tont jältnä lat, qun jältget, qotįxqarne tannanel täu jimti negi? voilen satqar ossänel tävea negi.

24. Isus läves tanane päri: toqo nan tįpgelinä, at qańḑįm quorįńetme ati Tōrįm vame.

9: kosäin.

25. Voilen qun ätelnel jältget, tonsiuvt ne at viget, i at menat qumne, os olät jormänt qumle aṅgelet aulet tärmilt.

26. A loxtimqaret mos, išto tan jältget, mäntim tan at lountalsän Moiśei quoriṅt, qumle ṅórṭ-sau pōkit Tōrim lattes täväne: am Avraam Tōrim, i Tōrim Isaakne, i Tōrim Jakovne.

27. Tōrim ati Tōrim loxtimqarctne, os Tōrim liliṅqarctne. I tont nan šaq tipgelinä.

28. Äkü nepekiṅetnel, qontlam tan varetanünil, i um išto Isus lani tanan lattes, vatge jomes, i kitepestä täväme: ne-voip elol šoqiṅ pimitpetnel?

29. Isus päri läves täväne: elol šoqiṅ pimitpetnel oli teqar: qōlalen, Izrail! man poirixš Tōrimou oli poirixš äkü;

30. I ērptalen nag poirixš Tōrimin näṅk šoqiṅ šimintel, i näṅk šoqiṅ lilintel, i näṅk šoqiṅ nūmtintel, i näṅk šoqin vagintel; tenaṅki elol pimitpe.

31. Mōtet äkü ton-voip zapovjed oli teqar: ērptalen näṅk vatqarin, qumle näṅkin. Mōt pimitpe tigil jäni ati.

32. Nepekiṅ läves täväne: laṅ, qaṅḍtap; śariš latsen nag, išto oli äkü Tōrim, i mot ati täunanel tärge;

33. I ērptuxv täväme šoqiṅ šimel, i šoqiṅ numtel, i šoqin lilel, i šoqin val, i ērptuxv vatqarme qumle näṅkin, oli jängi šoqiṅ jornel i teltnä-äšnel.

34. Isus, um išto täu päri lattes nūmtiṅag, läves täväne: ati qōśat nag Tōrim najerlaxnel. Ton jipalt vuš ati-qon, pelim täväme, at kitilestä.

35. Tōrim-küält qaṅḍtam, Isus äkü toqo läves: qumle lattat nepekiṅet, išto Xristos püv Davidne?

36. Voilen tüku David lattes jelpiṅ lilel: läves poirixš am poirixtimne: unle am jomaske pälimt, nagnane lūl värpetme lävnim moše nag lailän jolpälne.

37. I tont täku David poirixtag voitä täväme, qumle že täu püv täväne? I śau atim qontlesänel täväme šim ērp jot.

38. I lattes tanane täu qaṅḍtanätä qalt: ūrqatän nepekiṅetnel, ṅorpqaret jomitaxv qōśe mašnetel i qontlaxv ērptanä-äšme mer axtqatnä-mat,

39. I untuxv elol matne axtqatnä- i äinä-tēnä-mat.
40. Titet, šoupet votịp küälet i qajerel qōšgịpet qōśe, tärvịtịńịš mošc tat suḑitlovet.
41. I untes Isus kūŕp-jiv ľaľx, i šunšcs, qumle mer puni oxśe kūŕp-jivne. Šau poit punset šau.
42. Os joxtịm äkü jorlī votịp-nē puncs kit ľepte, nar oli kodrant.
43. Isus, vövelam täku qańḑtaxtịpän, lāves tanane: śarịš lattam nanane, te jorlī votịp-nē punes šoqịń punịpetnel šau kūŕp-jivne.
44. Voilen šoqo punset tańk āriqarännel; a täu täku oštalqarännel puncstä šoqo, nar ouḑes, šoqo täku tēnä-äinätä.

Qūrumquịplouvt (XIII) Pänk.

1. Tōrịm-küälnel täu küälịmät lat latti täväne äkü täu qańḑtaxtịpännel: qańḑtap, šunšalen, ne-voip kavet i ne-voip värtul.
2. Isus läves täväne päri: vagan ľi te jäni värtul? tit šoqo jimti rätịmag, toqo išto at qūľti tit kau tärmịlt kau.
3. I qun täu unles Masľịṭnoi ax tärmịlt tōrịm-küäl ľaľx, tonsiuvt kitelesänel tüväme naxke mat Petr, i Jakov, i Joan, i Andŕei.
4. Lattalen manane, tit qun jimti, i ne-voip pos ton lat, teqarne šoqo qun värqtuxv qärex?
5. Isus, päri tanan, pūmtes lattuxv: ūrqatän, ištopi qonnel uan ul peritańquän.
6. Voilen šauqaret jivet am namịmtel, i lävat: tit am; i peritat šauqar.
7. Os qun qölilän xöntetme i xöntlaxtnä-äṭetme, ul pelän, tonmos qärex titme oluxv; no tit os pịl ati oxịrsom.
8. Voilen tuńḑpi mer tärmịlne mer, i najerlax tärmịlne najerlax; to mat jimti ma tornenä, i jimtat tētalet i pelnä-äṭet.
9. Tit ägmetne oule. Ūrqatän že nan; voilen nanịn pūmtat mịxv sut-küäletne i śinagogetne, pūmtat voṅguxv nanịn; i tatvän nan pojeret i najeret elpälne am mosịm, tonuxlanä kašil tan elänịl-pält.

40: vaṭep, voṭap; tarvịtịu. 42: lepte.

10. Qärex äkü toqo šoqin mer keurt sultjltaxv jevangelime.

11. Qun os tatgänel mjxv nanjn, ul tuštän elolt, nar nanan lattuxv, i ul numsän; os nar mjqti nanane ton śast, ton i lattän; voilen ati nan pümtinä lattuxv, no jelpjń ljl.

12. Mjqtä že jeg-püv käśame ątelne, i jeg püväme; i tuńdpat püvet oimekänel täri, i älgänel tanjn.

13. I jimtinä ērptali am namjm mos; pērmjpqar že oulc mošc jälti.

14. Os qun qōntinä lül tädel-pätnä-äśnel, alpjl lattjm Daniļ ńńitnel, tušpqar, qot at qárex (lountapqar numsaxte), tonsiuvt oljpqaret Juďeit tulet ańqet keurne;

15. Os qon lep tärmjlt, ul vaile küäl keurne, vjxv matsjrqar täku küälctänel;

16. I qon oität, ul joṅqe päri, vjxv täku mäšnätä.

17. Tuš käxre-tagljńetne i tettjpetne śäkuel ton qödelet keurt.

18. Qōšgän, ištopi at jimtes nananc qaituxv tēli.

19. Voilen ton qödelet jimti temiľ ägjm, ne-voip al olilales ma soṅqimlam moúdel, qotjxqarme soṅqjmlaptestä Törjm, daže äń moše, i at jimti.

20. I qun bj poirjxš at poštlesän ton qödelet, to at jältni bj ati-nc toxjm; os periamqaret kašil, qotjxqaret perisän täu, poštlesän ton qödelet.

21. Tonsiuvt, qun qon nananc lävi: te tit Xristos, amne: te tat, ul agtän.

22. Voilen tuńdpat qajer Xristet i qajer ńäitet; i qoltat poset i amelet, ištopi rēttaxv, taijeske, i periamqaretme.

23. Os nan ūrqatän; an, am elaľ latsem nananc šoqo.

24. No ton ägmjń qödelet jipalt qödel pästal püti, i joṅqjp at mjqtä täku päsetäme.

25. I sovet aulnel pätget, i aul vat ńoumtat.

26. Tonsiuvt qōtgänel elimqoles püvme jipqarme tult tärmjlt, jäni sui i va jot.

27. I tonsiuvt kietgän täku aṅgelän, i axtgän täku periamqarän ńilä vötetnel, ma qörnel aul qör moš.

28. Vajän taster smokovńitsanel: qun täu tokä kamlemanti, i tareti luptet, qańḑilän, išto tui vaťgjn.

29. Toqo i nan, qun qöntinä tonmo śarmentapi, qańḑilän, išto vałgin, au pōkit.

30. S'arjš lattam nanane, at muli te toxim, qunile tit šoqo śarmi.

31. Aul i ma mulat, no am ľeuqänjm at mulat.

32. Ton qödel amne śas ati-qon at qańḑitä, ati ańgelet ault, ati pūv, a naxke jeg.

33. Šunšän, ūrqatän i qōšqän; tonmos išto at qańḑilän, qun jimti lat.

34. Äkū ton qoitel, qumle qon, menuxv jimtim ľońxne, qūľtiptestä täku küäletäme ūruxv täku quśänne, läves šoqińqarne täku äṭä, i au ūripne lāves ūruxv.

35. I toqo ūrqatän; voilen at qańḑilän, qun joxti koźäin küälne, eti amne eľ jät, amne toxox ergemanä lat, amne xolkes.

36. Ištopi ratgin joxtim, at qōtsän nanin quimag.

37. Os nar lattam nanane, šoqińqarne lattam: ūrqatän.

N'ilāquiplouvt (XIV) Pänk.

1. Kit qōdel xońxo qärex oles jimtuxv poirim pasxane i opŕesnokov; i kišset arkipet i nepekińet, qumle vixv täväme omelińjš, i äluxv.

2. No latset: naxke ati poirimt, ištopi ul jimte telilanä-äš mer keurt.

3. I qun täu oles Vifanīt, ńultiń S'imon küält, i unles päsent, jis ne kou-tērim jot, qotixqar kevirt oles šaq tinjń nardovoi, lań miro, i portī joutim terimme, šōšeštä täu pänkä tärmilne.

4. To-materet otteset, i latset täku qalanilt: ne kašil temiľ miro qoltnä-äš?

5. Voilen täu taini pōrtuxv tinińag-ńuv ati pil qūrum šät deenarī mos, i mixv tonet jorlītne. I at aľtsänel täunane.

6. Os Isus läves: ul xanelän täväme; narmos nan täväme telitilän? täu jomas āš väres am tärmilimt.

29: särment-. 30: särm-.

7. Voilen jorlit ira ošgenän jortjlänt, i qun ńorinä tonsiuvt tainä tanane jomas våruxv; os anjm ira at onḍilän jortjlänt.

8. Täu väres, narne vatä joxtes: tit elpält loutestä am ńouljm ratnä kašil.

9. S'arjš lattam nanane, qot jimti suitjltam te jevańgelije, puš śärt, i ton mos, nar täu väres, latvova täväme ärilam.

10. I menes Juda Iskariot, äkü kitquiplou qańḍtaxtjpetnel, arkjpet pōkne, ištopi mjxv täväme tanane.

11. Tan, tonme qōljm, śagtset; i lävjqteset mjxv täväne oxśe; i täu pümtes kjnšuxv taipjń lat mjxv täväme.

12. Poirjm elol qōdelt, qun jextleset pasxaĺnoi oš-püvme, lattat täväne täu qańḍtaxtjpän: qot ńorat tèxv pasxame? man menou i ĺaĺptilou nagnane.

13. I kieti kitag täku qańḍtaxtjpännel, i latti tinane: menän üšne, i qaixati ninane elimqoles vićkuvšin jot; menän täu jitä-pält.

14. I qodäĺ täu tui, lattän tou küäl koźäinne: qańḍtap latti: qot oli gorńitse, ištopi amnane tèxv pasxame am qańḍtaxtjpänjm jot?

15. I täu ninane qōltitä jäni gorńitsame, ĺaĺptam, täšqarme; tat ĺaĺptän manane.

16. Täu qańḍtaxtjpa menesag, i joxtsag üšne, i qōtsag, qumle lattes tinane, i ĺaĺptesi pasxame.

17. Ećmam jipalt täu joxtes kitquiplou qańḍtaxtjpän jot.

18. I qun tan unleset, i tēset, Isus läves: śarjš lattam nanane, äkü nannanel, am jotjm tēp, mjqtä anjm.

19. Tan tušne pätset, i pümtset, lattuxv täväne motjń jipalt motjń: am erjn ati? i motjń: am erjn ati?

20. Täu lattes nanane päri: äkü kitquiplounel, mägjntamqar kätä am jortjm pät-änane.

21. Voilen elimqoles püv meni, qumle täu mosä qanšjm oli; no tuš ton elimqolesne, qotjxqarel elimqoles püv mjqti! Jomasńuv ton elimqolesne at tēluxv.

22. I qun tan tēset, Isus, ńańme vjm, blagoslovitlam šaimtestä, mjstä tanane, i läves: vajelän, tajän, te tit am ńouljm.

23. I vjm äname, i blagodaŕitlam, mjstä tanane; i üiset tonnel šoqo.

24. I lāves tanane: te tit am kelpįm jelpįl zavjetnel, šau mos šošįmqar.

25. S'arįš lattam nanane: am vuš at äijam vinograd ōrox ton qōdel moše, qun pūmtam äijuxv jelpįl ōrox Tōrįm najerlaxt.

26. I ergįm meneset Jeľeonskoi ax tärmįlne.

27. I lattes tanane Isus: šoqo nan telįlinā am mosįm te jet; voilen quorįūt qanšįm oli: ālilem ūrexme, i šau mane tulat ošet.

28. No am nonxo jāltnįm jipalt am qōtgänem nanįn Gaľiľeit.

29. Petr že lāves täväne: qaš pįl i šoqo telileset, naxke ati am.

30. Isus latti täväne: śarįš lattam nagnane, āń te jet, elolt ati-pįl kes ergemi toxox, qūrum kes ärtqatgen amnanel.

31. No täu os pįl kūmįńag pūmtes śarmįltam lattuxv: qaš pįl amnane i loxṯuxv nag jortįlįnt, at ūŕtqatgem nagnanel. Äkū toqo i šoqo latset.

32. I joxtset lāvįltanā Gefśimanī mane; i latti täku qańḋtaxtįpänne: unlän tit am qōšgenįm mänt;

33. I vįm täku jotä Peśerme, Jakovme, i Joanme, pūmtes peluxv i tuštuxv.

34. I latti tanane: am lįlįm šaq moše śārgi; olilän tit i ūrqatän.

35. I morše ele-menįm pätes ma tärmįlne, i qōšges, ištopi, qun taijeske, multestā täväme te äš.

36. I lattes: avva ťāt, nagnan šoqo tai; tatalen amnanel xonxo te änamc; ton mänt ati, qumle am ńoram, os qumle nag.

37. I päri jonqįm qōtsän tanme quimag; i latti Peśerne: S'imon, nag quian; at erįn van joxtes äkū śas ūrqatuxv.

38. Ūrqatän i qōšgän, ištopi oitaxtuxv nanane pēr äšnel; lįl vagjù, os ńoul paštal.

39. I os menes, i qōšges, lattįm äkū ton ľexme.

40. I päri jim qōtsän tanme os quimag; voilen tan šämünįl tārvįtįńag jimtset, i tan at qašset, nar täväne päri lattuxv.

41. I joxtes qurmįntag, i latti tanane: nan äkū toqo quinā i vańśaxtinā: äš mules; jimtes śas; an, mįqti elimqoles pūv kiräkįńet kätne.

42. Küälän, menou; an anįın mįp vaśgįn.

43. I raŕgịn, qun täu lattentes, jis Juda, kitquiplou qańḑtaxtịpetnel, i täu jortịlät šau atịm, širi i oute kätel, arkịpetnel i nepekịńetnel i jäniqaretnel.

44. Os täväme mịp mịs tanane qańḑuxv, lattịm: qonme am päśelilem, ton tenańki; vajelän täväme, i tatelän ūrqatịm.

45. I joxtịm äkū ton śast, jomlites täu pōkäne, i latti tävänc: ravvi, ravvi; i päśelestä täväme.

46. Os tan punsänel kätänịl täu tärmịlne, i vịsänel tävämc.

47. Os äkū tušpetnel, širi küäne levetam, jōnitestä tonel arkịp quśme, i šagrepestä täu pälä.

48. Isus, tan ńūpịlänel ľexme jońxtam, läves: jormänt xoroxš tärmịlne jisnä nan širet i outet jot vịxv anịm.

49. Šoqịń qōdel am olsem nan pältän tōrịm-küält, i qańḑtesem; i nan at vịslän anịm. No qärex śarmelaxtuxv quorịūetne.

50. Tonsiuvt, täväme qūľtịptam, tulset šoqo.

51. I jomes täu jitä-pält vier qum, soulet mäštaxtịm ńär úovịlät tärmịlt; i xōnt vịsänel täväme.

52. Os täu, soul qūľtịptam, tules tannanel.

53. I tatsanel Isusme arkịp elpälne, qodäľ axtqatset šoqo mot arkịpet i pänqet i nepekịńet.

54. I Petr qōśätńuv jomes täu jitä-pält, arkịp ūš keurne joxtnä moš; i unles quśet jot, i ešiltaxtes taut vätat.

55. Os arkịpet i sut jäntetätel kišset Isus tärmịlne tonuxme, ištopi pättuxv täväme ätelne; i at qōntileset.

56. Voilen šauqar qajerel tonuxleset täu tärmịlne; os tonuxlanä-ätet paštịmet at olset.

57. I äku-materet, küälịm, qajerel tonuxleset täu tärmịlne, i latset:

58. Man qōlislou, išto täu lattes: am te kätel värịm tōrịmküälme rätilem, i qūrum qōdelt mōt uttam, kätel värtal.

59. No i te tonuxlanä at oles paštịm.

60. Tonsiuvt arkịp, magi jätne tuńḑpam, kitepestä Isusme, lattịm: narmos nag ati-nar at lattan? qōlilen erịn, nar tan nag tärmịlne tonuxlat?

43: seri. 51: soujl, Šovịl. Šoul. 54: eseltaxtam.

61. Os täu sui at väres, i päri ati-nar at lattes. Mötintag arkip kitepestä täväme, i läves tävänc: nag erin Xristos, pűv bla-ʻgoslovitlamqarne?

62. Isus läves: am; i nan qöntilän elimqoles pűvme unlnat Törim va jomaske pält, i jinat ävil tulet tärmilt.

63. Tonsiuvt arkip päli-manimtesän täku mŭšnän, i läves: narag qärex os manan tonuqet?

64. Nan qölislän Törim Tuketanä; qumle nan numtänt? Tan os šoqo sudítlesänel täväme vinovati ätelnc.

65. I pŭmtset to-materet salguxv täu tärmiletäne, i lepsam täu vetä voňquxv täväme, i lattuxv täväne: qašlalen; i quéet voxsänel täväme poitetne.

66. I qun Petr küän oles jolin, joxtes ākŭ arkip iňketnel,

67. I qöntim Peterme ešiltaxtnat, šunšestä täväme, i läves: ı nag olsen Isus Nazarjaňin jot.

68. Täu ele ärtqates, lattim: at qaňdilem i at nomlixtilem, nar nag lattan; i küäles toul toqo ŭš keurne: i toxox ergemes.

69. Iňki, os qöntim täväme, pŭmtes lattuxv tat tušpetne: teqar tonqaretnel.

70. Täu os ärtqates. I morse mulim jipält tat tušpet os lauset Peferne: qalin nag tinetnel, voilen nag Gafifejaňin, i nag Tex šavin ton-voip.

71. Täu os pŭmtes täkutäme jëruxv i ňultuxv: at qaňdilem te elimqolesme, qotixqar mos lattinä.

72. I ton šast toxox ergemes mötintag. Tonsiuvt nŭmilmatestä Petr lexme, täväne lattimqarme Isusnel: alpil ati-pil toxox ergemi kit kes, nag ärtqatgen amnanel qŭrum kes. I küäne küälim pŭmtes lŭňduxv.

Ätquiplouvt (XV) Pänk.

1. Rŭštal xolkes arkipet, stafeišinet i nepekiňet jot, i sovjet šoqo, pfigovor värim, përsesänel Isusme, tatsänel, i misänel Pilatne.

65: Teps. 67: eseltaxt.

2. Pilat kitepestä täväme: nag erin Judeit najer? Täu os pari läves tävänc: nag lattan.

3. I arkipet vińitlesänel täväme šavunel.

4. Pilat os kitepestä täväme, lattim: nag erin ati-nar päri at lattan? voilen, ne-siuv šau nag päńkinne vinovat äš.

5. No Isus ati-nar päri at lattes; toqo išto Pilat pakses.

6. Poirim kašil že täu tarteles tanan äkü poliñqar, qotjxqarme vövgänel.

7. Tonsiuvt oles äkü-mater, namä Varavva, unlip turmat möt poliñqaret jot, qotjxqaret küxštanä lat äleset qolesme.

8. Mer pümtes šišguxv i vövuxv tonme, nar Pilat šoqjń lat väres tanane.

9. Pilat päri läves tanane: ńorinä erin, ištopi am taretalem nanane Judeiskoi najerme?

10. (Voilen qańdes, išto arkipet misänel täväme kuvrišlam.)

11. Os arkipet quitsänel merme vövuxv, ištopi taretestä tanane Varavvame.

12. Pilat os, päri lattim, läves tanane: nar že am värem tonqar jot, qotjxqarme nan lävilän Judeiskoi najeri?

13. Tan os šišgemeset: pěrnäne vońqalen täväme.

14. Pilat läves tanane: vintt ne-sir lül täu väres? Os tan kümin pümtset oiguxv: pěrnäne vońqalen täväme.

15. I Pilat, mer erp mos, taretestä tanane Varavvame; os Isusme vońqestä, i mistä pěrnäne vońquxv.

16. Tonsiuvt xöntet tatsänel täväme küäl keurne, ton oles sutküäl, i axtsänel xönt kavim šoqo.

17. I mäštesänel täväme bagfańitsel, i šagset jotpiń-jivnel kulpme, punsänel täu tärmiletäne.

18. I pümtset päšelaxv täväme: päše olen, Judeiskij najer!

19. I voxsänel täväme päükäne sui-jivel, i sa'geset täu tärmiletäne, i tuńdepalim šanši, qöägeset tävänc.

20. I qun vaxnitesänel täväme, ańqusesänel täunanel bagfańitsame, i mäštesänel täväme täku mäšnäne, i tatsanel täväme pěrnäne voxnä kašil.

14: aiuкr. 17: sag-.

21. I erqelesänel soxtī jomịp äkü-materme K'iriñejaŭin S'imonme, Aleksander i Ruf jegme, oitänel jomịpqarme, almuxv täu pērnätä.

22. I tatsänel täväme Golgofa ma tärmịlne, nar qašxti: lobnoi ma.

23. I mịgleset täväne äijux ōrox smirne jot; os täu at vịstä.

24. I tävea pērnäne voṅqịmqaret urtset täu mäšnän, rastịm ton mos šerep, qonne nar vịxv.

25. S'as os oles qurmet, qun täu voxves pērnäne.

26. I oles numịn qanšä täu vinovatä qanšịm: Juđeiskij najer.

27. Täu jotä pērnäne voxves kit xoroxš, äküqar jomaske pälne, os mötịṅ täu olmịx päläne.

28. Toqo śarmes quorịṅt qanšịmqar: i xoroxțet siuvne eseploves.

29. I soxtī jompqaret śoritesänel täväme, taṅk päṅkänịl ṅaigịltam, i lattịm: e! tōrịm-küäl portī joutap, i q̇ūrum qödel mänt värịp!

30. Jältịptalen näṅkịn, i vailen pērnänel.

31. Äqü toqo i arkịpet i nepekịṅet, mägiutam, latset mötịṅ mötịṅne: mötqaret jältịptalsen, os näṅkịn van at joxti jältịptuxv.

32. Xristos, Izrailskij najer, taku äṅ vaile pērnänel, ištopi man usnovu, tonsiuvt agtou. I täu jotä pērnäne voṅqịmqari vaxnitesi täu tärge.

33. Qōtet že śas siuvt jimtes jipišag śar laxvu, i oles ontolout śas mošе.

34. Ontolout śas siuvt oigemes Isus suiṅ turel, lattịm: Eloi! Eloi! lamma savaxfaṅi? nar qašxti: am Tōrịmịm, am Tōrịmịm, narmos nag qŭltịpteslen anịm?

35. Äkü materet tat tušpetnel, titme qölịm, latset: an, Ilijame võvitä.

36. Os äkü qaitịmles, tatestä šeni uksusel, i sui-jivne ṅaltam, äitestä täväme, lattịm: tuṅḑän, šunšou, joxti amne ati Ilija jole vịxv täväme.

37. Isus že, oigemam suiṅ turel, taretestä lịlme.

33: jipịš.

38. I qäšip au tŏrim-küält manimtaxtes kit maue, numjl jole moš.

39. Sat-pänk, täu Taltä tuńdimqar, qŏntim, išto täu te jäni sui jot taretestä lilme, läves: šarjš te elimqoles oles Tŏrim pŭv.

40. Olset tat i nĕt, qŏšanel šušpet, qotixqaret keurt olsag i Marija Magdalina i Marija, šökä viške Jakovne i Josīne, i Salomija;

41. Qotixqaret i tonsiuvt, qun täu oles Galileit, jomiteset täu jitä-pält, i služitleset täväne; i mŏt šauqar, äkŭät täu jortilät jimqaret Jerusalimne.

42. I qun eĺmes (voilen tit oles pjatńitse, tit ton, qódel subote elpält),

43. Joxtes Josif Ařimafeiskij, jomas sovjetńik, qotixqar ürqates äkŭ toqo tŏrim najerlaxme, šimeges tuxv Pilat pŏkne, i vŏvestä Isus ńoulme.

44. Pilat pakses, išto täu nox qōles; i šat-päńkme vŏvelam, kitepestä täväme, qŏšat amne ati qōles?

45. I šat-päńknel katelam, ńoulme mistä Josifne.

46. Täu joutestä šovilme, i jole vim Isusme, mańatestä tonel, i punestä täväme xońgelne, qotixqar šagrim oles kau keurtne; i xoŭgel au pŏkne pagertestä kaume.

47. Os Marija Magdalina i Marija Josijeva šuššag, qŏdal täväme punsänel.

Qotqulplouvt (XVI) Pänk.

1. Subote mulim jipalt Marija Magdalina, i Marija sökä Jakovne, i Salomija, joutset aromatet, ištopi menuxv, loutuxv täväme.

2. I šaq alpil, sat elol qŏdelt, joxtset xońgelne, qódel pakepanü lat.

3. I lattat täńk qalänilt: qon ele pagertitä manan kau xońgel aunel?

4. I šunšpam vagünel, išto kau pagertoves; i täu oles saq jäni.

5. I xońgelne tum qŏtsäne vijer qumme sairiń mäšnel, unlipqarme jomaske pält, i pelmeset.

38: qäsip. 5: vier.

6. Täu os latti tanane: ul pelän; nan kįnšinä pērnāne voṅqįm Isus Nazarjaṅinme; täu jāltes; tit täu atim; te tit matä, qōt quijes.

7. Menän, lattän täu qaṅḍtaxtįpānne, i Pećerne, išto täu qaixati naninne Gaľiľeit; tat täväme qōntilän, toqo qumle lattes nanane.

8. I järte kūālįm qaitįmleset ele xoṅgelnel; tan tärmelänne jis torgetaxtnā i pelnā-āš, i ati-qonne ati-nar at latset, tonmos išto pelset.

9. Isus že, jāltįm alpįl sat elol qōdelt, qōltqates elolt Marija Magdaľinane, qotįxqarnel kūäne kietes sat asrai.

10. Täu menes i lattes täu jotä olįmqaretne, qotįxqaret tuštset i lüsset.

11. Os tan, qōlįm išto tāu lįljṅ, i išto täu ustä täväme, at agtset.

12. Ton jipält mōt tasterel qōltqates tannanel kitqarne ľoṅxt, qun tin jomsag paulne.

13. Tin joṅxtsag, i sui pātsag mōtqaretne; no i tinane at agtset.

14. Vuš jivolt ākūquiplou qaṅḍtaxtįpetne päsent unlįmänįl siuvt qōltqates, i suxsän tanme at-agtnä i kūxṭī šim ošnä mos, i išto täväme jāltįmag umqaretne at agtsänel.

15. I läves tanane: menän mer laxvu, luttelän jevaṅgelīme šoqįṅ puxne.

16. Qon agti i pērnäl puṅqti, tonqar jälti; os qon at agti, suďitlaxti.

17. Os agtįpetne jimtat tit poset: am namįmtel pümtat kietuxv asraitme; pümtat lattuxv jelpįl ľeṅqetel;

18. Pümtat vįxv kätel pupiqoretne; i qaš äiget aṭel ošp mater, lūl at väri tanane; agmįṅet tärmįlne kätänįl puṅgänel, i tan jimat puši.

19. I tont poirįxš, lattįm tanane titme, alįmqates āvįlne, i untes Törįm jomaske pälne.

20. Os tan meneset, suitįltesänel šoqįṅ mat poirįxš ṅotnä- i lex ṅoxrįmtanä-äṭel poset, qotįxqaret täu jitä-pält jimteleset. Amiṅ.

II. Rätsel.

1. S'uka ōsjṅ, pŭva assie, äte (oate) kelp? — Kür, pösjm, taut.
2. Ät moṅ, äkŭä sōpjl taliqat? — Kiert kier-kanjṅ küält.
3. Qjľ tara kier qaitjs? — Pĭskin los.
4. Sjt ruś, äkŭä assimat kujat? — Küäl.
5. Jipes soxrjp päxkit kjsjṅ ana-pal tuṅḑi? — Joṅqjp.
6. Pekaṅka lj, ēx rjti? — Vićkiś.
7. Küäl keurt jäpjx tōrjṅ qom unli? — Päzin.
8. Pjvjl pui-palt sairjṅ tōrjn ponjqtam unlat? — Aṅquelt.

---

1. Die mutter ist dick, der sohn schlank, die tochter roth? — Der ofen, der rauch, (und) das feuer.
2. Fünf eier auf dem spitze eines zaunpfals? — Die glocken im glockenturme.
3. Durch die birke lief das eisen? — Der flintenkolben.
4. Hundert russen, sie liegen auf einem bette? — Das haus.
5. Hinter der dunklen treppe steht eine schimmelige tassenhälfte? — Der mond.
6. Ein scheckiges pferd wühlt den hügel durch? — Der mammuth (?) („мамонтъ").
7. In der stube sitzt ein mann mit seidenem kopftuche? — Der tisch.
8. Hinter dem dorfe sitzen die, welche sich mit weissen kopftüchern gekleidet haben? — Die (mit schnee bedeckten) baumstümpfe.

1: śuk. śökä; ośjṅ; pŭva: assia, asje; ätet, oatet; 2: mon; šopjl; taľľiq, aľjx; 4: qujam. 5: äne, änä; joṅqep. 7: päsen.

9. Pāṅktal lį pįvįl laxu sutxali? — Sįṇ.
10. Jipes vor loqat ālįn-tolįṅ qom jomitänti? — Vui-anduq.
11. Sirä pirä śaṅṅįs? — Paziläp.
12. Porḑe-kän, sįt käu (käv, käuv)? — Souxt.
13. L'ixna kantal äkūäqar? — Moù.
14. Kūäl tärmįlnä joxttal äkūäqar? — Pun.
15. Oitat latįx-sunįṅ qom ilġelaxtenti? — Solś.
16. Oitat jāpįx tòrįù ṅct älġaľ quosxat, loṅġaľ quosxat? — Kelp-päṅk porįxt.
17. Jipes soxrįp-lōqat tār-laxv quii? — Āmp.
18. Jipes soxrįp päxkit šēmel-pölįqsįṅ qom tuṅḑi? — Pārcš.
19. Kcurįṅ jiv keuįrnel sįt vörįp tilat? — Taut-suľtįlmat.

---

9. Ein kopfloses pferd läuft um das dorf herum? — Der schlitten.

10. In der ecke des finsteren waldes wandert ein mit einem silbernen ring versehener mann? — Der bär.

11. Ein kleiner feiner vogel? — Die ahle.

12. Ein erbsen-acker, hundert steine? — Die sterne.

13. Etwas, das auf einen nagel nicht gestellt werden kann? — Das ei.

14. Etwas, das auf das hausdach nicht geworfen werden kann? — Die feder.

15. Auf der wiese schleppt sich ein mann mit einer kohlenfuhre herum? — Das hermelin.

16. Weiber mit seidenen kopftüchern beugen sich hinauf, beugen sich hinab auf der wiese? — Die gräser „mit rothem kopfe".

17. In der dunklen treppenecke liegt ein rundes wurzelende (eig. ein wurzel-rundes)? — Der hund.

18. Hinter der dunklen treppe steht ein mann mit schwarzen stiefeln? — Das brecheisen.

19. Aus dem hohlen baume fliegen hundert nusshäher hinaus? — Die feuerfunken.

9: laxv, laxvu. 10: vgl. 17: lōqat; ālįn; vui-aṅdux. 11: pūsilap. 12: porśex. 13: kānd-; 15: lātex, vgl. 30: lātįx; „ilġelaxtentam, таскаться." 16: jāpex, jāpex: nē, nea, neu; Кľgal; qoaśxaш; pōri. 18: poliqes; pärįŚ. 19: tįl-; sulteľmä.

20. Küäl sįt sämel sunsili? — Küält jiv-touxt.
21. Kuäl jäpįx tįnel läp-kartıläm oli? — Küäl-täilįt.
22. Quor lį jońqii? — Jint.
23. Polqįù ńal-soamp kit aùkuska? — Viť-vätäg, joaùkįn porvįsäg.
24. Täńkįr taje, taje, küäletän juv läquelten? — Käsi.
25. Os qòdel kualou, äkŭä śaku śakou? — Viť-vońqu.
26. Souįr joalen tuŋḑi, lįät (? liät, vgl. 32) lį-küäl tärmįlt quii? — Posįnax-jiv.
27. Oujù posįl ńiriti, viś läten räuti? — Tus tig, ńilem räuti.
28. Näxke qom tuśnä-mįt jiv at tuŋḑi, pum at tuuḑi? — Sumlex.

---

20. Die stube sicht mit hundert augen? — Die äste in der stubenwand (eig. in der stube).
21. Die stube ist mit einer seidenen schnur umgeschnürt? — Das füllmoos in der stubenwand.
22. Ein — — pferd kehrt sich herum? — Die spindel.
23. Zwei weiber mit rotzigen nasenlöchern? — Ein paar wassereimer (od. wasser-schachteln von birkenrinde), zu eis gefroren.
24. Die maus nagt, nagt (eig. isst), hüpft in deine stube zurück? — Das messer.
25. Jeden tag stehen wir, (und) saugen an einer und derselben zitze? — Die wake.
26. Die kuh steht da unten, ihr schwanz liegt auf dem stalldache (eig. auf dem pferdestalle)? — Die stange auf dem heufuder (Das heufuder führt man in den pferdestall, die stange wird aufs dach geworfen).
27. Ein reissender strom giesst hinein, eine kleine schaufel rührt um? — Der mund isst, die zunge rührt (die speise) um.
28. Auf dem standorte des alleinen mannes steht kein baum, steht kein gras? — Der speicher (auf hohen ständern stehend).

20: sam. 21: tin; „kartäm, я тяну; läp = till (i tillsluta)". 22: „quor kann Maksim (der dolmetscher) nicht übersetzen." 23: viťk: 24: laquelt-;käsi. 25: śäku, śako, śakua. 26: Souįr; tuńd-; h. 27: posal: „ńiritam, я нанр"; „räntam, мѣшать". 28: naxke; pйm.

29. Jälvul, qūrum pāt? — Kūäsnäs pŏnịpịt.
30. Mŏtịx je-ălịm palt lātịx-sunịṅ qom? — Solś.
31. Äkūä qom meni, ji-palt läquṅ kalaśet päxtali? — Sị- jiv äset.
32. Os qōdel kualou, äkū soujr-līne selgatou? — Av-koali.
33. Pot-poŕ tăġịl lont, qoatịṅ? — Tus-kevịr-pănket.
34. Soujr ponami, puija poali quii? — Av poali punsouva, tou pantouva.
35. Qōdel qanī, ji as kenni? — Av-tourtanä-kier.

---

29. Eine erdbeere, drei blūthenboden? — Die fensterscheiben.
30. Auf dem jenseitigen strande des flusses (steht) ein mann mit einer kohlenfuhre? — Das hermelin. (Vgl. 15).
31. Ein man geht, lässt hinter sich runde räder? — Die spuren (eig. löcher) des stockes.
32. Jeden tag stehen wir, (und) greifen nach einem und demselben kuhschwanz? — Der handgriff (eig. die schnur) an der thūr.
33. Der raum unter der diele ist voll gänse, (und) schwäne? — Die zähne.
34. Die kuh furzt, ihr steiss ist offen? — Die thūr wird geöffnet, (und) zugemacht.
35. Am täge hängt es, nachts sucht es nach dem loche? — Die thūrangel.

29: jălvịl; kūesnăs; „pōnjp, glas (fensterscheibe?)". 30: lätex; šolś. 32: au, avi. 33: taujl; quatjṅ, qoateṅ; 34: pūns-; panit-, pănt-.

III. Phrasen.

1. Sïgiltal vonli, er sitzt schweigend.
2. Vonlïm lats, er sprach sitzend.
3. Euv pōkït tuńśïm qansa qarts, an der thür stehend rauchte er tabak.
4. Am joutsem jälpel ketmä, ich kaufte eine neue mütze.
5. Am joutsem lomä, ich kaufte ein pferd.
6. Täu voarstä qėpmä, er machte ein boot.
7. El-scasen tusponän, wische dir den bart!
8. Viśqar qujes śūkāt pōkït, das kind lag bei seiner mutter.
9. Am noan moasen īra nomsīlem, euer werde ich mich immer erinnern.
10. Pesken ńïlxtam, das gewehr ist geladen.
11. Tean päsclaxta, sie (beide) küssen sich.
12. Om loṅqme at qontilem, ich finde nicht den weg.
13. Menen ākua nāṅku, reise du allein!
14. Poi palt souïr-pūvt, jorlī palt viśqart, der reiche hat kälber, der arme kinder (у богатаго телята, у бѣднаго ребята). (Sprichw.)
15. Jälen kösäinen mas, geb nach deinem hauswirth!
16. Votsïm küsnäs pōkïn, „я сѣлъ къ окну".
17. Kūāl jimti ēsemāj, die stube wird wärmer.
18. Moanan qoikatst qomet, es sind uns kerle begegnet.
19. Neat souïrtme pozat, die weiber melken die kühe.
20. Nea loutī suľ-pūtetme, das weib wäscht die töpfe.
21. Pōrïš mïme postertītā, das schwein wühlt in der erde.
22. Us-euvt tuńśī kelp-qansïp souïr, am thor steht eine rothgesprenkelte kuh.

1: sïgiltal. 3: eu. 4: jälpïl; kēt. 10: ńelxt. 12 qōnt-. 18: qaixat-. 19: pos-. 22: qanš-.

23. Viśqar jal-päts mį tärnįlnc, das kind fiel auf die erde herab.

24. Qom pümts loutsaxtux kier loutsaxtnäqarnel, qoatexqar roasnet öls, der mann begann sich zu waschen aus einem eisernen waschbecken, das an einem strick hängt.

25. Kūäl äli vonlī poalkän azįm-kurī jet, an der wand steht eine pritsche mit kissen.

26. Poalkän jalpalt qojes vinix pēter kevįrt, unter der pritsche lag ein badebesen in dem eimer.

27. Aṅkuskä tusät kevįrnel pots kūälkänne vić, pümts kūäl el-leśtux, die alte besprengte den fussboden mit wasser aus ihrem munde, (und) fing an die stube zu fegen.

28. Samovar vonles päsen tärmelt, die theemaschine stand auf dem tisch.

29. Täu at peli äsermänel i räxunel, er fürchtet sich nicht vor der kälte und dem regen.

30. Nea quilts kit oagai jet, das weib blieb da mit zwei töchtern.

31. Šoagitam: näį noṅq-jältsen, es freut mich, dass du genesen bist.

32. Qomet äitest ljänel pētert kevįrnel, die kerle tränkten ihre pferde aus den eimern.

33. Ton uixt jekelesänel ljanel, dann spannten sie ihre pferde an.

34. Am jīsem jje viṫgeṅuv, ich ging dem flusse näher.

35. Taile vonluxv? Tai. (At tai). Ist's bequem zu sitzen? Ja. (Nein).

36. At qujou-le tet? Werden wir nicht hier übernachten?

37. Täunäuel om joutsem kit moṅ, von ihm kaufte ich zwei eier.

38. Nan at vottelinä-le kartopkat, werden sie nicht kartoffeln pflanzen?

39. Am äsermat jal at ajoum, vor kälte werde ich nicht einschlafen.

40. Küäljṅ nea vottes (vots) kür kevįrne ṅoaṅet, die wirthin setzte brote in den backofen.

41. S'ūkem louts voaṅśert, meine mutter wusch die löffel.

24: räsen, räsne. 25: pal-kän; äzįm-quri. 26: peter, p'ēter (r. ведро). 29: äserma; räxv. 30: quilt-. 31: šagit-. 33: jeqel-. 40: ṅaṅ. 41: unḑer, löffel.

42. S'ūka oatatel, die mutter mit ihrer tochter.
43. Poitel ńoavjrtatel, die stute mit ihrem füllen.
44. Näj eakun jet, du mit deiner frau.
45. Nea toaljń viśqar jet, das weib mit einem einjährigen kinde.
46. Am tjg (tj) joxtsem amk jagem jet, ich kam hierher mit meinem vater.
47. Latten, qoatjxqar ljń, sage, welcher ist besser!
48. Kösjx kūän-pūtste moańśme kūälnel, der kosak stiess den wogulen aus der stube hinaus.
49. Täu eume tou-toujrteste kärtel, er schloss die thür zu mittelst des schlosses.
50. Rećkame poalī vortilamen, lass uns den rettig in zwei teile teilen!
51. Puxmiftaxtnam, oxśe oati, ich möchte mich durch einen trunk erfrischen (nach vorhergegangenem rausch), aber ich bin ohne geld.
52. Poansen jal-risjm, höre auf mit dem weinen!
53. Kieten māter ōrokne, schicke jemanden nach branntwein!
54. Qom pūvetätel mūnesäj oitän, der mann ging mit seinem sohn auf die (seine) wiese.
55. Täu oli kuľ moagujpaj, er ist einem teufel ähnlich.
56. Taten pupme ľońqaú, führe (verhilf) den priester auf den weg!
57. Menen el-ölt, geh voran!
58. Loaven mjxv täva estökan orokual, sage, dass man ihn mit einem glas branntwein beschenkt.
59. Äk qom vujes jje supī, jimtes jal seapaxv, ein mann schwamm über den fluss, (und) fing an zu ertrinken.
60. Amk jal oalä seapasjm täu jetlät, ich war selbst nahe daran, mit ihm zu ertrinken.
61. Näńku (näńkv) kūärten ńouljn äli, das eigene hemd ist dem leibe nah (sprichw.).
62. När routou, ton vorlou, was wir säen, das ernten wir (sprichw.).
63. Jje malqaľ joańkät el-qoales, der fluss wurde gestern frei von eis.
64. Oamp at porī, der hund beisst nicht.

43: ńauvjr. 46: jaj, jeg. 47: leń. 48: kosjx. 49: touvjrtam. 52: pänšam pönsam. 54: men-. 55: quľ. 59: sēp-. 60: mařaq. 63: jie.

65. Täu sämanel pisxes lūśvić, die thränen flossen aus seinen augen.

66. Täu qanse at qartī, ualne qartī, er raucht nicht tabak (pfeife), er schnupft.

67. Am qaritīlem polvesme, ich lösche das licht aus.

68. Am qoašc jal at aivesim, ich bin lange nicht eingeschlafen.

69. Täu äšermä vić kevirt tuńšis mi-jētä mos, er stand im kalten wasser bis an den leib.

70. Am äk por qarsįm täu tampekät, ich schnupfte einmal von seinem tabak.

65: sam, šäm; lūś-vić. 68: qoaša, qōśe. 69: äśerma. 70: tampex.

II.

Entwurf

einer

Wogulischen Grammatik.

Formenlehre.

I. Das nomen.

A. Das substantiv und adjektiv.

1. Substantiv- und adjektiv-bildung.

§ 1. Nomen agendi auf -na, -nä, K, P; z. b. tēna, tĕnä, teanä, essen, speise (tĕm, essen); äinä, trinken, getränk, (äijam, trinken); qošgenä, gebet (qošgam, sich verbeugen); quinä, schlafen, schlaf (quiam, schlafen); ınăšnä, kleidung (mäšam, gekleidet werden); mınä, geben, gabe (mįm, geben); pājeltanä, gährung (päjeltam, gähren machen); pįtelanä, fasten (pįtelam, fasten); qōdel-mătna, sonnenaufgang (qōdel, sonne, mătum, untergehen).

§ 2. Nomen actoris hat die endung -p, -pa; z. b. vărp, arbeiter (văram, arbeiten); kįšp, jäger, fänger (kįnšam, jagen); šaurįp, šagįrap, saurįp, axt (šauram etc., hauen); kūänšįp, reche, harke (kūänšam, reiben, rechen); qańditaxtįp, schüler, jünger (qańditaxtam, lernen); qańditap, lehrer, qańditam, lehren); qōltilap, zeiger, lehrer (qōltilam, zeigen); ľax-qōlp, diener (eig. hörer des wortes; ľax, wort, qōlam, hören); jänimap, gewächs (jänimam, wachsen); joṅqįp, joṅqep, monat (joṅqam, vorübergehen); päsgįp, quelle (päsgam, durchbohren); soxpa, schnupfer (soxam, schnupfen).

§ 3. Vermittelst der participial-endung -m werden nomina gebildet, die eine ausgeführte handlung bezeichnen (nomen acti); z. b. pătįm, fall (pătam, fallen); küäne-kiettįm, austreibung (kiettam, austreiben); loxtįm, tod (loxtam, sterben); menįm, abgang (menam, weggehen); kūällįm, ausgang (küällam, ausgehen); joltįm, schöpfung (joltam, erschaffen);

tuljm, verlauf (tulam, vermeiden); jim, ankunft (jim, jivam, kommen); rätjm, weile (rätam, zögern).

§ 4. Vermittelst der endung -s (-š) werden aus verbalstämmen substantiven gebildet, die das instrument, das werkzeug der handlung bezeichnen; z. b. mortes, mass (mortam, messen, wägen); ľes, schlinge (lem, liem, werfen, schiessen); oites, lösegeld (oitam, lösen, befreien).

§ 5. Die endung -jl, -el, -al, -l giebt den damit gebildeten wörtern entweder die bedeutung eines kollektivums des stammwortes oder (wenn das stammwort ein verb ist) des konkreten resultats der handlung; z. b. ľaxjl, rede (ľax wort); jortjl, gefolge (jort, genosse, reisegefährte); jotmjl, naht (jotjm, jontjm aus jontam, nähen); justjl, lohn, belohnung (justam, belohnen); ńegmjl, bündel (ńegam, binden); aigel, oajl, stimme (?), eine werste (aigam, aijam, schreien); jartjl, hobelspan (jartam, hobeln); jašmjl, strich, linie (jašam, linien ziehen); posal, pösel, seitenarm eines flusses (posam, waschen, melken). — Hierher gehören wohl auch folgende nomina: qamjl, sarg; sóvjl, soul, leinwand; ńoujl, ńovjl, ńoul, fleisch, körper; pajl, pjvjl, pjel, peul, paul, dorf; xundjl, maulwurf; śaxal, śaxjl, donner, gewitter; mägjl, maujl, brust; ävjl, aul, himmel; jälvjl, erdbeere; xońgel, grab, sarg; qädel, qödel, qodel, xodal, sonne, tag; qoitel, sitte gewohnheit; oxtmel, schritt; śamel, bündel; śarqel, śarqal, śorxel, narbe; sepel, scheide; šixmel, knoten; simel, semel, rost; u. a.

§ 6. Die endung -qar bezeichnet gewöhnlich das material oder resultat der thätigkeit des stammwortes; z. b. pältnäqar, heizmaterial, brennholz [paltnä (vgl. § 1) aus pältam, heizen]; päjeltapnäqar, hefe (päjeltam, kochen lassen, gähren machen); ońdjmqar, eigentum (ońdam, haben, besitzen); peltnäqar, scheuche (peltam, scheuchen, schrecken); šoartimqar, braten (šoartam, braten); tēlnäqar, gewächs (tēllam, erzeugen, hervorbringen).

§ 7. Wörter der thätigkeit oder handlung werden ebenso vermittelst der endung -äš (äš, arbeit, sache) gebildet; z. b. ńotnä-äš, hilfe [ńotnä (vgl. § 1) aus ńotam, helfen]; pelnä-äš, furcht (pelam, fürchten); suituä-äš, ehre, ruhm (suitam, schallen, verkündigen); telim-äš, geburt [telam (vgl. § 3), gebären, erzeugen]; teltnä-äš, brennopfer (teltam, brennen lassen, verbrennen); agtnä-äš, glaube (agtam, glauben).

§ 8. Die endung -kua, -küä, -qua, -qüä bildet diminutiva; z. b. köxerküä, kleiner bauch (köxer, bauch); näńküä, kleines brot, semmel (nän, brot); viś-oiqua, schmetterling (viś, klein, oi, tier, vogel); viś-ornqua, viehstall (örn, einzäunung, hof, stall); Ioxqua, steg, pfad (Iox, weg, spur).

§ 9. Vermittelst der endung -ń, (-ań, -eń, -iń) werden adjektiven gebildet; z. b. axtešań, axtešiń, steinig (axteš, stein); äkilmiń, barmherzig (äkilim, barmherzigkeit); ańtiń, gehörnt (ańt, horn); joriń, zu opfer gehörig, gefällig (jor, opfer); kaviń, steinig (kav, stein); kämseriń, buckelig (kämser, buckel); liqariń, astig (liqar, ast); ńereń, morastig (ńer, morast); nomtiń, klug (nömit, verstand); ouń, schnell (ou, strom); peltišmiń, gefährlich (peltišma, gefahr).

§ 10. Die endung -qar dient auch zur bildung von adjektiven, z. b. jašmilqar, gestreift (jašmil, strich); jivqar, hölzern (jiv, holz); kelpqar, rot, eig. blutig (kelp, blut); kierqar, eisern (kier, eisen); pörqar, fremd (pör, quer); pušqar, gesund (puš, gesundheit).

§ 11. Karitive adjektiven bildet die endung -tal; z. b. ättal, geschmacklos (vgl. ät, geschmack); ästal, müssig (äš, arbeit); joltal, unnütz (jol, beistand, nutzen); laptatal, blätterlos (lapta, blatt); saittal, dumm (sait, verstand).

2. Deklination.

§ 12. Nominativ. Dem nominativ fehlt es an einer besonderen endung. Den nominativ des singulars bildet der blosse singularstamm, des duals der dualstamm, welcher auf -ī, -aį, äį, K, -i SK, -į, ı P, -ig S endigt und des plurals der pluralstamm auf -t K, SK, P, S; z. b. K: qēp, boot, nom. d. qēpī o. qepūį, nom. pl. qipet; oa, tochter, nom. d. oaġi o. oaġaį, nom. pl. oat; poi, reich. nom. d. pojī o. pojaį, nom. pl. poixt; oute, spiess, nom. d. outī o. outäį, nom. pl. outet; SK: qum, mann, nom. d. qummi, nom. pl. qumt; P: qum, mann, nom. d. qummį, nom. pl. qumt; S: xum, mann, nom. d. xumig, nom. pl. xumit.

§ 13. Accusativ. Die endung des accusativs ist -m, -mä K, -ma SK, -ma, -me P. Im S ist accus. = nominativ. Die mehrsilbigen, kurz auslautenden vokalstämme im K haben -m, die übrigen -mä; z. b. K: oapa, wiege, acc. s. oapam; qipġe, tanne, acc. qipġam; oute, spiess, outam; śolve, sense, śolvam; oa, tochter, oamä; lōq, sommerhütte, lōqmä; käsī, messer, käsīmä, pl. käsixtmä; sumIex, speicher, sumIexmä; SK:

lo, pferd, loma, d. lovima, pl. lotma; küäl, haus, küälma, d. küällima, pl. küältma; P: lu, pferd, luma, d. luvvima, pl. lutma; küäl haus, küälme, d. küällime, pl. küältme.

§ 14. Locativ. Die locativ-endung ist -t K, SK, S, -ta, -te P; z. b. K: vör, berg, vört; qout, tanne, qoutit, d. qoutit o. qoutäit; SK: lo, pferd, lot, d. lovit, pl. lotet; P: lu, pferd, luta, d. luvvita, pl. lutta; küäl, haus, küälte, d. küällite, pl. küältte; S: luv, pferd, luvit, d. luvigt, pl. luvitit o. luvit. Die locativ-endung wird im K (S) vermittelst des „bindevokals" i, auch a, dem stamm angefügt, wenn dieser auf q, k, p, t (S auch v, m) endigt; z. b. qēp, boot, loc. qēpit; oit, wiese, oitat; qout, tanne, qoutit; pōk, seite, pōkit.

Im K hat loc. pl. keine besondere endung; er wird durch eine postposition wiedergegeben; z. b. üs, stadt, üst poalt, in den städten; qip, boot, qipet poalt, in den boten.

§ 15. Lativ: -nä, -n K, -ne, -n SK, -na, -ne P, -n S. -n kann im K den einsilbigen, konsonantisch auslautenden stämmen vermittelst des „bindevokals" i, i, e angefügt werden; z. b. K: poi, reich, poinä; śolve, sense, lat. pl. śolvetnä; vit́, wasser, vit́nä o. vit́in; pōk, seite, pōknä o. pōkin; lōq, sommerhütte, lōqnä o. lōqin; SK: qum, mann, qumne o. qumen; P: lu, pferd, luna; S: xum, mann, xumin.

§ 16. Elativ: -nel K, SK, -nil S. Dem pelymdialekt fehlt es an diesem kasus. Das elativ-begriff wird durch die anhangs-postposition -pal ausgedrückt. Z. b. K: oa, tochter, oanel; oute, spiess, outanel; śolve, sense, śolvanel; vit́, wasser, vit́nel; S: kol, haus, kolnil, d. kolignil, pl. kolitnil; P: il-pal, von vorn.

§ 17. Instrumental: -l, K, SK, P, S. Endigt der stamm auf einem konsonant, so geht der endung ein „bindevokal" e, i K, SK, (P), i S voran. Im P scheint er nur nach auslautendem l vorzukommen. Instr. pl. hat im K keine endung; dafür wird die anhangspostposition -tel gebraucht, die auch im dual sehr gewöhnlich ist. Z. b. K: käsī, messer, käsil, pl. käsīxt-tel; saurip, axt, sauripel o. sauripil, oa, tochter, oagel; voa, kraft, voagel; vui, tier, vuijil; pui, der hintere, puijil; sou, stern, souvel; P: qum, mann, quml, d. qummil, pl. qumtl; küäl, haus, küälel; S: xum, mann, xumil.

§ 18. Anmerkungen.

1. Einem auslautenden a entspricht vor den endungen des singulars, wie auch vor dem zeichen des duals und plurals, ein i̯ (P). In wörtern auf -oa ist doch a unverändert geblieben. Beispiele: uĺpa, ceder; mańta, knäuel, panla, hanf; toṅqua, huf; śolva, sense; qunna, rennthier; sula, lindenbast; sara, bier; pila, säge (r. пила); junna, ferse; Šula, tetrao bonasia; jara, hobel. — voa kraft; oa, mädchen.

2. Einem auslautenden ä entspricht im dual und plural i̯. Beispiele: šäṅgä, grossmutter; püškä, tonne (r. бочка); šešvä, hase; köpnä, schober (r. конпа); kiskä, katze; pernä, kreuz. Das wort sä, haarflechte, hat jedoch im dual säi̯ (nicht sii) und im pl. säi̯t (nicht sit o. säit). (P).

3. Einem auslautenden e entspricht sowohl vor den singular-endungen als im dual und pl. i (P). Beispiele: koaje, strähne; oape, wiege. Im K entspricht dem e ein a im acc., lat. und loc. sing.

4. Auslautendes i ist im dual und plural weggeblieben. Der dem i vorangehende kurze, intervokalische konsonant kommt jetzt lang oder geminiert vor; z. b. koali, strich, d. koalli̯, pl. koallt; šeni, schwamm, d. šenni̯, pl. šennt; quri, sack, d. qurri̯, pl. qurrt; teri, kranich, d. terri̯, pl. terrt. (P).

5. Einem auslautenden ī entspricht im pl. ai oder äi; z. b. quńsqoššī, ameise, pl. quńsqoššait; kisī, spiegel, pl. kisäit; käpšī, kleine fliege, pl. käpšäit. Im worte šī, quappe ist ī im pl. unverändert geblieben: pl. šit. (P).

6. In wörtern mit auslautendem u, ü kommt ein v (vv) vor der dual-endung vor; z. b. lu, pferd, d. luvvi̯; pü, sohn, d. püvvi; eu, thür, d. euvi̯; sou, stern, d. souvi̯; ou, strom, d. ouvi̯; jiu, baum, d. jiuvi̯. (P).

7. In wörtern auf äi, oi, ui, i kommt im K ein x vor der plural-endung zum vorschein; z. b. poi, reich, pl. poixt; vui, tier, vuixt; säi, eiter, säixt; koargī, sterlett, koargīxt, käsī, messer, käsīxt.

8. Nom. dual in wörtern mit auslautendem i-diphthong: säi, eiter, d. säii; poi, reich, d. poii; moi, gast, d. moii; voi fett, d. voii; ui, bär, d. uii; ĺämui, mücke, ĺämuii.

9. Die wörter mit auslautendem t haben vor dem pluralzeichen ein i̯, i; z. b. vot, wind, pl. voti̯t; int, spindel, intit; peṅget, haupthaar, pl. peṅgetit; raxt, lehm, raxti̯t; jeut bogen, pl. jeuti̯t; pit́, nest, pl. pi-

Cit. (P). Im K kommt c als „bindevokal" auch nach q, p, m und v, im S nach v, m, l vor.

Die wörter auf l haben vor dem l des instrumentals ein į, e, i; z. b. kūäl, haus, kūälel SK, P; qēl, birke, qēlįl P; kol, haus, kolįl S.

10. Einem auslautenden x entspricht, vor einer endung, q, k; z. b. pošmax, schuh, instr. pošmaql, nom. pošmaqį, pl. pošmaqt; jex, krume, nom. d. jäki, pl. jäkt. (P).

11. Einem auslautenden ń entspricht in demselben falle ńq (ůk); z. b. osseń, bitter, ossäńqt; päleń, eine grosse mähne habend, päläńkt. (P).

12. Einem auslautenden t entspricht vor dem l des instrumentals ein d; z. b. koat, hand, kadl; toat feuer, taudl; vot wind, vodl. (P).

13. Einem kurzen e der endsilbe entspricht bei anfügung einer endung ein ä, ǟ; z. b. arrep, weberkamm, pl. arrǟpt; torem, gott, torǟmt, heiligenbilde; siper, besen, sipärt; puréex, erbse, puréäqt; kürneš, topf, kärnäšt; osseń, bitter, ossäńqt; jex, krume, jäkt; päleń, eine grosse mähne habend, päläńkt; kirex, sünde, kiräkt; qadel, sonne, tag, qadält; išem, heiss, išämt; sämex, schloss, sümäkt, axteš, stein, axtäšt; käsel, mehlbrei, käsält; ošter, peitsche, oštärt; poitel, stute, poitält; kůkex, kuckuk, kůkäkt; oxšer, fuchs, oxšärt; qośmen, zwiebel, qośmänt; osser, faul, ossärt; šourep, frosch, šouräpt; omeś, himbeere, omäśt; pořem, gefroren, poŕämt; qořem, gestorben, qořämt; soquet, gerade, soquät. (P).

14. o—oa: pońk, russ, instr. poańkl; a—oa: tas, geschirr, pl. toast. (P).

15. į, i vor einem auslautenden m ist bei der biegung elidiert geworden; z. b. taxįm, laut, pl. taxmt; pašįm, rauch, instr. pašml; manim, hitze, pl. maúmt; kāšim, gelb, pl. käšmt. (P).

16. Dem diphth. oa entspricht bei der biegung a in einsilbigen wörtern mit kurzem auslautendem t oder l und in der ersten silbe von zweisilbigen wörtern, deren endsilbe ein auslautendes i mit vorangehendem stimmhaftem konsonant enthält; z. b. koat, hand, instr. kadl; poal, hälfte, palt; šoani, nisse, šant; toari, kaulbars, tart; üt-loasi, maulwurf, ütlušt; aber: toat feuer, instr. taudl, pl. tautįt. (P).

17. je—ai: pįel, dorf, pl. pailt; lįel, fuss, instr. lailįl; tjet, ärmel, taitįt; mjet, leber, maitįt. (P).

18. In zweisilbigen wörtern auf -ep ist das auslautende n der ersten silbe bei der biegung verschwunden und der vorangehende vokal

verlängt worden; z. b. küänšep, reche, instr. küäšcpl; jontep, nähnadel, instr. jötepl; ontep, gehirn, pl. ötept. (P).

19. In einsilbigen wörtern mit auslautendem p, x kommt bei der biegung vor dem p ein m, vor dem x ein ṅ zum vorschein, wobei das x in q (k) übergegangen ist; z. b. käp, hügel, lat. kämpne, pl. kämpt; kup, welle, pl. kumpt; ľox, weg, pl. ľoṅqt; kier-lex, nagel, pl. kier-leṅkt; ṅix, lärchenbaum, pl. ṅiṅkt. (P).

20. Die vokalharmonie ist im pelymdialekt recht ausgebildet. Harte vokale sind a, o, u, i̯, ē, weiche ä, ö, ü, indifferente e und i; z. b. arrep, weberkamm, nom. pl. arräpt; torem, gott, torämt; puršex, erbse, puršaqt; qadel, tag, qadält; axteš, stein, axtäšt; ošter, peitsche, oštürt u. s. w.; aber: sämex, schloss (замокъ), nom. pl. sämäkt; käsel, säuerlicher mehlbrei (кисель), käsält; päleṅ, mit mähne versehen, päläṅkt; kükex, kuckuk, kükäxt u. s. w.; — arrantem, ich kämme, refl. arraqatantem, ich kämme mich; tuitantem, ich verstecke, tuitaqatantem, ich verstecke mich u. s. w.; aber: ješšäntem, ich rühme, jäššäkätäntem, ich rühme mich; reütäntem, ich menge, reütkätäntem, ich menge mich u. s. w. — äintem, ich trinke, äinä, trinken, trunk; jextentem, ich schneide, jextnä, ernte u. s. w.; aber: qollum, ich sterbe, qolna, sterben, tod; tēm, ich esse, tēna, speise, nahrung; jannantem, ich spiele, jannanna, spiel u. s. w.; qēp, boot, qēpi̯m, mein boot, pl. qēpam; aber: jäpt, messer, jäptäm.

Falls der wortstamm nur indifferente vokale enthält, folgen in den endungen weiche oder indifferente vokale; z. b. illim, leim, nom. pl. mit dem suffixe der 1 pers. sing. ilmüm; int, spindel, intäm; jiv, baum, jiväm; pilem, ich fürchte, 1 p. pl. piliva, (aber z. b. qoli̯m, ich sterbe, qoli̯va); mevä, er wird gegeben (aber uvä, er wird gesehen); kisläm, pfeifen, freqv. kisäntem (aber unlem, sitzen, freqv. unlantem); pendiltem, tauschen, freqv. pendiltäntem; ebenso: ješšäntem, rühmen; jštäntem, wärmen; jelpiersäntem, umwickeln u. s. w.

Ein beachtenswerter umstand ist, dass der diphthong oa als weich zu bezeichnen ist; z. b. oaś, grossvater, nom. pl. mit dem suff. der 1 p. sing. oaśäm; koat, hand, koatäm; poal, bank, poaläm; oa, tochter, lativ oanc (die harte endung ist -na); toadel, leer, nom. pl. toadält; koadel, tau, koadält; moaintentem, ich stecke hinein (nicht moaintantem); ebenso: ṅoakentem, ich stampfe; voaneptentem, ich angle; oamešläntem, ich gebe rätsel auf; pärtoalentem, ich wälze u. s. w. Interessant ist šoani, nisse (im haar), nom. pl. mit. dem suff. der 1 p. sing. šanäm (nicht šoanäm oder šanäm; betreffs oa > a, s. anm. 16); toari, kaulbars, tarüm; toat, feuer, tautäm; üt-loasi, maulwurf, üt-lasäm.

Ebenso können endungen mit au, ou stämmen mit weichen vokalen angefügt werden; z. b. pü, sohn, püou, unser sohn; jäpt, messer, jäptou; üilou, wir nehmen; pilsau, wir fürchteten (aber pilsän, ihr fürchtetet); üvou, wir nehmen.

In zusammensetzungen wird die vokalharmonie nicht beachtet.

§ 19. Paradigmen.

Konda.

Singular.

Nom.	oa, mädchen, tochter	käsī, messer.	qëp, boot, kahn.
Accus.	oamä	käsimä	qëpmä
Locat.	oat	käsīt	qëpịt
Lat.	oanä	[käsīnä]	qëpnä
Elat.	oanel	[käsīnel]	[qëpnel]
Instr.	oagel	käsıl	qëpel

Dual.

Nom.	oaġī, oaġaị	käsijäị, käsiji	qëpī, qepäị
Accus.	oaġīmä	[käsijīmä]	qëpīmä
Locat.	[oaġīt]	[käsijīt]	qëpīt
Lat.	oaġīnä	[käsijīnä]	qëpīnä
Elat.	oaġīnel	[käsijīnel]	qëpīnel
Instr.	[oaġaịl]	käsijäịl, käsijäịtel	qëpäịl, qëpītel

Plural.

Nom.	oat	käsīxt	qīpet
Accus.	oatmä	[käsīxtmä]	[qīpetmä]
Lat.	oatnä	[käsīxtnä]	[qīpetnä]
Elat.	oatnel	[käsīxtnel]	[qīpetnel]
Instr.	[oattel]	käsīxttel	qīpettel.

Satyga-Konda.
Singular.

Nom.	lo, pferd	qum, mann	küäl, haus, jurte
Accus.	loma	qumma	küälma
Locat.	lot	qumet	küält
Lat.	lone	qumne, qumme, qumen	küälne
Elat.	lonel	qumnel	küälnel
Instr.	lol	quml, qumel	küälel

Dual.

Nom.	lovi	qummi	küälli
Accus.	lovima	qummima	küällima
Locat.	lovit	qummit	küällit
Lat.	lovine	qummine	küälline
Elat.	lovinel	qumminel	küällinel
Instr.	lovil	qummil	küällil

Plural.

Nom.	lot	qumt	küält
Accus.	lotma	qumtma	küältma
Locat.	lotet	qumtet	küältet
Lat.	lotne	qumtne	küältne
Elat.	lotnel	qumtnel	küältnel
Instr.	lotel	qumtel	küältel

Pelym.
Singular.

Nom.	lu, pferd	qum, mann	küäl, haus, jurte
Accus.	luma	qumma	küälme
Locat.	luta	qumta	küälte
Lat.	luna	qumna	küälne
Instr.	lul	quml	küälel

10

Dual.

Nom.	luvvi	qummi	küälli
Accus.	luvvima	qummima	küällime
Locat.	luvvita	qummita	küällite
Lat.	luvvina	qummina	küälline
Instr.	luvvil	qummil	küällil

Plural.

Nom.	lut	qumt	küält
Accus.	lutma	qumtma	küältme
Locat.	lutta	qumtta	küältte
Lat.	lutna	qumtna	küältne
Instr.	lutl	qumtl	küältl

Soswa.

Singular.

Nom.	luv, pferd	xum, mann.	kol, haus, jurte
Accus.	luv	xum	kol
Locat.	luvit	xumit	kolt
Lat.	luvin	xumin	kolin
Elat.	luvnil	xumnil	kolnil
Instr.	luvil	xumil	kolil.

Dual.

Nom.	luvig	xumig	kolig
Locat.	luvigt	xumigt	koligt
Lat.	luvigin	xumigin	koligin
Elat.	luvignil	xumignil	kolignil
Instr.	luvigil	xumigil	koligil

Plural.

Nom.	luvit	xumit	kolit
Locat.	luvitit, luvit	xumitit, xumit	kolitit, kolit
Lat.	luvitin	xumitin	kolitin
Elat.	luvitnil	xumitnil	kolitnil
Instr.	luvitil	xumitil	kolitil

§ 20. Anmerkungen.

1. Der nominativ entspricht auch dem genetiv, der keine besondere endung hat. Nom. dual hat als prädikativ oft die bedeutung des essivs und translativs.[1]

2. Der locativ entspricht dem inessiv und adessiv des finnischen.

3. Der lativ entspricht dem dativ, allativ und illativ des finnischen; bisweilen hat der lativ auch konsekutive bedeutung, z. b. lexsne o. lexsen SK, за грибами; punne, за сѣномъ.

4. Der elativ hat dieselbe bedeutung wie elativ und ablativ im finnischen.

5. Der instrumental entspricht der prepositionalen konstruktion anderer sprachen mit deutsch. mit, schwed. med, lat. cum, u. s. w.

6. Das wogulische besitzt keine besondere endungen für die komparationsgrade. Um den komparativ auszudrücken wird der positiv mit dem elativ (im K und SK) oder dem lativ (im P) des gegenstandes, womit etwas verglichen wird, gebraucht. Der superlativ scheint (wenigstens im K) ebenso ausgedrückt zu werden. Z. b. K: li jäni souirnel, SK: lo jäni sauirnel, P: lu sauirna jänen, das pferd ist grösser als die kuh; K: tuit sairiṅ nepek-soasnel, SK: tuit nepexnel sairiṅ, P: tuit nepexnä sarneṅ, der schnee ist weisser als das papier; K: noajer jäni soqiṅqarnel, der zar ist der höchste von allen. Wird der gegenstand, womit etwas verglichen werden sollte, nicht ausgesetzt, braucht man wenigstens im K als verstärkung des adjektivs das wort ṅuv (stärke, grösse), z. b. tuit sairiṅ-ṅuv, der schnee ist weisser. Als verstärkung des superlativs scheint im K äri (viel, mehr; überflüssig) zu sein, z. b. äri sairiṅ, äri sairiṅ-ṅuv, der weisseste.

---

[1] *Munkácsi* giebt den translativ als einen besonderen kasus mit den end.: i-', -äⁱ (nordwog.), -a, -ä (loswa-wog.) an. Vgl. Nyelvt. Közl. XXI, s. 327, 328 XXII, s. 4, 6. 56, 57; XXIII, s. 365; XXIV, s. 9, 10.   W.

B. Das zahlwort.

§ 21. Die grundzahlwörter sind im [1]

	Konda.	Satyga-Konda.	Pelym.
1	äkua, äx	äküeix	äüküä
2	kita, kit	kitäix	kitä
3	kūrem, kurjm	qūrum	qurum, qūrum
4	ńelä	ńilä	nilä
5	ät	äxt	ät
6	qōt	qōt	qot
7	soat	soat	soat
8	ńallou	ńolou	ńolou
9	ontelou	ondolou	ondolou, andalou
10	lou	lou	lou
11	äkua-quip-lou	äk-quip-lou	äk-qaip-lou
12	kit-quip-lou	kit-quip-lou	kit-qaip-lou
13	[kūrem-quip-lou]	[qūrum-quip-lou]	qurum-qaip-lou
14	[ńelä-quip-lou]	[ńilä-quip-lou]	nilä-qaip-lou
15	[ät-quip-lou]	[äxt-quip-lou]	ät-qaip-lou
16	[qōt-quip-lou]	qōt-quip-lou	qoat-qaip-lou
17	[soat-quip-lou]	[soat-quip-lou]	sat-qaip-lou
18	ńallou-quip-lou o. mōtlou-ńallou	[ńolou-quip-lou o. mōtlou-ńolou]	ńolou-qaip-lou o. motlou-ńolou
19	ontelou-quip-lou o. mōtlou-ontelou	[ondolou-quip-lou o. mōtlou-ondolou]	ondolou-qaip-lou o. motlou-ondolou
20	quos, qvos	quss	quss
21	quos-äkua		quss-är[2] -äüküä
28	quos-ńallou		quss-äre-ńolou
29	quos-ontelou		quss-äre [? är]-ondolou
30	vjt	vjet	vjet
40	nälmen [3]	nälmen	nälmen
50	ätpen	äxtpen	ätpen
60	qōtpen	qotpen	qot-lou

[1] Soswa: 7 sät, 11 äguxniplou, 20 xuss, 21 vat-nobil-ägüä, 22 vat-nobil-kitä, 30 vät, 31 naliman-nobil-ägüä, 40 naliman, 50 ätpan, 60 qotpan, 70 sät-lou, 80 ńol-sät, 90 ondolsät, 100 sät, 1000 söder. [2] äre, äri, viel, mehr; überflüssig. [3] Nicht ńälmen.

70	soat-lou	soat-lou	soat-lou
80	ńal-sīt	ńol-sēt	ńal-šēt
90	ontel-sīt	ondel-sēt	ondol-šēt
100	sīt, sēt	sēt	šēt, šāt
101	[sīt-äkua]		šēt-äükūá
111			šēt-lou-äūkūä
200	kit-sīt	kit-sēt	kit-šēt
300	[kürcm-sīt]	qūrum-sēt	qurum-šēt
1000	sōter	sōter	šater
2000	[kit-sōter]	[kit-sōter]	kit-šater

§ 22. Die ordnungszahlwörter sind im [1]

Konda.	Satyga-Konda.	Pelym.
1 el-ōl [2], elol	elol, elolqar	pervi [3]
2 mōtet, mōt [4]	motet	mot
3 kurmet	qurmįt	qurt
4 ńelet, ńilet	ńilt	nilt
5 ätet	ätet	ätet
6 qōtet	qōtet	qotįt, qōtįt
7 soatet, sätet	soatet	soatet
8 ńallouxt, ńolouvt	ńolouvt	ńolout
9 ontelouxt, onto- louvt	ondolouvt	ondolout
10 louxt, louvt	louvt, louvtqar	lout
11 [äkua-quip-louxt]	äk-quip-louvt	äk-qaip-lout
20 [quoset], quset		qusst
30 [vįtet]		vįctįt
40 [nälment]		nälment
50 [ätpent]		ätpent
100 [sįtet]		šētįt

[1] Soawa: 1 ovįl, 2 kidit, 3 qurumit, 4 nilit. 5 ädit, 6 xodit, 7 sudit, 10 lovįt. [2] el-ōl, das vordere ende (ōl, ende, anfang). [3] Russ. первый. [4] mōtet, ein anderer.

§ 23. Die meisten kollektivzahlen werden im P dadurch gebildet, dass die endung -na, -nä, -n der grundzahl angefügt wird; z. b. kitänä, zwei zusammen (двое); quruman, drei zusammen (трое); nilän, vier zusammen (четверо); ätnä, fünf zus. (пятеро), qotna, sechs zus. (шестеро); soatnä, sieben zus. (семеро); ńolouna, acht zus. (восмеро); ondolouna, neun zus.; sētna, hundert zus. äüküät, beide, ist anderer bildung. Dieselbe scheint die bildung der kollektivzahl auch im K zu sein, z. b. kitajnä, kuremnä. [1]

§ 24. Um gesammtheiten in ebenen zehnern zu bezeichnen wird in der geldrechnung das wort līn (P), eichhörnchen, gebraucht; z. b. lou-līn, 10 kop.; quss-līn, 20 kop.; vjet-līn, 30 kop.; nälmen-līn, 40 kop. u. s. w., was eig. 10 eichhörnchen, 20 eichh. u. s. w. bedeutet. šēt-līn bedeutet also 1 rubel (eig. 100 eichh.)

§ 25. Distributive zahlwörter werden durch wiederholung der kardinalen gebildet (P). Das wort, welches das distribuierte bezeichnet, steht im instrumental. Z. b. kit-kit kopeikäl, jedesmal fünf, je fünf und fünf kop. (по двѣ копейки); ät-ät puntl, je zehn und zehn pfund (по десяти фунтовъ); qurum-qurum quml, je drei und drei mann; lou-lou līn, je zehn und zehn kop. (по десяти копеекъ).

§ 26. Bei der bildung der multiplikativen tritt das wort piš (P), mal, an die grundzahl; z. b. kit-piš, zweifach, doppelt; qurum-piš, dreifach; nile-piš, vierfach u. s. w.

§ 27. Temporale zahlwörter werden vermittelst der endung -nt K, -nti, (-ti) P, abgeleitet; z. b. mötent K, modinti P, zum zweiten mal; kurment K, qurumti P, zum dritten mal; ńelent K, nilenti P, zum vierten mal; ädenti P, zum fünften mal. (Vgl. unten die gebr. zahlen § 29).

§ 28. Iterative werden durch anfügung des wortes por K, par P gebildet; z. b. äkua-por K, einmal; kit-por K, kit-par P, zweimal; qurum-par P, dreimal; nilä-par P, viermal u. s. w.

§ 29. Die gebrochenen zahlen werden durch anfügung des wortes urt P, teil, an die ordnungszahl gebildet; z. b. qurt-urt, $1/3$; nilt-urt, $1/4$; ät-urt, $1/5$ u. s. w.

---

[1] Hier aber übersetzt *Ahlqrist:* kitajnä, двоемъ (kitaj. двое); kuremnä, троемъ, was richtiger zu sein scheint. Die endung -na, -nä ist wohl nichts anderes, als die lativ-endung. W.

Die zahlen 1½, 2½ u. s. w. werden so gebildet, dass das wort poal, hälfte, den temporalen zahlwörtern mötent K, mödinti P, kurment K, qurumti P, u. s. w. (vgl oben § 27) angefügt wird; z. b. mötent-poal K, mödinti-poal P, anderthalb; kurment-poal K, qurumti-poal P, drittehalb, ńelent-poal K, viertehalb.

C. Das pronomen.

§ 30. Personalpronomina: om K, SK, am P, S, ich; näi K, näń SK, nei P, nju̇ S, du; täu K, SK, P, S, er; men K, S, men o. merik SK, men o. meńk P, wir beide; nen K, SK, S, nin P, ihr beide; ten K, SK, P, S, sie beide; man K, S, man o. moan SK, mońq P, wir; nan K, P, S, nan o. noan SK, ihr; tan K, P, S, tan o. toan SK, sie.

Die deklination der pers. pr. ist die folgende:

	Konda.	Satyga-Konda.	Pelym.	Soswa.
		1 person.		
		Singular.		
Nom.	om, ich	om	am	am
Accus.	oanem	oanem	oanne	anjm
Locat.	(om poaltemt)		oata, oat	
Lat.	omnän	oanem	oanne	anjm
Elat.	omnänel			
Instr.	(om jetlem[1])		oal	
		Dual.		
Nom.	men, wir beide	men, meńk	meńk	men
Accus.	menoamen	menäm	meńkämne	menemen
Locat.	(men poaltäment)		meńkämte	
Lat.	menän	menäm	meńkämne	menemen
Elat.	menänel			
Instr.	(men jetlämen)		meńkäml	

---

[1] jetlem < * jet-tel-om (Ahlqv.)

Plural.

Nom. man, wir	man, moan	man, mońq	man
Accus. manou	moanou	mońqouna	
Locat. (man poaltout)		mońqouta	
Lat. manän	moanou	mońqouna	manaun
Elat. moanänel			
Instr. (man jetlou)		mońqoul	

2 person.
Singular.

Nom. näj, du	näń	nei	njń
Accus. näjgen	nïn	nänne	njńgin
Locat. (näj poaltent)		nänte	
Lat. näjnän	neinän	nänne	njńin
Elat. näjnänel			
Instr. (näj jetlen)		nänl	

Dual.

Nom. nen, ihr beide	nen	nin	nen
Accus. nënen	nën	ninänne	
Locat. (nen poaltänt)		ninänte	
Lat. nenän	nëu	ninänne	nenan
Elat. nenänel			
Instr. (nen jetlän)		ninänl	

Plural.

Nom. nan, ihr	nan, noan	nan	nan
Accus. noanen	noanän	nanänne	
Locat. (nan poaltänt)		nanänte	
Lat. nanän	noanän	nanänne	nanan
Elat. nanänel			
Instr. (nan jetlänel)		nanänl	

3 person.

Singular.

Nom.	täu, er	täu	täu	täu
Accus.	tävä	tävį, täve, tävea	täväm, tävänne	täuvįn
Locat.	(täu poaltät)		tävänte	
Lat.	täunän	täunän	täväm, tävänne	täuvįn
Elat.	täunänel			
Instr.	(täu jetlät)		tävänl	

Dual.

Nom.	ten, sie beide	ten	ten	ten
Accus.	tēnen	tēn	tenänne	
Locat.	(ten poaltänt)		tenänte	
Lat.	tenän	tēn	tenänne	teneten
Elat.	tenänel			
Instr.	(ten jetlän)		tenänl	

Plural.

Nom.	tan, sie	tan, toan	tan	tan
Accus.	toanen	toanän	tanänne	
Locat.	(tan poaltänt)		tanänte	
Lat.	tanän	toanän	tanänne	tanan
Elat.	tanänel			
Instr.	(tan jetlänel)		tanänl	

Anmerkung. Die biegung der pers. pr. in den kondinschen ewangelienübersetzungen ist die folgende: am, ich, acc. anįm, lat. amnane, elat. amnanel; min, wir, beide, acc. minmįn, lat. minane; man, wir, acc. manou, lat. manan, manane, elat. mannanel; nag, du, acc. nagįnme, lat. nagnane, elat. nagnanel; nin, ihr beide, lat. ninane; nan, ihr, acc. nanįn, nanįnme, lat. nanane, elat. nannanel; täu er, acc. täväme, lat. täväne, elat. tävnanel; tin, sie beide, acc. tinme; tan, sie, acc. tanme, lat. tanane, elat. tannanel.

Gegenstand des besitzes.

§ 31. Die personalsuffixe sind:

Besitzer		Singular			Dual			Plural		
		K.	SK.	P.	S.	K.	SK.	P.	S.	
Singular	1	-en	-m, -em, -jn	-m, -jn	-m	-ån			-agum	-ånem	-ån, -åm	-anum
	2	-en	-n, -en, -jn	-n, -jn	-jn	-ån			-agin	-ån, -enka	-ån, -ån	-an
	3	-åt, -tä	(-tä), -tä (-s), -atå	-e		(-s), -åj			-age	-ån, -ånka	-ån, -ån	-ane
Dual	1	-åmen			-umen	-åjmen			-agamen	-enåmen, -nåmen		-anuv
	2	-ån			-jn	-ågen			-agin	-enka, -nkn		-an
	3	-åen, -ten			-en	-ågen			-agen	-enka, -nkn		-anan
Plural	1	-on	-on	-ogon	-uv	-oguv			-aguv	-non, -onon, -noon		-anuv
	2	-ån	-jn	-ogen		-agin			-agin	-enkn, -nkn	-ån	-an
	3	-ån, -ånel	-ån, -ån	-ogen		-agnel			-enkn, -nkn	-an, -ån	-anel

§ 32. Paradigmen.

Konda.

1 pers. sing.

Sing.

Nom.	oaġem, meine tochter	küälem, mein haus	käsijem, mein messer
Accus.	oaġemmä	küälemmä	käsijemmä
Locat.	oaġem poalt, oaġemt	küälemt	käsijemt
Lat.	oaġemnä	küälemnä	käsijemnä
Elat.	oaġemnel	küälemnel	käsijemnel
Instr.	oaġemtel	küälemtel	käsijemtel

Dual.

Nom.	oaġäm	küäläm	käsijäm
Accus.	oaġämmä	kuäläwmä	käsijämmä
Locat.	oaġäm poalt	küälämt	[käsijämt]
Lat.	oaġämnä	[küälämnä]	[käsijämnä]
Elat.	oaġämnel	[küälämnel]	[käsijämnel]
Instr.	oaġämtel	[küälämtel]	[käsijämtel]

Pl.

Nom.	oaġänem	[küälänem]	[käsijänem]
Accus.	oaġänemmä	[küälänemmä]	[käsijänemmä]
Locat.	oaġänem poalt	[küälänemt]	käsijänemt]
Lativ.	oaġänemne	[küälänemne]	[käsijänemne]
Elat.	oaġänemnel	[küälänemnel]	[käsijänemnel]
Instr.	oaġänemtel	[küälänemtel]	[käsijänemtel]

2 pers. sing.

Sing.

Nom.	oaģen, deino tochter	küälen, dein haus	käsijen, dein messer
Accus.	oaģenmä	küälenmä	[käsijenmä]
Locat.	oaģen poalt	küälent	käsijent
Lat.	oaģennä	küälennä	[käsijennä]
Elat.	oaģennel	küälennel	[käsijennel]
Instr.	oaģentel	[küälentel]	käsijentel

Dual.

Nom.	oaģän	küäläu	[käsijäu]
Accus.	oaģänmä	küälänmä	[käsijänmä]
Locat.	oaģänt, oaģän poalt	küälänt	[käsijänt]
Lat.	oaģännä	küälännä	[käsijännä]
Elat.	oaģännel	[küälännel]	[käsijännel]
Instr.	oaģäntel	[küäläntel]	käsijäntel

Pl.

Nom.	oaģän, oaģenän	küälän, küälenän	käsijän, [käsijenän]
Accus.	oaģänmä, [oaģenänmä]	küälänmä, küälenänmä	[käsijenänmä]
Locat.	[oaģenänt]	küälenänt	[käsijenänt]
Lat.	oaģenännä	[küälenännä]	[käsijenännä]
Elat.	oaģenännel	[küälenännel]	[käsijenännel]
Instr.	[oaģenäntel]	[küälenäntel]	käsijäntel, [käsijenäntel]

3 pers. sing.

Sing.

Nom.	oatä, seine (ihre) tochter	küälät, sein (ihr) haus	käsijät, sein (ihr) messer
Accus.	oatäm	küälätäm	käsijätäm
Locat.	oatät	küälätät	käsijätät

— 157 —

Lat.	oatän	küälätäu	käsijätän
Elat.	oatänel	küälätänel	[käsijätänel]
Instr.	oatätel	[küälätel]	käsijätel

Dual.

Nom.	oaġa	küäla	käsija
Accus.	oaġäimä	küäläimä	käsijämä [? käsijäimä]
Locat.	oaġäita	küäläita	[käsijäita]
Lat.	oaġäinä	küäläinä	[käsijäinä]
Elat.	oaġainel	küäläinel	[käsijäinel]
Instr.	oaġaitel	[küäläitel]	käsijäitel

Pl.

Nom.	oaġän, oaġänän	küälän	käsijän
Accus.	oaġänmä	küälänmä	käsijänmä
Locat.	oaġänänt	küälänänt	[käsijänänt]
Lat.	oaġänännä	küälänänne	[käsijänänne]
Elat.	oaġenännel	küälänännel	[käsijänännel]
Instr.	oaġenäntel	[küäläntel]	käsijäntel

1 pers. dual.

Sing.

Nom.	oaġämen, unsrer beiden tochter	küälämen, unserer beiden haus	käsijämen, unserer boiden haus
Accus.	oaġämenmä	küälämenmä	käsijämenmä
Locat.	oaġäment	küäläment	[käsijäment]
Lat.	oaġämennä	küälämennä	[käsijämennä]
Elat.	oaġämennel	küälämennel	[käsijämennel]
Instr.	[oaġämentel]	[küälämentel]	käsijämentel

Dual.

Nom.	oaġaimen	küäläimen	käsijäinen
Accus.	oaġaimenmä	küäläimenmä	[käsijäimenmä]
Locat.	oaġaimen poalt	küäläiment	[käsijäiment]

Lativ.	oagaimennä	kùäläimennä	[käsijäimennä]
Elat.	oagajmennel	küäläjmennel	[käsijäjmennel]
Instr.	[oagajmentel]	[kuäläjmentel]	käsijäjmentel

Pl.

Nom.	oagenämen	kuälenämen	käsinämen
Accus.	oagenämenmä	kuälenämenmä	[käsinämenmä]
Locat.	[oagenäment]	kuälenäment	[käsinäment]
Lat.	oagenämennä	kuälenämennä	[käsinämenmä]
Elat.	oagenämennel	kuälenämennel	[käsinämennel]
Instr.	oagenämentel	[kuälenämentel]	käsinämentel

Sing.

2 pers. dual.

Nom.	oagän, eurer beiden tochtor	küälän, curer beiden haus	[käsijän, curer beiden messer]
Accus.	oagänmä	[kuälänmä]	[käsijänmä]
Locat.	[oagänt]	kuälänt	[käsijänt]
Lat.	oagännä	[kuälännä]	[käsijännä]
Elat.	oagännel	[kuälännel]	[käsijännel]
Instr.	oagäntel	[kuäläntel]	[käsijäntel]

Dual.

Nom.	oagägen	kuälägen	käsijägen
Accus.	oagägenmä	kuälägenmä	käsijägenmä
Locat.	oagägent	kuälägent	[käsijägent]
Lativ.	oagägennä	kuälägennä	[käsijägennä]
Elat.	oagägennel	kuälägennel	[käsijägennel]
Instr.	oagägentel	[kuälägentel]	käsijägentel

Pl.

Nom.	oagenän	kuälenän	käsinän
Accus.	oagenänmä	kuälenänmä	[käsinänmä]
Locat.	oagenänt	kuälenänt	[käsinänt]

Lat.	oaġenännä	kůälenännä	[kāsīnännä]
Elat.	oaġenännel	kůälenännel	[kāsīnännel]
Instr.	oaġenäntel	[kůälenäntel]	kāsīnäntel

3 pers. dual.

Sing.

Nom.	oaten, ihrer beiden tochter	kůälāten, ihrer beiden haus	kāsijāten, ihrer beiden messer
Accus.	oatenmä	kůlätenmä	[käsijätenmä]
Locat.	oatent	kůälätent	[kāsijätent]
Lat.	oatennä	kůälätennä	[käsijätennä]
Elat.	oatennel	kůälätennel	[käsijätennel]
Instr.	oatentel	[kůälätentel]	kāsijātentel

Dual.

Nom.	oaġāġen	kůäläġen	kāsijāġen

u. s. w. wie die 2:te person.

Pl.

Nom.	oaġenän	kůälenän	kāsīnän

u. s. w. wie die 2:te person.

---

1 pers. plur.

Sing.

Nom.	oaġou, unsere tocher	kůälou, unser haus	kāsijou, unser messer
Accus.	[oaġoumä]	kůäloumä	[käsijoumä]
Locat.	[oaġevät]	kůälevät	[käsijevät]
Lat.	[oaġoune]	kůäloune	[käsijoune]
Elat.	[oaġounel]	kůälounel	käsijounel
Instr.	[oaġoutel]	[kůäloutel]	käsijoutel, käsijouvel

Dual.

Nom.	[oaġoaġou]	kűäloaġou	käsïjoaġou
Accus.	[oaġoaġoumä]	kűäloaġoumä	[käsijoaġoumä]
Locat.	[oaġoaġout]	kűäloaġout	[käsijoaġout]
Lat.	[oaġoaġounc	kűäloaġounc	[käsijoaġounc]
Elat.	[oaġoaġounel]	kűäloaġounel	[käsijoaġounel]
Instr.	[oaġoaġoutel	[kűäloaġoutel]	käsijoaġouvel

Pl.

Nom.	[oaġenou]	kűälenou	[käsijenou]
Accus.	[oagenoumä]	[kűälenoumä]	[käsijenoumä]
Locat.	[oagenout]	[kűälenout]	[kiisijenout]
Lativ.	[oaġenounc]	[kűälenounc]	[käsijenounc]
Elat.	[oaġenounel]	[kűälenounel]	[käsijenounel]
Instr.	[oaġenoutel]	[kűälenoutel]	[käsijenoutel]

2 pers. plur.

Sing.

Nom. [oaġän, eure tochter]   kűälän, euer haus   [käsijän, euer messer]

u. s. w. wie die 2:te pers. dual.

Dual.

Nom. [oaġoaġen]   kűäloaġen   käsijoaġen

u. s. w. wie die 2:te pers. dual.

Pl.

Nom. [oaġenän]   kűälenän   [käsinän]

u. s. w. wie die 2:te pers. dual.

3 pers. plur.

Sing.

Nom. oaġün, oaġänel, küälän, küälänel, ihr   käsijän, käsijänel, ihr
      ihre tochter   haus   messer
      u. s. w. wie die 2:te pers. dual.

Dual.

Nom. [oaġoaġen]   küäloaġen   [käsijoaġen]
          u. s. w. wie die 2:te pers. dual.

Pl.

Nom. [oaġenän]   küälenän   [käsinän]
          u. s. w. wie die 2:te pers. dual.

Satyga-Konda.

	1 p. sing.	*2 p. sing.*	*3 p. sing.*
Sing.			
Nom.	lom, mein pferd	lon, dein pferd	lota, sein pferd
Accus.	lom	lon	lota
Locat.	lomt	lont	lotät
Lat.	lomne	lonne	lotän
Elat.	lomdnel	londnel	lotädnel
Instr.	lomdl	londl	lotädl
Pl.			
Nom.	loäm	loän	loän
Accus.	loäm	loän	u. s. w. wie die 2:te pers.
Locat.	loämt	loänt	
Lat.	loämne	loänne	
Elat.	loämdnel	loändnel	
Instr.	loämdl	loändl	

11

	1 p. pl.	*2 p. pl.*	*3 p. pl.*
Sing.			
Nom.	loou, unser pferd	loān, euer pferd	loān, ihr pferd
Accus.	loou	u. s. w. wie plural der 2:ten pers. sing.	
Locat.	loout		
Lat.	looun		
Elat.	looudnel		
Instr.	looudl		

Pl.			
Nom.	lounou	loān	loān
Accus.	lounou	u. s. w. wie plural der 2:ten pers. sing.	
Locat.	lounout		
Lat.	lounoun		
Elat.	lounoudnel		
Instr.	lounoudl		

---

	1 p. sing.	*2 p. sing.*	*3 p. sing.*
Sing.			
Nom.	qēpim, mein boot	qēpin, dein boot	qēpa, sein boot
Accus.	qēpim	qēpin	qēpa
Locat.	qēpimt	qēpint	qēpatit
Lat.	qēpimne	qēpinne	qēpatin
Elat.	qēpimdnel	qēpindnel	qēpatinel
Instr.	qēpimdl	qēpindl	qēpadl

Pl.			
Nom.	qēpām	qēpān	qēpān
Accus.	qēpām	qēpān	u. s. w. wie die 2:te pers.
Locat.	qēpāmt	qēpānt, qēpānānt	
Lat.	qēpāmne	qēpānne, qēpānānne	
Elat.	qēpāmdnel	qēpāndnel, qēpānāndnel	
Instr.	qēpāmdl	qēpāndl, qēpānāndl	

1 p. pl.   *2 p. pl.*   *3 p. pl.*

Sing.

Nom. qēpou, unser boot   qēpän, euer boot   qēpän, ihr boot
Accus. qēpou   u. s. w. wie plural der 2:ten pers. sing.
Locat. qēpout
Lat. qēpoun
Elat. qēpoudnel
Instr. qēpoudl

Pl.

Nom. qēpanou   qēpän   qēpän
Accus. qēpanou   u. s. w. wie plural der 2:ten pers. sig.
Locat. qēpanout
Lat. qēpanoun
Elat. qēpanoudnel
Instr. qēpanoudl

Pelym.

1 p. sing.   *2 p. sing.*   *3 p. sing.*

Sing.

Nom. lūm, mein pferd   lūn, dein pferd   luät, sein pferd
Accus. lūm   lūn   luät
Locat. lūmta   lūnta   luätta
Lat. lūmna   lūnna   luätän
Instr. lüml   lūnl   luätl

Pl.

Nom. luäm   luän   luän
Accus. luäm   luän   luän
Locat. luämta   luänta   luänta
Lat. luämna   luänna   luänna
Instr. luäml   luänl   luänl

	1 p. pl.	*2 p. pl.*	*3 p. pl.*
Sing.			
Nom.	luou, unser pferd	luän, euer pferd	luän, ihr pferd
Accus.	luou	luän	luän
Locat.	luouta	luta	luta
Lat.	luouna	luna	luna
Instr.	luoul	lul	lul
Pl.			
Nom.	lunou	luän	luän
Accus.	lunou	luän	luän
Locat.	lunouta	luänta	luänta
Lat.	lunouna	luänna	luänna
Instr.	lunoul	luänl	luänl

	1 p. sing.	*2 p. sing.*	*3 p. sing.*
Sing.			
Nom.	pūm, mein sohn	pūn, dein sohn	pūät, sein sohn
Accus.	pūm	pūn	pūät
Locat.	pūmtc	pūntc	pūättc
Lat.	pūmnc	pūnnc	pūätän
Instr.	pūml	pūnl	pūätl
Pl.			
Nom.	pūäm	pūän	pūän
Accus.	pūäm	pūän	[pūän]
Locat.	pūämtc	pūänte	[pūänte]
Lat.	pūämne	pūänne	[pūännc]
Instr.	pūäml	pūänl	[pūänl]

	1 p. pl.	*2 p. pl.*	*3 p. pl.*
Sing.			
Nom.	pūou unser sohn	[pūän]	[pūän]
Accus.	pūou	[pūän]	[pūän]
Locat.	pūouta	[pūtä]	[pūtä]
Lat.	pūouna	[pūnä]	[pūnä]
Instr.	pūoul	[pūl]	[pūl]

Pl.

Nom.	pŭnou	[pŭän]	[pŭän]
Accus.	pŭnou	[pŭän]	[pŭän]
Locat.	pŭnouta	[pŭäntä]	[pŭäntä]
Lat.	pŭnouna	[pŭännä]	[pŭännä]
Instr.	pŭnoul	[pŭänl]	[pŭänl]

1 p. sing.   *2 p. sing.*   *3 p. sing.*
Sing.

Nom.	qĕpim, mein boot	qĕpin, dein boot	qĕpŭt, sein boot
Accus.	qĕpim	qĕpin	qĕpät
Locat.	qĕpimta	qĕpinta	qĕpatta
Lat.	qĕpimna	qĕpinna	qĕpatän
Instr.	qĕpiml	qĕpinl	qepatl

Pl.

Nom.	qĕpäm	qĕpän	qepän
Accus.	qĕpam	qĕpän	[qepän]
Locat.	qĕpämta	qĕpänta	[qepänta]
Lat.	qĕpämna	qĕpänna	[qepänna]
Instr.	qĕpäml	qĕpänl	[qepänl]

1 p. pl. [1]

Sing.	Nom.	qĕpou, unser boot	Plur.	Nom.	qĕponou
	Accus.	qĕpou		Accus.	qĕponou
	Locat.	qĕpouta		Locat.	qĕponouta
	Lat.	qĕpouna		Lat.	qĕponouna
	Instr.	qepoul		Instr.	qĕponoul

1 p. sing.   *2 p. sing.*   *3 p. sing.*
Sing.

Nom.	jäptem, mein messer	jäpten, dein messer	jäptät sein messer
Accus.	jäptem	jüpten	jäptät

---

[1] 2 u. 3 pers. pl. wie oben luau, pŭän.

	1 p. pl.	*2 p. pl.*	*3 p. pl.*
Sing.			
Nom.	luou, unser pferd	luän, euer pferd	luän, ihr pferd
Accus.	luou	luän	luän
Locat.	luouta	luta	luta
Lat.	luouna	luna	luna
Instr.	luoul	lul	lul
Pl.			
Nom.	lunou	luän	luän
Accus.	lunou	luän	luän
Locat.	lunouta	luänta	luänta
Lat.	lunouna	luänna	luänna
Instr.	lunoul	luänl	luänl

	1 p. sing.	*2 p. sing.*	*3 p. sing.*
Sing.			
Nom.	pūm, mein sohn	pūn, dein sohn	püät, sein sohn
Accus.	pūm	pūn	püät
Locat.	pūmte	pūnte	püätte
Lat.	pūmne	pūnne	püätän
Instr.	pūml	pūnl	püätl
Pl.			
Nom.	püäm	püän	püän
Accus.	püäm	püän	[püän]
Locat.	püämte	püänte	[püänte]
Lat.	püämne	püänne	[püänne]
Instr.	püäml	püänl	[püänl]

	1 p. pl.	*2 p. pl.*	*3 p. pl.*
Sing.			
Nom.	püou unser sohn	[püän]	[püän]
Accus.	püou	[püän]	[püän]
Locat.	püouta	[pütä]	[pütä]
Lat.	püouua	[pünä]	[pünä]
Instr.	püoul	[pül]	[pül]

Pl.
Nom. pŭnou   [pŭăn]   [pŭăn]
Accus. pŭnou   [pŭăn]   [pŭăn]
Locat. pŭnouta [pŭăntă]   [pŭăntă]
Lat. pŭnouna   [pŭănnă]   [pŭănnă]
Instr. pŭnoul   [pŭănl]   [pŭănl]

1 p. sing.   *2 p. sing.*   *3 p. sing.*
Sing.
Nom. qĕpįm, mein boot   qĕpįn, dein boot   qĕpăt, sein boot
Accus. qĕpįm   qĕpįn   qĕpăt
Locat. qĕpįmta   qĕpįnta   qĕpatta
Lat. qĕpįmna   qĕpįnna   qĕpatăn
Instr. qĕpįml   qĕpįnl   qepatl

Pl.
Nom. qĕpăm   qĕpăn   qepăn
Accus. qĕpam   qĕpăn   [qepăn]
Locat. qĕpămta   qĕpănta   [qepănta]
Lat. qĕpămna   qĕpănna   [qepănna]
Instr. qĕpăml   qepănl   [qepănl]

1 p. pl. [1]
Sing. Nom. qĕpou, unser boot   Plur. Nom. qĕponou
   Accus. qĕpou   Accus. qĕponou
   Locat. qĕpouta   Locat. qĕponouta
   Lat. qĕpouna   Lat. qĕponouna
   Instr. qepoul   Instr. qĕponoul

1 p. sing.   *2 p. sing.*   *3 p. sing.*
Sing.
Nom. jăptem, mein   jäpten, dein messer   jäptăt sein messer
     messer
Accus. jăptem   jäpten   jäptăt

---

[1] 2 u. 3 pers. pl. wie oben luau, pŭăn.

Locat.	jäptemte	jäptente	jäptätte
Lat.	jäptemne	jäptenne	jäptätän
Instr.	jäpteml	jäptenl	jäptätl

Pl.

Nom.	jäptäm	jäptän	jäptän
Accus.	jäptäm	jäptän	u. s. w. wie die 2:te
Locat.	jäptämte	jäptänte	pers.
Lat.	jäptämne	jäptänne	
Instr.	jäptäml	jäptänl	

1 p. pl. [1]

Sing. Nom. jäptou unser messer   Plur. Nom. jäptenou
      Accus. jäptou   Accus. jäptenou
      Locat. jäptouta   Locat. jäptenouta
      Lat. jäptouna   Lat. jäptenouna
      Instr. jäptoul   Instr. jäptenoul

Soswa.

1 p. sing.   *2 p. sing.*   *3 p. sing.*

Sing.

Nom.	xäpum, mein boot	xäpin, dein boot	xäpe, sein boot
Locat.	xäpumt	xäpint	xäpet
Lat.	xäpumin	xäpin	xäpen
Elat.	xäpumnil	xäpinnil	xäpenil

Dual.

Nom.	xäpagum	xäpagin	xäpage
Locat.	xäpagumt	xäpagint	xäpaget
Lat.	xäpagumin	xäpagin	xäpagen
Elat.	xäpagumnil	xäpaginnil	xäpagennil

---

[1] 2 u. 3 pers. pl. wie oben luan, püän.

Pl.

Nom.	xäpanum	xäpan	xäpanc
Locat.	xäpanumt	xäpant	xäpanet
Lat.	xäpanumin	xäpanin	xäpanen
Elat.	xäpanumnil	xäpananil	xàpanenil

1 p. dual.   *2 p. dual.*   *3 p. dual.*

Sing.

Nom.	xäpumen, unserer beiden boot	xäpin, eurer beiden boot	xäpēn, ihrer beiden boot
Locat.	xäpument	xäpint	xäpent
Lat.	xäpumenin	[xäpin]	[xäpenen]
Elat.	xäpumennil	[xäpinnil]	[xäpennil]

Dual.

Nom.	xäpagamen	xäpagin	xäpagen
		u. s. w.	

Pl.

Nom.	xäpanuv	xäpan	xäpanan
		u. s. w.	

1 p. pl.   *2 p. pl.*   *3 p. pl.*

Sing.

Nom.	xäpuv, unser boot	xäpin, euer boot	xapanel, ihr boot
Locat.	xäpuvt	[xäpint]	xapanelt
		u. s. w.	

Dual.

Nom.	xapaguv	xäpagin	xapaganel

u. s. w.

Pl.

Nom.	xäpanuv	xäpan	xäpanel

u. s. w.

§ 33. Das resp. pers. pronomen kann natürlich immer dem mit poss. suffixen versehenen worte als possessivum vorangehen, doch ohne dekliniert zu werden. Steht aber das possessivum einsam, wird ihm die endung -qar angefügt. Also amqar P, der meinige, neiqar P, der deinige u. s. w. Z. b. koaṯ kūäl täuqarät P, welche stube ist die seinige?; hier hat täuqar auch das suffix der 3 p. sing. angenommen.

§ 34. Reflexivpronomen: om omk o. omka K, SK, am amk P, am amki S, ich selbst; näi näṅku K, nei näṅk SK, nei neṅk P, nań nańki S, du selbst; täi tāku K, täu tāk SK, täu täuk P, tau taukvi S, er selbst; men meṅk K, min meṅk P, men meṅki S, wir beiden selbst; nen neṅk K, nin neṅk P, nen neṅki S, ihr beiden selbst; ten teṅk K, ten teṅk P, ten teṅki S, sie beiden selbst; man moaṅk K, mon moaṅk P, man mańki S, wir selbst; nan noaṅk K, P, nan nańki, ihr selbst; tan toańk K, P, tan tańki S, sie selbst.

Das reflexivpronomen wird folgendermassen dekliniert:

	Konda.	Pelym.	Soswa.
		1 person.	
Sing.			
Nom.	om omk, ich selbst	am amk	am amki
Accus.	omkem	am amkümne	
Locat.	(omk poaltemt)		am amkimt
Lat.	omknän	am amkümne	am amkimin
Elat.	omknänel		am amkimnil
Instr.	(omk jetlem)		

Dual.

Nom.	men meňk	min mëňk	men meňki
Accus.	meňkoamen	min meňkämne	
Locat.	(meůk poaltä-ment)		men meňkiment
Lat.	meňknän	min mëňkämne	men meňkimen
Elat.	meňknäuel		men meňkimenjl
Instr.	(meůk jetlä-men)		

Pl.

Nom.	man moaňk	mon moaňk	man maňki
Accus.	moaňkou	mon moaňkouna	
Locat.	(moaňk poal-tout)		man maňkijuvt
Lat.	moaňknän	mon moaňkouna	man maňkijuvjn
Elat.	moaňknänel		man maňkijuvnjl
Instr.	(moaňk jetlou)		

2 person.

Sing.

Nom.	näj näňku, du selbst	nei neňk	naň naňki
Accus.	näňkuen	nei neňkümne	
Locat.	(näňk poaltent)		naň naňkint
Lat.	näňkunän	nei neňkümne	naň naňkju
Elat.	näňkunäuel		naň naňnennjl
Instr.	(näňk jetlen)		

Dual.

Nom.	nen neňk	nin neňk	nen neňki
Accus.	neňken	nin neňkänne	
Locat.	(neňk poaltänt)		nen neňkint

— 170 —

Lat.	neṅknän	nin nēṅkänne	nen neṅkin
Elat.	neṅknänel		nen neṅkinnjl
Instr.	(neṅk jetlän)		

Pl.

Nom.	nan noaṅk	nan noaṅk	nan naṅki
Accus.	noaṅkän	nan noaṅkänne	
Locat.	(noaṅk poaltänt)		nan naṅkint
Lat.	noaṅknän	nan noaṅkänne	nan naṅkin
Elat.	noaṅknänel		nan nanannjl
Instr.	(noaṅk jetlän)		

3 person.

Sing.

Nom.	täu täku, er selbst	täu täuk	tau taukvi
Accus.	täkutäm	täu täuktän	
Locat.	(täku poaltät)		tau taukvitet
Lat.	täkunäu	täu täuktän	tau taukviten
Elat.	täkunänel		tau taukvitenjl
Instr.	(täku jetlät)		

Dual.

Nom.	ten teṅk	ten tēṅk	ten teṅki
Accus.	teṅken	ten tēṅkänne	
Locat.	(teṅk poaltänt)		ten teṅkitent
Lat.	teṅknän	ten tēṅkänne	ten teṅkiten
Elat.	teṅknänel		ten teṅkitenjl
Instr.	(teṅk jetlän)		

Pl.

Nom.	tan toańk	tan toańk	tan tańki
Accus.	toańkän	tan toańkanne	
Locat.	(toańk poaltänt)		tan tańkijanit
Lat.	toańknän	tan toańkanne	tan tańkinan
Elat.	toańknänel		tan tańkinanjl
Instr.	(toańk jetlän)		

§ 35. Demonstrativ-pronomina sind: tet, tetqar K, te, enfe feqar, enfeqar P, dieser; tot, totqar K, ta, anta, taqar, antaqar P, jener; tetix, tetixqar, dieser (von zwei); totix, totixqar K, tatix P, jener (von zwei); temil, temel (dual temelaj, pl. temelet) K, ein solcher; tixurip S, ein solcher (такой).

tet, tetqar K wird folgendermassen dekliniert:

    Sing. Nom. tet, tetqar, dieser
          Accus. tetmä, tetqarmä
          Locat. tet poalt, tetqar p.
          Lat. tetnä, tetqarnä
          Elat. tetnel, tetqarnel
          Instr. tetel, tetqarel

    Dual. Nom. tetaj, tetqaraj
          Accus. tetäjmä, tetqaräjmä
          Locat. tetäjt, tetqaräjt
          Lat. tetäjnä, tetqaräjnä
          Elat. tetäjnel, tetqaräjnel
          Instr. tetäjtel, tetqaräjtel

    Plur. Nom. tetet, tetqarxt, -rt
          Accus. tetetmä, tetqartmä
          Locat. tetet poalt, tetqart p.
          Lat. tetetnä, tetqartnä
          Elat. tetetnel, tetqartnel
          Instr. tetettel, tetqarttel

Die biegung des tot, totqar K ist dieselbe.
Ueber die endung -qar vgl. § 6, 10.

§ 36. Interrogativ-pronomina: qon K, qan P, xoṅgo S, wer; när K, mar P, maner S, was; qonnär K, was für einer (кто такой); ne-väip, ne-veip K, was für einer (какой); manaxurip S, was für einer (какой).
ne-veip, dual. ne-veipäj, pl. ne-veipet. Die biegung ist regelmässig.

qon, när und qonnär werden (im K) folgenderweise dekliniert:

Singular.

Nom.	qon, wer	när, was	qonnär, was für einer
Accus.	qonmä	närmä	qonnärmä
Locat.	qon poalt	när poalt	qonnär poalt
Lat.	qonnä	närnä	qonnärnä
Elat.	qonnel	närnel	qonnärnel
Instr.	qontel	närtel	qonnärtel

Dual.

Nom.	qoni	näri	qonnäräj
Accus.	qonimä	närimä	qonnäräjmä
Locat.	qoni poalt	näri poalt	[qonnäräj poalt]
Lat.	qoninä	närinä	[qonnäräjnä]
Elat.	qoninel	närinel	[qonnäräjnel]
Instr.	qonitel	näritel	[qonnäräjtel]

Die biegung des qan P ist die folgende:

Sing.	Nom.	qan, wer	Plur.	qanqut
	Accus.	qan		qanqut
	Locat.	qantän		qanqutta
	Lat.	qannän		qanqutna
	Instr.	qaul		qanqutl

§ 37. Relativ-pronomina sind qoatixqar (d. qoatixqarai o. qoatixqari, pl. qoatixqart) K, koat̯ P, xodi S, welcher und menmaxip P, welcher, wie.

§ 38. Indefinite pronomina: mäter (d. mäteräi, pl. mätert o. mäterxt) K, mäder P, irgend einer, irgend etwas; soqiṅ K, jeder; soqo K, ganz, aller. Von diesen werden die beiden erstgenannten regelmässig dekliniert; soqo aber scheint indeklinabel zu sein. — P: atqan-koat, niemand; mäder-ät, nichts; qotqar, jemand; vśak, jeder (russ. всякій); käšni o. käšniqar, jeder (russ. каждый); šoau, mancher. — S: xottiut, irgend einer; úem-xottiut, niemand.

II. Das verbum.

A. Bildung des verbums.

§ 39. Die nicht-primitiven verba werden im wogulischen entweder durch ableitung oder zusammensetzung gebildet.

1. Ableitung des verbums.

§ 40. Verba denominalia: 1) aigelam, schreien (aigel, stimme); küänšam, kratzen (küänš, klaue); qanšam, bunt machen (qanša, bunt); qotlam, glänzen, leuchten (qodel, sonne, tag); l'epam, bedecken (l'ep, brett, dach); nomsam, verstehen (nomis, verstand); päṅgam, schwarz werden (paṅk, russ); poxtam, seinen nothdurft verrichten (poxt, dreck); võtam, wehen (võt, wind); qumiam, sich verheirathen (vom weibe) (qum, dual. qumi, mann); liliam, aufathmen (lil, dual. lili, athem); oitiam, blühen (oit, dual. oiti, grasbewachsener platz); tiniam, schätzen (tin, dual. tini, preis, werth).

2) -l-: ämeślam, rätsel aufgeben (ämeś, rätsel); ämplam, beschimpfen (ämp, hund); kenjšlam, beratschlagen (keniš, rat); qajerlam, sündigen (qajer, böse); qārexlam, bedürfen (qārex, nötig); quślam, dienen (quś, diener); metlam, mieten (met, miete); pārślam, kehricht verursachen (pärś, kehricht); päsimlam, räuchern (päsim, rauch); šemellam, schwärzen (šemel, schvarz); talmišlam, verdolmetschen (talmiš, dolmetscher); tonuxlam, zeugen (tonux, zeuge).

3) -m-: jänīmam, gross werden, wachsen (jäni, gross); nušamaın, arm werden (nuša, arm); ńoxrimam, stark werden (ńoxre, stark); oxšumam, abmagern (oxša, mager); suramam, dick werden (sura, dick, wie z. b. brei).

4) -t-: küärpentam, sägen (küärpen, säge), namtam, benennen (nam, name); poitam, reich werden (poi, reich); šarqaltam, kerben (šarqal, kerb).

§ 41. Verba deverbalia.

1) Verba freqventativa: a) -sl-, -šl-: axtįšlam, sammeln (axtam); äislam, ein wenig und oft trinken (äjam); ülslam, oft u. ein w. fangen (ălam); jannislam, spielen (jannam). — b) -nt- (-mt-): äintam, trinken (äjam); älqatantam, sich schlagen (älqatam); küällentam, ausgehen (küällam, aufstehen); qöjentam, begegnen (qöjam); qölentam, im begriff sein zu sterben (qölam); qötlantam, tagen (qötlam, glänzen, leuchten); mäjmtentam, oft einstecken (mäjmtam, einstecken); majantam geben (mjem); mätantam, untergehen (mätam); ńalimtam, oft lecken (ńalam); ńöpantam, anbeissen (von fischen; ńöpam); ńoumtam, sich bewegen (ńouam, wanken); ölentam, sein (ölam); pästilantam, tagen (pästam, leuchten); peltemtam, schrecken (peltam, scheuchen); P: omiltantem, sprechen (omiltem, sagen); untantem, sich oft setzen (uttim, sich setzen); kisäntem, zischen (kislëm); säľlentem, speien (säľlém); ätslentem, beständig sammeln (ätslem, sammeln). — c) -l-: jälilam, häufig gehen (jälam); joxtelam, ankommen (joxtam, kommen); qańḑlam, sich gewöhnen (qańḑam, wissen); qölilam, untergehen (qölam); qöltilam, qöltilalam, zeigen (qöltam); niglelalam, sich zeigen (niglam, sichtbar sein); ölilalam, zu sein pflegen (ölam); pärtälam, rollen (pärtam, drehen); taretulam, loszulassen pflegen (taretam, entlassen); taulclälam, genug sein (taulam); tuitqatilam, sich verborgen halten (tuitqatam, sich verstecken); värlälam arbeiten (väram). — d) -nt + -l : quintalam, einschlafen (quiam, schlafen).

2) Verba inchoativa. -lt-: amiltaltam, zu sprechen anfangen (amiltam, sprechen); äiltam, zu trinken anf. (äjam, trinken); äiteltam, zu tränken anf. (äitam, tränken); jimteltam, zu werden anf. (jimtam, kommen, werden); läviltam, sagen (lävam); šišgaltam, zu schreien anf. (šišgam, schreien); täntaltam, voll zu werden anf. (täntam voll werden). P: äiltem, zu trinken anf.; kisältem, zu zischen anf.; vareltem, zu machen anf.; loqualtem, zu klopfen anf.

3) Verba momentanea. a) -m-: ālmam, heben (ālam, tragen); oigemam, aufschreien (oigam, schreien); pannumäm, ein mal furzen (pannam, furzen); pūtmam, ein m. stechen (pūtam stechen); šišgemam, aufschreien (šišgam, schreien). — b) -p-: kitepam, ein mal fragen (kitelam); qalpam, bersten (qalam, graben); qōlilapam, sich verirren (qōlilam, verloren gehen); qōltpam, zeigen (qōltam, zeigen); lāvepam, ein mal sagen, aussprechen (lāvam, sagen); majepam, beschenken (mjem, geben); njglepām, sich zeigen (njglam, sich zeigen); šagrepām, abbauen (šagjram, schneiden, hauen); šunšpām, ein mal blicken (šunšam, sehen). — c) -s-: joxtsēm, ein mal schöpfen (joxtam, schöpfen); jontsam, nähend ausbessern (jontam, nähen); quaqasem, ein mal aufhusten (quaqam, husten); lēpsam, bedecken (lēpam, ankleiden); lixtsam, ein mal stossen (lixtam, stossen); loqusam, ein mal anpochen (loquam, pochen, klopfen); loutsam, waschen (loutam); ńōpesam, anbeissen (ńōpam); sańqesēm, stechen (sańqam, stossen); šeqasēm, aufathmen (šeqam, athmen). P: šäŭgusēm, einen fusstritt geben (šäńguēm, stossen); jamasēm, einen schritt machen (jamantem, gehen); loqusēm, einen schlag geben (loquantem, klopfen).

4) Verba factitiva. a) -t-, -lt-, -nt-: āitam, tränken (äjam, trinken); jänimentam, wachsen lassen, erziehen (jänīmam, wachsen); śaudentem o. śaudeltem, erfreuen (śautem sich freuen) P; küdeltam, biegen (kūdam, sich biegen); kŭāltam, aufrichten, erwecken (kŭällam, aufstehen); qańḑtam, lehren (qańḑam, wissen); qōltam, kund thun (qōlam hören); laqutam, bewegen (laquam, sich bewegen); pāitam, kochen, tr. (pājam, kochen, intr.); pāiltam, baden, tr. (pāilam, baden, intr.); peltam, erschrecken (pelam, sich fürchten); pōnštam, reif machen, gebähren (pōnšam, reif werden); säitam, faulen lassen (säijam, faulen), šunštam, zeigen (šunšam, sehen); tāltam, setzen (tālam, sich in das boot setzen); taultam, erfüllen (taulam, genug sein); tēllam, gebären (tēlam, geboren werden). — b) -pt-: ūlptam, tödten lassen (ūlam, tödten); jältiptam, heilen (jältam, gesund werden); qoltilaptam, zerstören lassen (qoltīlam, zerstören); qūltiptam, verlassen (qūltam, zurückbleiben); mägintaptam, lachen machen (mägintam, lachen); oštaptam, säuern (oštam, sauer werden); pāšįmlaptam, räuchern lassen (pāšįmlam, räuchern), peńqlaptam, betrunken machen (peńqlam, betrunken werden); poitaptam, bereichern (poitam reich werden). — c) -nt + pt-, -t- + pt-: mäintentptem, lachen machen

(mäintem, lachen); piletcptem, erschrecken (pilem, sich fürchten); P. — d) -l-: qanelam, kleben, leimen (qanam, festhalten); päńglam, räuchern (päńgam, schwarz od. russig werden); pŏlilam, gefrieren lassen (pŏlam, erfrieren); tŏšlam, trocknen lassen (tŏšam, trocknen). P: mänšläntem, stumpf machen (mänšäntem, stumpf werden); tośtalantem, stellen (tonśantem, stehen).

5) Verba reflexiva. a) -xt-: ailtaxtam, einschlafen (ailtam, einschläfern); ańqusaxtam, sich abkleiden (ańqusam, abziehen); eseltaxtam, sich wärmen (eseltam, wärmen); jältiptaxtam, geheilt werden (jültiptam, heilen); kürstaxtam, fertig werden (kürstam, bereiten); kurtaxtam, sich rasiren (kurtam, rasiren); qańḍtaxtam, lernen (qańḍtam lehren); qŏḍiltaxtam, sich biegen (qŏḍiltam, biegen); multaxtam, verkürzt werden (multam, vorbeigehen); namtaxtam, sich nennen (namtam, nennen); suditlaxtam, verurtheilt werden (suditlam, richten); tarctaxtam, vergeben werden (tarctam, entlassen). — b) -qat-, -qt-, P: -qat- -kät-, -xkt-, -xt-: axtqatam, sich versammeln (axtam, versammeln); äljmqatam, gehoben werden (älam, heben, tragen); arraqatam, sich kämmen (arram, kämmen); äiqtam, sich betrinken (äjum, trinken); justqatam, vergolten werden (justam, belohnen); latqatam, beratschlagen (lattam, sprechen); lävjqtam, genannt werden (lävam, sagen); loutqatam, sich waschen (loutam, spülen); mäšqatam, sich kleiden (mäštam, kleiden); miqtam, gegeben werden (mjm, geben); päntqatam, sich verbergen (päntam, decken); routqatam, gesäet werden (routam, säen); šöšjqtam, ausgegossen werden (šošam, ausgiessen); teltqatam, verbrannt werden (teltam, brennen lassen). — P: arraqatantem, sich kämmen (arrantem, kämmen); tuitqatantem, sich verbergen (tuitantem, verstecken); ješšäkätäntem, sich rühmen; (ješšäntem, rühmen); reütkätäntem, sich mischen (reütäntem mischen): mailintantxktem, sich eilen (mailintantem, beeilen); qantitantxktem, lernen (qantitantem, lehren); ĕrptäxtem, sich verlieben (ĕrptem, lieben); jel-piersäxtem, sich umwickeln (jel-piersäntem, umwickeln).

6) Verba passiva: ajovum, einschlafen; jesämovum, sich schämen; kilovum, kitzlig sein; mänintovum, schwitzen; oilmatovum, einschlummern; peiqtovum, spuken (auch peiqtaxtam); šŏltantovum, grau werden; u. a.

7) Verba onomatopoëtica: koakoam, quaqam, husten; küriltaxtam, rülpsen; qirgam, brummen; qoarqatam, sich zanken; qoartam, bellen; voqam, quaken.

2. Zusammengesetzte verba.

§ 42. 1) el +-, ele +-, (el, weit): el-aṅgusam, abkleiden (aṅgusam, abziehen); ele-ārtam, verstossen, verwerfen (ārtam, einschliessen); ele-küällam, abstehen von - (küällam, aufstehen, ausgehen); ele-qaitam, laufen, entlaufen (?) (qaitam, laufen); ele-parketam, abschütteln (parketam, abschütteln); el-clam, überführen (elam, führen); el-jäxtam, ausschneiden (jäxtam, schneiden); el-qöltam, angeben (qöltam, zeigen, kund thun); el-pāsam, abwaschen (pāsam, waschen); el-seasam, abwischen (seasam, wischen) u. a.

2) jal +-, jel +-, jole +-, (jal, jel, das untere; zurück; jol, unterer): jal-kārītam, anhaken lassen (kārītam, anhaken); jal-qalam, untergraben (qalam, graben, wühlen); jal-qujam, sich legen (qujam, liegen, schlafen); jal-lixtam, einschlagen (lixtam, stossen, klopfen); jal-pītam, niederfallen (pātam, fallen); jal-poatetam, abfeuern (poatetam, schiessen); jal-vailam, jole-vailam, herunterklettern (vailam, ausgehen); jel-quiltam, müde werden (quiltam, müde werden); jel-päntam, decken, bedecken (päntam, decken); jel-puvam, erwischen, fangen (puvam, berühren, greifen); jole-ālam, tödten (ālam, schlagen); jole-erqam, verbieten (erqam, befehlen; verbieten); jole-šäptam, begraben (šäptam, begraben) u. a.

3) küän +-, küäne +-, küen +-, (küän, draussen): küän-jaṅgam, verspielen (jaṅgam, spielen); küän-jäxtam, ausschneiden (jäxtam, schneiden); küän-joxtam, vermindern (joxtam, schöpfen); küäne-küällam, ausgehen (küällam, gehen); küän-punam, vermindern (punam, stellen, legen); küän-tatam, hinaustragen (tatam, tragen); küän-vilam, ausnehmen (vilam, nehmen); küen-pošam, ausjagen (pošam, verfolgen); küen-tixtam, aufbrennen (tixtam, verbrennen, sengen) u. a.

4) nox +-, noṅk +-, noṅq +-, nuk +-, (nox, noṅk, nuk, nuṅk, das obere): nox-ālmam, heben (ālmam, heben, tragen); nox-küäläm, steigen (vom wasser) (küälam, ausgehen); nox-qēṅqam, aufklettern (qēṅqam, aufsteigen); nox-qōlam, absterben (qōlam, sterben); nox-šūrjmam, nüchtern werden, zu sich kommen (šūrjmam, nüchtern werden); noṅk-kintiltam, aufwecken (kintiltam, wecken); noṅq-tātam, aufhängen; nuk-úaram, aufklettern (ńaram, kriechen); nuk-pälemtam, anzünden (pälemtam, zünden); nuk-vjm, aufreissen (vjm, nehmen) u. a.

5) päli +-, (päli, entzwei, weit offen): päli-jextam, spalten (jextam, schneiden); päli-qaitam, auseinander laufen (qaitam, laufen); päli-

lattam, eröffnen, offenbaren (lattam, sagen); påli-manįmtam, zerreissen (manįmtam, zerreissen); påli-rātam, zerschlagen (rātam, schlagen); påli-šaɢrepām, zerhauen (šaɢrepām, abhauen) u. a.

6) tāre +-, (tāre, durch): tāre-pāsxam, durchboren (påsxam, durchboren); tāre-peritam, durchboren (peritam, drehen); tāre-totam, durchnässt werden (totam, nass werden) u. a.

7) ťi +-, tįg +-, (ťi, tįg, hierher): tįg-qontlam, anhören (qontlam, hören); ťi-jamam, hinkommen (jamam, kommen); ťi-qōlam, umkommen (qōlam, sterben); ťi-manitam, hinlocken (manitam, abreissen); u. a.

8) tou +-, (tou, dorthin, dahin): tou-juntam, zunähen, festnähen (juntam, nähen); tou-ṅēgam, festbinden (ṅēgam, binden); tou-pāritam, einwickeln (pāritam, wälzen, rollen); tou-telitam, mischen, zusammenrühren (telitam mischen); tou-saxtam, festbinden; u. a.

9) Zusammensetzungen, wo der erste bestandteil ein nomen substantivum ist, sind: ľēp-küällovum, überschwemmt werden (ľēp, brett, dach, küällovum aus küällam, ausgehen); ľēp-küältam, überschwemmen; ľēp-palentam, bedecken, zumachen; ľēp-poańqovum, geräuchert werden; ľēp-semovum, rosten, rostig werden. — pērnäl-punam, taufen (pērnä, kreuz, punam, legen, belegen); pērnäl-punįxtam, getauft werden. — kāt-ponam, mit handzeichen unterschreiben (kāt, hand, ponam, stellen, legen); kāt-puvam, bürgen, verbürgen (puvam, berühren, fassen; festhalten).

B. Flexion des verbums.

§ 43. Im wogulischen giebt es ausser der aktiven auch eine passive forma verbi. Die passive ableitungsendung ist -ou-, -ouv-, -ov-, -v- K; -ou-, -eu-, -ov-, -ev-, -iv-, -v- P.

§ 44. Die tempora sind zwei, präsens (-futurum) und präteritum. Der präteritum-charakter ist -s-.

§ 45. Die modusformen sind, ausser dem indikativ, ein konditional, ein imperativ und ein optativ (K). Der charakter des konditionals ist -n-, des optativs -q-.

§ 46. Die positive konjugation wird durch das vorgesetzte, unflektierte negationswort axt K, at P, S, im imperativ aber vįl K, ul P, S, negiert. Ist das verbum ein compositum, so wird die negation zwischen den beiden bestandteilen des compositums eingefügt, z. b. jel-at-qolįm

P, ich sterbe nicht aus (jel-qolim, ich sterbe aus); per-at-joxim, ich kehre nicht zurück, per-at-joxsim, ich kehrte nicht zurück (per-joxim, ich kehre zurück).[1]

§ 47. Die verbalen nominalformen, ein nomen actoris auf -p, -pa, ein nomen acti auf -m, -mqar und ein gerundivum auf -na, -nä sind bereits in der nominalbildungslehre behandelt worden.

§ 48. Die infinitiv-endung ist -xv K, -x P, -ṅkv S; z. b. K: menuxv, gehen; mixv, geben; texv, essen; P: qolux, sterben; pilüx, fürchten; S: minuṅkv, gehen; piluṅkv fürchten.

§ 49. Die konjugation ist zweifach, eine unbestimmte (subjektive) und eine bestimmte (objektive), je nachdem das verbum ohne oder mit objekt steht.

§ 50. Das transitive verbum wird im activum, wenn es ohne objekt ist, ganz wie das intransitive konjugiert. Steht das verbum mit einem objekt, so nimmt man auf den numerus des letztern rücksicht, so dass das verbum verschiedene formen für den singular, dual und plural des objekts hat.[2]

1. Die unbestimmte konjugation.

§ 51. Grösserer anschaulichkeit wegen werden sämtliche endungen der unbestimmten konjugation unten zusammengestellt. Die lautlichen veränderungen des verbums werden aus den paradigmen sichtbar.

Konda. **Pelym.** **Soswa.**

Präsens.

	Konda	Pelym	Soswa
S. 1	-gem, -vem, -am, -em, -m	-ēm, (l)-lem, -em, -im, -m, -antem, -entem	-egum, -gum, -vum
2	-gen, -ven, -än, -n	-ēn, (l)-lin, -en, -in, -n, -anten, -enten	-egin, -gin, -gin, -vin
3	-g, -v, -ī, -i (?)	-i, -i, -anti, -enti	-g, -i, -ī, -v

[1] Vgl. Eine kurze Nachricht u. s. w., s. 629. [2] Ibid. s. 630.

D. 1	-gmen, -vmen, -imen, -men	-ima, -ima, -imä, -antima, -entimā	-gumen, -vumen, -imen
2	-gnā, -vnā, -īnā, -nā	-ina, -ina, -inā, -antina, -entinā	-igin, -egin, -gin, -gin, -vin, -ijin
3	-ga, -gā, -vgā, -āi, -ā, -a	-ii, -ii, -antii, -entii	-eg, -gi, -gi, -vi, -ei, -i
Pl. 1	-gva, -va, -vä, -ve, -ou	-iva, -iv, -iva, -ivū, (-in), -antiva, -entivā	-eguv, -guv, -vuv, -euv, -cu
2	-gnā, -vnā, -īnā, -nä	-ina, -in, -ina, -inā, -antina, -entinā	-egin, -gin, -vin, -ijin, -ijin
3	-get, -gt, -vet, -vt, -vxt, -axt, -āt, -at, -āt -et, -t	-ēt, -et, -it, -t, -antet, -entet	-egit, -git, -vit, -eit

Präteritum.

S. 1	-esem, -sem, -sim	-āsim, -sim, -sim	-asum, -esum, -sum
2	-esen, -sen	-āsin, -sin, -sin	-asin, -esin, -sin
3	-es, -s	-is, -s, -ss	-as, -is, -s
D. 1	-esämen, -esmen, -sāmen, -smen	-sām, -äsām, -sām, -sma, -smä	-asemen, -esamen, -sumen
2	-esän, -esnā, -sän, -snā	-sän, -āsān, -sān, -sna, -snā	-asin, -esin, -sin
3	-esäi, -esäi, -säi, -säi, -sga, -sgā	-sii, -āsii, -sii, -ssii, -ssii	-esig, -sig, -asig, -esi, -asi, -si, -si
Pl. 1	-esou, -sou, -esvä, -sve, -sva, -svā	-sou, -āsau, -sau, -sva, -svä	-asuv, -esuv, -suv
2	-esän, -sän, -snā	-sän, -āsān, -sān, -sna, -snā	-asin, -esin, -sin
3	-eset, -set, -est, -st	-snā, -āst, -sst, -st	-asit, -esit, -sit

Konditional.

S. 1	-nam, -anam	-nēm	-nuvum
2	-nān, -anän	-nēn	-nuvịn
3	-nī, -anī	-nị, -ni	-nuv
D. 1	-nīmen, -anīmen	-nịma, -nịm, -nimä	-nuvamen
2	-nīnä, -anīnä	-nịna, -ninä	-nuvịn
3	-nä, -anä	-nịị, -nii	-nuvị
Pl. 1	-nou, -anou	-nịva, -nivä, -niu	-nuvuv
2	-nīnä, -anīnä	-nịna, -ninä	-nuvịn
3	-nät, -anåt	-nēt, (-net, ?-nēt)	-nuvịt

Optativ.

S. 1 -qem, -qịm
2 -qen
3 -qät, (-qat?)

D. 1 -qämen
2 -qän
3 -qäten, (-qäten?)

Pl. 1 -qou
2 -qän
3 -qànel

Imperativ.

S. 2 -en	-ịn, (l)-lịn, -en, -in	-en
3 -e	-ä, -ä	

D. 2	-än, (-an?)	-än, -än	-en
3	-aį, -eį, -ei, -äį	-iį, -ii	
Pl. 2	-än	-än, -än	-en
3	-et, -it	-et, -ät, -t	

§ 52. Paradigmen.

Konda.

1.

Präsens.

S. 1	jivem, ich gehe	menam, meńgem, ich gehe (weg)
2	jiven	menän, meńgen
3	jiv	menī
D. 1	jivmen	menīmen
2	jivnä	menīnä
3	jivgü	menà
Pl. 1	jivä, jiuvä	menou
2	jivnä	meninä
3	jivet, jivxt, jivt	menat

Präteritum.

S. 1	jisem	menesem
2	jisen	menesen
3	jes	mens, menos
D. 1	jisämen	menesämen
2	jisän	menesän
3	jisäį	menesäį
Pl. 1	jisou, jisvä	menesou
2	jisän	menesän
3	jiset, jist	meneset, menest

Konditional.

S. 1 jinam mennam
2 jinän mennän
3 jini menni

D. 1 jinīmen mennimen
2 jininä menninä
3 jinä mennä

Pl. 1 jinou mennou
2 jininä menninä
3 jinät mennät

Optativ.

S. 1 [jiqem] menqem
2 [jiqen] menqen
3 [jiqät] menqät

D. 1 [jiqämen] menqämen
2 [jiqän] menqän
3 [jiqäten] menqäten

Pl. 1 [jiqou] menqou
2 [jiqän] menqän
3 [jiqänel] menqänel

Imperativ.

S. 2 jäjen menen
3 jäje mene

D. 2 jäjän menän
3 jäjäj menej

Pl. 2 [jäjän]   menän
3 jäjet   menet

Infinitiv: jixv, jexv   menuxv
Nomen actoris: jipqar   menep, menepqar
Nomen acti: jimqar   menim, menimqar
Gerundivum: mennä

2.

Präsens.

S. 1 mjem, migem, ich gebe   vim, vigem, ich nehme
2 migen   vigen
3 mig   vig

D. 1 mimen   vimen
2 minä   vinä
3 miga   viga

Pl. 1 miva   viva
2 minä   vinä
3 miet, mit   viget

Präteritum.

S. 1 mesem, misem   visem
2 [mesen, misen]   [visen]
3 [mes]   [vis]

D. 1 [mesmen]   [vismen]
2 [mesnä]   [visnä]
3 [mesga]   [visga]

Pl. 1 [mesva]   [vịsva]
    2 [mesnā]   [vịsnā]
    3 [meset]   [vịset]

Konditional.

S. 1 menam   vịnam
   2 [menän]   [vịnän]
   3 [menī]   [vịnī]

D. 1 [menīmen]   [vịuimen]
   2 [menīnā]   [vịnīnā]
   3 [menā]   [vịnā]

Pl. 1 [menou]   [vịnou]
    2 [menīnā]   [vịnīnā]
    3 [menāt]   [vịnāt]

Optativ.

S. 1   vịqem
   2   [vịqen]
   3   [vịqät]

D. 1   vịqämen
   2   vịqän
   3   vịqüten

Pl. 1   vịqou
    2   vịqän
    3   vịqänel

Imperativ.

S. 2 mäjen		väjen
3 mäje		väje

D. 2 mäjan [? mäjän]		väjän
3 mäjaj		väjaj

Pl. 2 [mäjän]		[väjän]
3 mäjet		väjet

Inf.:		mixv		vixv
Nom. actoris:	mip		vip
Nom. acti:	mim		vim

3.

Präsens.

S. 1 ōlam, olgem, ich bin,	pelam, pelgem, ich
		ich lebe			fürchte
2 ölän, ölgen		pelän, pelgen
3 ōli		peli, (? peli)

D. 1 ōlimen		pelimen
2 ōlinä		pelinä
3 ōlä		pelä

Pl. 1 ōlou		pelou
2 ōlinä		pelinä
3 ōlat		pelät

Präteritum.

S. 1 olsem   pelsem
   2 ölsen   pelsen
   3 öls, öles   peles

D. 1 ölsämen   pelsämen
   2 ölsän   pelsän
   3 ölsäj   pelsäj

Pl. 1 ölsou   pelsou
    2 olsän   pelsän
    3 ölset   pelset

Konditional.

S. 1 ölnam   pelnam
   2 ölnän   pelnän
   3 ölni   pelni

D. 1 ölnīmen   pelnīmen
   2 ölninä   pelninä
   3 ölnä   pelnä

Pl. 1 ölnou   pelnou
    2 ölninä   pelninä
    3 ölnät   pelnät

Optativ.

S. 1 olqim
   2 olqen
   3 olqät

D. 1 olqämen
   2 olqän
   3 olqäten [? olqäten]

Pl. 1 olqou
   2 olqän
   3 olqänel

Imperativ.

S. 2 ölen   pelen
   3 öle   pele

D. 2 ölän   pelän
   3 ölaį, ölcį   peläį, peleį

Pl. 2 ölän   pelän
   3 ölet   pelet

Inf.:   öluxv   peluxv
Nom. actoris: ölep   pelep
Nom. acti: ölįm   pelįm
Negat. verbaladv.: öltal, ohne zu sein; peltal, ohne zu fürchten.

4.

Präsens.

S. 1 tŏm, ich esse   tŭm, ich komme an
   2 ten   tŭn
   3 teg, tig   tŭg

D. 1 temen   tŭmen
   2 tenä   tŭnä, tugnä
   3 tegä   tugä

Pl. 1 tēva   tūvā
    2 tēnä   tūgnä
    3 tēat, teūt   tūt

Präteritum.

S. 1 tēsem   tūsem
   2 tēsen   tūsen
   3 tes   tus

D. 1 tesmen   tūsämen
   2 tesnä   tūsän
   3 tesga   tūsäj

Pl. 1 tesva   tusvā, tūsou
    2 tesnä   tūsän
    3 tēset   tūset

Konditional.

S. 1 tēnam   tūnam
   2 tēnän   tūnän
   3 tēnī   tūnī

D. 1 [tēnīmen]   tūnīmen
   2 [tēnīnä]   tūnīnä
   3 [tēnä]   tūnä

Pl. 1 [tēnou]   tūnou
    2 [tēnīnä]   tūnīnä
    3 [tēnät]   tūnät

Optativ.

S. 1 tëqem
2 tëqen
3 tëqat [? tēqät]

D. 1 tëqāmen [? tēqämen]
2 tëqän
3 tēqäten

Pl. 1 tëqou
2 tëqän
3 tēqänel

Imperativ.

S. 2 toajen, täjen   tüjen
3 tonje   tüje

D. 2 toajūn, tajān   tujān
3 toajaį   tūjäį

Pl. 2 toajān, tajān   tujān
3 toait   tüjet

Inf.:   texv   tuxv
Nom. actoris: tëp   tūp
Nom. acti: tēm   tūm
Ger.:   tënä

5.
Präsens.

S. 1 ūm; vįgem, ich sehe   ponam, ich stelle
2 ūn; vįgen   ponän
3 ūg; vįg   ponï

D. 1 ümen; vīgmen   ponimen
   2 ünä; vīgnä   poninä
   3 üga; vīga   ponäi̯

Pl. 1 üva, üve; vīgva   ponou
   2 ünä; vīgnä   ponīnä
   3 ut; vīgt, vīget   ponät, ponaxt

Präteritum.

S. 1 usi̯m   ponsem
   2 üsen   ponsen
   3 us   pons

D. 1 usmen   ponsämen
   2 usnä   ponsän
   3 usgä   ponsäi̯

Pl. 1 usve   ponsou
   2 usnä   ponsän
   3 üset   ponset

Konditional.

S. 1 ūnam   ponnam
   2 ūnän   ponnän
   3 ūni   ponni

D. 2 ūnimen   ponnīmen
   2 ūnīnä   ponninä
   3 unä   ponnä

Pl. 1 ūnou ponnou
2 ūnīnä ponnīnä
3 ūnat ponnät

Imperativ.

S. 2 ūjen ponen
3 pone

D. 2 ūjän ponän
3 ponäi̯

Pl. 2 ūjän ponän
3 ponet

Inf.: ux ponux
Nom. actoris: ūp, ūpqar ponpa
Nom. acti: ūm, ūmqar [poni̯m], poni̯mqar
Negat. verbaladv.: ūtal, ohne zu sehen.

6.

Präsens.	Präteritum.
S. 1 poni̯qtam, ich lege mich	poni̯qtesem
2 poni̯qtän	poni̯qtesen
3 poni̯qtī	poni̯qtes
D. 1 poni̯qtimen	poni̯qtesmen
2 poni̯qtīnä	poni̯qtesnä
3 poni̯qta	poni̯qtesäi̯
Pl. 1 poni̯qtou	poni̯qtesvä
2 poni̯qtīnä	poni̯qtesīn
3 poni̯qtat	poni̯qteset

Konditional.   Imperativ.

S. 1 poniqtanam
   2 poniqtanān   poniqten
   3 poniqtanī   poniqte

D. 1 poniqtanīmen
   2 poniqtanīnä   poniqtān
   3 poniqtana   poniqtäj

Pl. 1 poniqtanou
    2 poniqtanīnä   poniqtān
    3 poniqtanat   poniqtet

Nom. actoris: poniqtap
Inf.   poniqtaxv
Nom. acti: poniqtam

Pelym.

Präsens.

S. 1 qolim, ich sterbe   pilem, ich fürchte
   2 qolin   pilen
   3 qōli   pili

D. 1 qōlima, qōlīm   pilimä, pilīm
   2 qōlina, qōlīn   pilinä, pilīn
   3 qōlij   pilii

Pl. 1 qōliva, qōliu   pilivä, piliu
    2 qōlina, qōliu   pilinä
    3 qolt   pilet

Präteritum.

S. 1 qolsim   pilsim
   2 qolsin   pilsin
   3 qols   pils

D. 1 qolsām   pilsām
   2 qolsān   pilsān
   3 qolsii   pilsii

Pl. 1 qolsau   pilsau (nicht: pilsāū)
    2 qolsān   pilsān
    3 qolst   pilst

Konditional.

S. 1 qolnēm, qolnām   pilnēm
   2 qolnēn, qolnān   pilnēn
   3 qolni   pilni

D. 1 qolnima, qolnīm   pilnimä, pilnīm
   2 qolnina, qolnīn   pilninä, pilnīn
   3 qolnii   pilnii

Pl. 1 qolniva   pilnivä, pilniu
    2 qolnina   pilninä, pilnīn
    3 qolnēt   pilnēt

Imperativ.

S. 2 qolin   pilen
   3 qola   pilā

D. 2 qolān   pilān
   3 qolii   pilii

Pl.	2 qolän	pilän
	3 qolét	pilät

Inf.:	qolux	pilux
Nomen actoris:	qolip, qolipqar	pilep
„ acti:	qōlim, qōlum	pilem

2.

Präsens.

S. 1 ollim, ich bin, ich lebe   minėm, ich gehe (weg)
    2 ollin   minēn
    3 oli   mini

D. 1 olima, olīm   minimä
    2 olina, olīn   mininä
    3 olii   minii

Pl. 1 oliva, oliv [? olįv]   minivä
    2 olina, olīn   mininä
    3 olēt   minēt

Präteritum.

S. 1 olsim   minäsim
    2 olsin   minäsin
    3 ōls   mins

D. 1 olsäm   minäsäm
    2 olsán   minäsän
    3 olsii   minäsii

Pl. 1 olsau   mināsau
2 olsān   mināsān
3 olst   mināst

Konditional.

S. 1 olnēm   minnēm
2 olnēn   minnēn
3 olnį   minni

D. 1 olnįma   minnimä
2 olnįna   minninä
3 olnįį   minnii

Pl. 1 olniu   minnivä
2 olnįna   minninä
3 olnēt   minnēt

Imperativ.

S. 2 ollįn   min
3 olä   minä

D. 2 olān   minān
3 olįį   minii

Pl. 2 olān   minān
3 olt   mint

Inf.:   olux   minūx
Nomen actoris: olįp, olpa   minep, minepqar
„ acti: ōlįm, ōlum   minem, minemqar

3.

Präsens.

S. 1	ům, ich nehme	mēm, ich gebe	um, ich sehe
2	ůn	mēn	un
3	ůi	mi	ui

D. 1	ůimā	mimā	uima
2	ůinā	minā	uina
3	ůii	mii	uii

Pl. 1	ůivā	mivä	uiva
2	ůinā	minä	uina
3	ūt, ůit	miet	ūt

Präteritum.

S. 1	ůsim	misim	us̗m
2	ůsin	misin	us̗n
3	ůss	miss	uss

D. 1	ůsmā	mismā	usma
2	ůsnä	misnä	usna
3	ůssii	misnā [? missii]	us̗ı̗

Pl. 1	ůsvā	misvä	usva
2	ůsnā	misnā	usna
3	ůst	misst	usst

Konditional.

S. 1	ůnēm	minēm	unēm
2	ůnēn	minēn	unēn
3	ůni	mini	un̗

D.	1 ůnimä	minimä	uṇima
	2 ůninä	mininä	uṇina
	3 ůnii	minii	uṇii

Pl.	1 ůnivä	minivä	uṇiva
	2 ůninä	mininä	uṇina
	3 ůnēt	minēt	unēt

Imperativ.

S. 2	väin	mäin	uin
D. 2	väjän	mäjän	ujän
Pl. 2	väjän		ujän

Inf.:	ůx	mix	ůx
Nomen actoris:	ůpä	mipāqar	upa
„ acti:	ům	mim	um

4.

Präsens.

S.	1 šošantem, ich streue	älentem, ich steche
	2 šošanten	älenten
	3 šošanti	älenti

D.	1 šošantima	älentimä
	2 šošantina	älentinä
	3 šošantii	älentii

Pl.	1 šošantiva	älentivä
	2 šošantina	älentinä
	1 šošantēt	älentēt

Präteritum.

S. 1 šoššįm   älsim
   2 šoššįn   älsin
   2 šošįs   äls

D. 1 šoššäm   älsäm
   2 šoššän   älsän
   3 šoššįį   älsii

Pl. 1 šoššou   älsou
    2 šoššän   älsån
    3 šošst   älst

Konditional.

S. 1 šošnēm   älnēm
   2 šošnēn   älnēn
   3 šošnį   älui

D. 1 šošnįma, šošnim   älnimä
   2 šošnįna   älninä
   3 šošnįį   älnii

Pl. 1 šošnįva   älnivä
    2 šošnįna   älninä
    3 šošnet   älnet

Imperativ.

S. 2 šošįn   älen
D., Pl. 2 šošän

Nomen actoris: šošipqar   älpäqar
       „ acti: šošumqar   älemqar

Soswa.

Präsens.

S. 1 juvum, jüm, ich gehe   minegum, ich gebe (weg)
   2 juvin   minegin
   3 juv   mini

D. 1 juvumen   minimen
   2 juvin   minijin
   3 juvi   mineg, minei

Pl. 1 juvuv   mineuv
   2 juvin   minijin
   3 juvit   minegit

Präteritum.

S. 1 jisum   minasum
   2 jisin   minasin
   3 jis   minas

D. 1 jisumen   minasamen
   2 jisin   minasin
   3 jisig, jisi   minasig, minasi

Pl. 1 jisuv   minasuv
   2 jisin   minasin
   3 jisit   minasit

Konditional.

S. 1 jinuvum   minnuvum
   2 jinuvin   minnuvin
   3 jinuv   minnuv

D. 1 jinuvamen minnuvamen
   2 jinuvin minnuvjn
   3 jinuvī minnuvī

Pl. 1 jinuvuv minnuvuv
   2 jinuvin minnuvin
   3 jinuvjt minnuvjt

Imperativ.

S., D., Pl. 2 jejen, jēn minen

Inf.: jińkv minuńkv
Nom. actoris: jine miune
 „ acti: jim minam

2.
Präsens.

S. 1 joxtegum, ich komme pilegum, ich fürchte
   2 joxtegin pilegin
   3 joxti pili

D. 1 joxtimen pilimen
   2 joxtijin pilegin
   3 joxtei pilei

Pl. 1 joxten pileguv
   2 joxtijin pilogin
   3 joxtejt pilegjt

Präteritum.

S. 1 joxtesum pilsum
   2 joxtesin pilsin
   3 joxtis pilis

D. 1 joxtesamen   pilsumen
   2 joxtesin   pilsin
   3 joxtesig, joxtesi pilsi, pilsig

Pl. 1 joxtesuv   pilsuv
   2 joxtesin   pilsin
   3 joxtesit   pilsit

Konditional.

S. 1 joxtenuvum   pilnuvum
          u. s. w.

Imperativ.

S., D., Pl. 2 joxten   pilen

Inf.:   joxtuṅkv   piluṅkv
Nom. actoris: joxtne   pilne
  „   acti: joxtum   pilum

3.
Präsens.

S. 1 untegum, ich setze mich   unlegum, ich sitze
   2 untegin   unlegin
   3 unti   unli

D. 1 untimen   unlimen
   2 untijin   unlijin
   3 untei   unlei

Pl. 1 unteu   unleu
   2 untijin   unlijin
   3 unteit   unleit

Präteritum.

S. 1 untsum unlesum
   2 untsin unlesin
   3 untis   unlis

D. 1 untsumen unlesamen
   2 untsin   unlesin
   3 untsi   unlesi

Pl. 1 untsuv   unlesuv
    2 untsin unlesin
    3 untsit unlesit

Konditional.

S. 1 untnuvum unlenuvum
           u. s. w.

Imperativ.

S., D., Pl. 2 unten unlen

Inf.:   untuńkv   unluńkv
Nom. actoris: untne   unlene
  „ acti: untum   unlum

4.
Präsens.

S. 1 tĕgum, ich esse   aijegum, ich trinke
   2 tĕgin   aijegin
   3 tĕg   aiji

D. 1 tēgumen   aijimen
   2 tēgin   aijijin
   3 tēgī   aijei

Pl. 1 tēguv   aijeu
   2 tēgin   aijijin
   3 tēgit   aijegit

Präteritum.

S. 1 tēsum   aisum
   2 tēsin   aisin
   3 tēs   ais

D. 1 tēsumen   aisumen
   2 tēsin   aisin
   3 tēsī   aisī

Pl. 1 tēsuv   aisuv
   2 tēsin   aisin
   3 tēsit   aisit

Konditional.

S. 1 tēnuvum   ainuvum
   u. s. w.

Imperativ.

S., D., Pl. 2 tajen   aijen

Inf.:   tōṅkv   aijuṅkv
Nom. actoris: tēne   aine
  „   acti: tēm   aijum

5.

Präsens.

S. 1 pośegum, я сру   xuńsegum, ich harne
   2 pośegi̯n   xuńsegi̯n
   3 pośi   xuńsi

D. 1 pośimen   xuńsimen
   2 pośijin   xuúsijin
   3 pośei̯   xuńsi̯

Pl. 1 pośeu   xuńseu
   2 pośijin   xuńsijin
   3 pośegi̯t   xuńsegi̯t

Präteritum.

S. 1 pośsum   xuńsum
   2 pośsi̯n   xuńsi̯n
   3 pośi̯s   xuńsi̯s

D. 1 pośsumen   xuńsumen
   2 pośsi̯n   xuńsi̯n
   3 pośsi̯   xuńsi̯

Pl. 1 pośsuv   xuńsuv
   2 pośsi̯n   xuńsi̯n
   3 pośsi̯t   xuńsi̯t

Konditional.

S. 1 pośnuvuin   xuśnuvum

u. s. w.

S., D., Pl. 2 pośen   xuńsen

Inf.:   pośuńkv   xunśuńkv
Nom. actoris: pośne   xuńsne
 „   acti: pośum   xuńsum

6.

Präsens.

S. 1 migum, ich gebe   vigum, ich nehme
   2 migin   vigin
   3 mig, mi   vig, vi

D. 1 migumen   vigumen
   2 migin   vigin
   3 migi   vigi

Pl. 1 miguv   viguv
    2 migit   vigin
    3 migit   vigit

Präteritum.

S. 1 misum   visum
   2 misin   visin
   3 mis   vis

D. 1 misumen   visumen
   2 misin   visin
   3 misi, misig   visi

Pl 1 misuv   visuv
   2 misin   visin
   3 misit, mist   visit, vist

Konditional.

S.	1 mįnuvum	[vįnuvum]
	2 mįnuvįn	[vįnuvįn]
	3 mįnuv	[vįnuv]

D.	1 mįnumen	[vįnumen]
	u. s. w.	

Imperativ.

S., D., Pl. 2 majen	vojen
Inf.: mįṅkv	vįṅkv
Nom. actoris: mįne	vįne
„ acti: mįm	vįm

§ 53. Der anschaulichkeit wegen wird menam K, minëm P, minegum S, ich gehe weg, noch in allen drei dialekten konjugiert.

Konda.	Pelym.	Soswa.
	Präsens.	
S. 1 menam, meṅgem	minëm	minegum
2 menün, meṅgen	minën	minegįn
3 menī	mini	mini
D. 1 menīmen	minimä	minimen
2 menīnä	mininä	minijin
3 menä	minii	mineg, minei
Pl. 1 menou	minivä	mineuv
2 menīnä	mininä	minijin
3 menät	minët	minegįt
	Präteritum.	
S. 1 menesem	minäsim	minasum
2 menesen	minäsin	minasįn
3 mens, menes	mins	minas

D.	1 menesämen	mināsām	minasamen
	2 menesän	mināsān	minasin
	3 menesäi	mināsii	minasig, minasi

Pl.	1 menesou	mināsau	minasuv
	2 menesän	mināsān	minasin
	3 meneset, menest	mināst	minasit

Konditional.

S.	1 mennam	minnēm	minnuvum
	2 mennän	minnēn	minnuvin
	3 menni	minni	minnuv

D.	1 mennīmen	minnimā	minnuvamen
	2 mennīnä	minninä	minnuvin
	3 mennā	minnii	minnuvi

Pl.	1 mennou	minnivā	minnuvuv
	2 mennīnä	minninä	minnuvin
	3 mennāt	minnēt	minnuvit

Imperativ.

S.	2 menen	min	minen
	3 mene	minä	

D.	2 menän	minān	minen
	3 menei	minii	

Pl.	2 menän	minān	minen
	3 menet	mint	

Inf.:	menuxv	minūx	minunkv
Nom. actoris:	menep	minep	(minne)
„ acti:	menim	minem	minam

2. Die bestimmte konjugation.

§ 54. Die endungen der bestimmten konjugation aller drei dialekte werden unten zusammengestellt.

Präsens.

	Konda			Pelym			Soswa		
	Das objekt im:			Das obj. im:			Das obj. im:		
	S.	D.	Pl.	S.	D. od. Pl.		S.	D.	Pl.
S. 1	-ilem, -ilem	-gam	-gänem	-iljm, -ilem	-jäm, -jäm -jjam, -ijäm		-glum, -jlum	-gagum, -ija- gum	-ganum, -ija- num
2	-ilen, -ilen	-gän	-gän	-iljn, -ilen	-jän, -jän, -ijan, jjan		-gljn, -iljn	-gagjn, -ijagjn	-gan, -jjan
3	-gtä, -jtä, -itä, -itä	-ga, -gä	-gän	-ita, -itä	-jän, -jän, -ijän, -ijän		(-j)te, -jte	-gage, -jjage	-gane, -jjane
D. 1	-llämen, -llämen	-goamen	-genämen	-iläm, ilä́m	-inäm, -inän, -inän		-glumen, -ija- men	-gagamen, -ija- gumen	-ganamen, -ija- gumen, [? -ja- namen]
2	ilän, -ilän	-gän, -goan	-genan [?], -ge- nän	-ilän, -ilän	-jän, -jän, -ijan, -ijan		-gljn, -iljn	-gagjn, -ijagjn	-gan, -jjan
3	iten, -iten	-gäten, -gaten	-gän	-jän, -jän, -ijän, -ijän	-jän, -jän, -ijän, -ijän		-(i)ten, -jten	-gagen, -jjagen	-ganjl, -jjanjl
Pl. 1	-ilou, -ilou	-goau, -genou	-genou	-ilou, -ivä	-inou		-gluv, -jluv	-gaguv, -ija- guv	-ganuv, -ijanuv
2	-ilän, -ilän	-gän, -genän	-genän	-ilän, -ilän	-jän, -jän, -ijän, -ijän		-gljn, -iljn	-gagjn, -ijagjn	-gan, -jjan
3	-gänel	-gänel	-gänel	-jän, -jän, -ijan, -ijän	-jän, -jän, -ijän, -ijän		-ganjl, -jjanjl	-ganjl, -jjanjl	-ganjl, -jjanjl

14

	Konda		Pelym (Präteritum)		Soswa		
	Das obj. im:		Das obj. im:		Das obj. im:		
S.	D.	Pl.	S.	D. od. Pl.	S.	D.	Pl.
S. 1 -slem	-sam	-sänem	-sljm, -slim	-sän, -sän	-slum, -jslum	-sagum	-sanum
2 -slen	-san	-sän	-sljn, -slin	-sän, -sän	-sljn, -jsljn	-sagjn	-san
3 -stä	-sä, -soa	-sän	-sta, -stä	-sän, -sän	-ste, -jste	-sage	-sane
D. 1 -slämen	-soamen, -senämen	-senämen, -senämen	-släm, -släm	-snäm, -snäm	-slumen, -jslamen	-sagamen	-sanamen
2 -slän	-san	-senän, -san	-slän, -slän	-sän, -sän	-sljn, -jsljn	-sagjn	-san
3 -sten	-sä, -soa	-sän, -san	-sän, -sän	-sän, -sän	-sten, -jsten	-sagen	-sanjl
Pl. 1 -slou	-soau	-senou	-slou, -slän, (-slän)	-snou	-sluv, -jsluv	-saguv	-sanuv
2 -slän	-san	-sän, -san	-sän, -sän	-sän, -sän	-sljn, -jsljn	-sagjn	-san
3 -sänel	-sänel	-sänel	-sän, -sän	-sän, -sän	-sanjl, -jsanjl	-sanjl, -jsanjl	-sanjl

— 211 —

Konditional.

	S.	D.	Pl.	S.	D. od. Pl.	S.	D.	Pl.
S. 1 -nilem	-nigam	-nigănem	-nijim, -nilem	-nijăm, -nijăm, (-nijăm?)	-nuvlum	-nugagum, -nu-vagum	-nuvanum
2 -nilen	-nigăn	-nigăn	-nijin, -nilen	-nijăn, -nijăn, -nijăn,(-nijăn?)	-nuvlin	-nugagin, -nu-vagin	-nuvan
3 -nită	-niga, -nigă	-nigin	-nita, -nită, -nita	-nijăn, -nijăn, -nijăn,(-nijăn?)	-nuvte, -nute	-nugage, -nu-vage	-nuvane
D. 1 -nilămen	-nigoamen	-nigenămen	-nijam, -nilăm, -nilam	-njnăm, -ni-năm, -ninăm	-nuvlamen	-nugagamen, -nuvagamen	-nuvanamen
2 -nilăn	-nigan, -nigăn	-nigan	-nijăn, -nilăn, -nilăn	-nijăn, -nijăn, (-nijăn?)	-nuvlin	-nugagin, -nu-vagin	-nuvan
3 -niten	-nigaten, -ni-găten	-nigan	-nijăn, -nijăn	-nijăn, -nijăn, (-nijăn?)	-nuvten, -năten	-nugagen, -nu-vagen	-nuvanjl
Pl. 1 -nilou, -nilou	-nigoau, -ni-gau	-nigenou	-nilou	-ninou	-nuvluv	-nugaguv, -nu-vaguv	-nuvanuv
2 -nilăn	-nigan, -nigăn	-nigan	-nilăn, -nilăn	-nijăn, -nijăn, (-nijăn?)	-nuvlin	-nugagin, -nu-vagin	-nuvan
3 -nigănel	-nigănel	-nigănel	-nijan, -nijăn	-nijăn, -nijăn (-nijăn?)	-nuvanjl	-nuganjl, -nu-vanjl	-nuvanjl

	Konda			Pelym Imperativ.		Soswa		
	Das obj. im:			Das obj. im:		Das obj. im:		
S.	D.	Pl.	S.	D. od. Pl.	S.	D.	Pl.
S. 2 -än, -jän	-an	-an	-jaljn, -jälen, -äljn, -älen	-jän, -jün, -än, -än	-alen, -jalen	-egen, -jegen	-en, -jen
3 -ät							
D. 2 -elän, -ilän	-an	-an	-jalän, -ilän	-jän, -jän, -än, än			
3 -äten							
Pl. 2 -elän, -ilän	-an	-an	-jalän, -ilän, -alän, -älän	-jän, -jän, -än, -än			
3 -änel							

Konda.

Das objekt

im

Singular.	Dual.	Plural.

1.

Präsens.

S. 1 voailem, ich sehe (ihn)	vīgam, ich sehe (sie beide)	vīgänem, ich sehe (sie)
2 voailen	vīgän	vīgän
3 voaitä, vītä, vigtä	viga, [? vīga]	vīgän

D. 1 voailämen	vīgoamen	vīgenämen
2 voailän	vīgoan	vīgenän
3 voaiten	vīgaten	vīgän

Pl. 1 voailou	vīgenou	vīgenou
2 voailän	vīgenän	vīgenän, [? vīgenän]
3 vīgänel	vīgänel	vīgänel

Präteritum.

S 1 uslem	ūsam	ūsänem
2 uslen	ūsan	ūsän
3 ustä	ūsä, ūsoa	usän

D. 1 uslämen	ūsenämen, ūsoamen	ūsenämen
2 uslän	ūsan	ūsan
3 usten	ūsoa	ūsan

Pl. 1 uslou	ūsoau	ūsenou
2 uslän	ūsan	ūsan
3 ūsänel	ūsänel	ūsänel

Konditional.

S. 1	ūnīlem	ūnigam	ūnigŭnem
2	ūnīlen	ūnigän	ūnigän
3	ūnītä	ūniga	ūnigän

D. 1	unilämen	ūnigoamen	ūnigenämen
2	ūnīlän	ūnigan	ūnigan
3	ūnīten	ūnigaten	ūnigan

Pl. 1	ūnilou	ūnigoau, -gau	ūnigenou
2	ūnilän	ūnigan	ūnigan
3	ūnigŭnel	ūnigŭnel	ūnigŭnel

Imperativ.

S. 2 ūjän

D. 2 uilän

Pl. 2 uilän

2.

Präsens.

S. 1	ponīlem, ich stelle (ihn)	pongam,[1] ich stelle (sie beide)	pongänem, ich stelle (sie)
2	ponīlen	pongän	pongän
3	ponītä	pongä	pongän

D. 1	ponilämen	pongoamen	pongenämen
2	ponīlän	pongän	pongenan, [? -än]
3	ponīten	pongäten	pongän

[1] nicht poṅgam.

Pl. 1 ponilou pongoau pongenou
2 ponīlän pongän pongenän
3 pongänel pongänel pongänel

Präteritum.

S. 1 ponslem ponsam ponsänem
2 ponslen ponsan ponsän
3 ponstä ponsä, ponsoa ponsän

D. 1 ponslämen ponsoamen ponsenämen
2 ponslän ponsan ponsenän
3 ponsten ponsä, ponsoa ponsän

Pl. 1 ponslou ponsoau ponsenou
2 ponslän ponsan ponsän
3 ponsänel ponsänel ponsänel

Konditional.

S. 1 ponnīlem ponnigam
2 [ponnilen] [ponnigän]
3 [ponnītä] [ponnigä]

D. 1 [ponnīlämen] [ponnigoamen]
2 [ponnīlän] [ponnigän]
3 [ponnīten] [ponnigäten]

Pl. 1 [ponnīlou] [ponnigoau]
2 [ponnīlän] [ponnigän]
3 [ponnigänel] [ponnigänel]

Imperativ.

S. 2 ponän	ponan	ponan
3 ponät		

D. 2 ponelän	ponan	ponan
3 ponäten		

Pl. 2 ponelän	ponan	ponan
3 ponänel		

Pelym.

Das objekt

im

Singular.   *Dual od. Plural.*

1.
Präsens.

S. 1 üilem, ich nehme (ihn)   üjäm, ich nehme (sie)
    2 üilen   üjän
    3 üitä   üjän

D. 1 üiläm   üinäm
    2 üilän   üjän
    3 üjän   üjän

Pl. 1 üilou   üinou
    2 üilän   üjän
    3 üjän   üjän

Präteritum.

S. 1 üslim   üsäm
   2 üslin   üsän
   3 üstä   üsän

D. 1 usläm   üsnäm
   2 üslän   üsän
   3 üsän   üsän

Pl. 1 üslou   üsnou
    2 üslän   üsän
    3 üsän   üsän

Konditional.

S. 1 ünilem   ünijäm
   2 ünilen   ünijän
   3 ünitä   ünijän

D. 1 üniläm   üninäm
   2 ünilän   ünijän
   3 ünijän   ünijän

Pl. 1 ünilou   üninou
    2 ünilän   ünijän
    3 ünijän   ünijän

Imperativ.

S. 2 väjälen   väjän
D. Pl. 2 väilän   väjän

2.

Präsens.

S. 1 uilįm, ich sehe (ihn)   ujäm, ich sehe (sie)
   2 uilįn   ujän
   3 uita   ujän

D. 1 uiläm   uinäm
   2 uilän   ujän
   3 ujän   ujän

Pl. 1 uilou   uinou
    2 uilän   ujän
    3 ujän   ujän

Präteritum.

S. 1 uslįm   usäm
   2 uslįn   usän
   3 usta   usän

D. 1 usläm   usnäm
   2 uslän   usän
   3 usän   usän

Pl. 1 uslou   usnou
    2 uslän   usän
    3 usän   usän

Konditional.

S. 1 unįlįm   unįjäm
   2 unįlįn   unįjän
   3 unįta   unįjän

D. 1 unjlàm   uninǎm
   2 unjlän   unijän
   3 unijän   unijän

Pl. 1 unilou   uninou
   2 unilän   unijän
   3 unijän   unijän

Imperativ.

S. 2 ujaljn   ujän
D. Pl. 2 ujalän   ujän

3.

Präsens.

S. 1 milem, ich gebe (ihn)   mijäm, ich gebe (sie)
   2 milen   mijän
   3 mitä   mijän

D. 1 milǎm   minǎm
   2 milän   mijän
   3 mijän   mijän

Pl. 1 mivä   minou
   2 milän   mijän
   3 mijän, [? -än]   mijän

Präteritum.

S. 1 mislim   misäm
   2 mislin   misän
   3 mistä   misän

D.	1 misläm	misnäm
	2 misläa	misän
	3 misän	misän

Pl.	1 mislou	misnou
	2 misläa	misän
	3 misän	misän

Konditional.

S.	1 minilem	minijäm
	2 minilen	minijän
	3 minita	minijän

D.	1 miniläm	mininäm
	2 miniläa	minijän
	3 minijän	minijän

Pl.	1 minilou	mininou
	2 miniläa	minijän
	3 minijän	minijän

Imperativ.

S. 2	mäjälen	mäjän
D. Pl. 2	mäiläa	mäjän

4.

Präsens.

S.	1 šošantilem, ich streue (es)	šošantijam, ich streue (sie)
	2 šošantilen	šošantijän
	3 šošantita	šošantijän

D. 1 šošantilām šošantinām
2 šošantilān šošantijān
3 šošantijān šošantijān

Pl. 1 šošantilou šošantinou
2 šošantilān šošantijān
3 šošantijān šošantijān

Präteritum.

S. 1 šošslim šošsām
2 šošslin šošsān
3 šošsta šošsān

D. 1 šošslām šošsnām
2 šošslān šošsān
3 šošsān šošsān

Pl. 1 šošslou šošsnou
2 šošslān šošsān
3 šošsān šošsān

Konditional.

S. 1 šošnilem šošnjjām
2 šošnilen šošnijān
3 šošnita šošnijān

D. 1 šošnilām šošnjnam, [? -ām]
2 šošnilān šošnijān
3 šošnijān šošnijān

Pl. 1 šošnilou šošninou
2 šošnilān šošnijān
3 šošnijān šošnijān

Imperativ.

S. 2 šošälin   šošän

Pl. 2 šošalän   šošän

5.

Präsens.

S. 1 älentilem, ich steche   älentijäm, ich steche (sie)
        (ihn)
   2 älentilen   älentijän
   3 älentitä   älentijän

D. 1 älentiläm   älentinäm
   2 älentilän   älentijän
   3 älentijän   älentijän

Pl. 1 älentilou   älentinou
   2 älentilän   älentijän
   3 älentijän   älentijän

Präteritum.

S. 1 älslim   älsäm
   2 älslin   älsän
   3 älstä   älsän

D. 1 älsläm   älsnäm
   2 älslän   älsän
   3 älsän   älsän

Pl. 1 älslou   älsnou
   2 älslin   älsän
   3 älsän   älsän

Konditional.

S. 1	älnilem	älnijäm, [? -Äm]
2	älnilen	älnijän, [? -än]
3	älnitä	älnijän, [? -Än]

D. 1	älnilām	älninām
2	älnilän	älnijän, [? -än]
3	älnijän	älnijän, [? -än]

Pl. 1	älnilou	älninou
2	älnilän	älnijän, [? -Än]
3	älnijän	älnijän, [? -Än]

Imperativ.

S. 2	älälen	älän
Pl. 2	älälän	älän

Soswa.

Das objekt

im

Singular.	Dual.	Plural.

1.

Präsens.

S. 1	miglum, ich gebe (ihn)	migagum, ich gebe (sie beide)	miganum, ich gebe (sie)
2	miglin	migagin	migan
3	inīte	migage	migane

Imperativ.

S. 2 šošălįn   šošŭn

Pl. 2 šošalăn   šošăn

5.

Präsens.

S. 1 älentilem, ich steche   älentijăm, ich steche (sie)
  (ihn)
  2 älentilen   älentijăn
  3 alentită   älentijăn

D. 1 älentilăm   älentinăm
  2 älentilăn   älentijăn
  3 älentijăn   älentijăn

Pl. 1 älentilou   älentinou
  2 älentilăn   älentijăn
  3 älentijăn   älentijăn

Präteritum.

S. 1 älslim   älsăm
  2 älslin   älsăn
  3 älstă   älsăn

D. 1 älslăm   älsnăm
  2 älslăn   älsăn
  3 älsăn   älsăn

Pl. 1 älslou   älsnou
  2 älslăn   älsăn
  3 älsăn   älsăn

Konditional.

S. 1 älnilem   älnijäm, [? -äm]
   2 älnilen   älnijän, [? -än]
   3 älnitä   älnijän, [? -än]

D. 1 älniläm   älninäm
   2 älnilän   älnijän, [? -än]
   3 älnijän   älnijän, [? -än]

Pl. 1 älnilou   älninou
   2 älnilän   älnijän, [? -än]
   3 älnijän   älnijän, [? -än]

Imperativ.

S. 2 älälen   älän

Pl. 2 älälän   älän

Soswa.

Das objekt im

Singular.	Dual.	Plural.

1.

Präsens.

S. 1 mjglum, ich gebe (ihn)   migagum, ich gebe (sie beide)   miganum, ich gebe (sie)
   2 mjglin   mjgagin   mjgan
   3 mjte   mjgage   mjgane

D. 1	miglumen	migagamen	miganamen
2	miglin	migagin	migan
3	miten	migagen	miganil

Pl. 1	migluv	migaguv	miganuv
2	miglin	migagin	migan
3	miganil	miganil	miganil

Präteritum.

S. 1	mislum	misagum	misanum
2	mislin	misagin	misan
3	miste	misage	misane

D. 1	mislumen	misagamen	misanamen
2	mislin	misagin	misan
3	misten	misagen	misanil

Pl. 1	misluv	misaguv	misanuv
2	mislin	misagin	misan
3	misanil	misanil	misanil

Konditional.

S. 1	minuvlum	minugagum, minuvagum	minuvanum
2	minuvlin	[minugagin]	[minuvan]
3	minūte	[minugage]	[minuvane]

D. 1	minuvlamen	[minugagamen]	[minuvanamen]
2	minuvlin	[minugagin]	[minuvan]
3	minūten	[minugagen]	[minuvanil]

Pl. 1	minuvluv	[minugaguv]	[minuvanuv]
2	minuvlin	[minugagin]	[minuvan]
3	minuvanil, [?minuvanil]	[minuganil]	[minuvanil]

Imperativ.

S. 2 majalen   majegen   majen

2.

Präsens.

S. 1	joutilum, ich kaufe (ihn)	joutijagum, i. k. (sie beide)	joutijanum, i. k. (sie)
2	joutilin	joutijagin	joutijan
3	joutite	joutijage	joutijane
D. 1	joutilamen	joutijagumen	joutijagumen, [?joutijanamen]
2	joutilin	joutijagin	joutijan
3	joutiten	joutijagen	joutijanil
Pl. 1	joutiluv	joutijaguv	joutijanuv, [? -ijanuv]
2	joutilin	joutijagin	joutijan
3	joutijanil	joutijanil	joutijanil

Präteritum.

S. 1	joutislum	joutsagum	joutsanum
2	joutislin	joutsagin	[joutsan]
3	joutiste	joutsage	[joutsane]
D. 1	joutislamen	joutsagamen	[joutsanamen]
2	joutislin	joutsagin	[joutsan]
3	joutisten	joutsagen	[joutsanil]

Pl. 1 joutjsluv   joutsaguv   [joutsanuv]
   2 joutjslin   joutsagin   [joutsan]
   3 joutjsanil   joutjsanjl   [joutjsanil]

Konditional.

S. 1 joutnuvlum   joutnuvagum   joutnuvanum
   2 joutnuvlin   [joutnuvagin]   [joutnuvan]
   3 joutnuvte   [joutnuvage]   [joutnuvane]

D. 1 [joutnuvlamen]   [joutnuvagamen]   [joutnuvanamen]
   2 [joutnuvlin]   [joutnuvagin]   [joutnuvan]
   3 [joutnuvten]   [joutnuvagen]   [joutnuvanil]

Pl. 1 [joutnuvluv]   [joutnuvaguv]   [joutnuvanuv]
   2 [joutnuvlin]   [joutnuvagin]   [joutnuvan]
   3 [joutnuvanil]   [joutnuvanil]   [joutnuvanil]

Imperativ.

S. 2 joutalen   joutegen   jouten

§ 55. Die endungen der passiven konjugation stimmen hauptsächlich mit denen der unbestimmten aktiven konjugation überein. Zu bemerken ist jedoch, dass das passiv-merkmal im konditional und optativ dem moduscharakter nachfolgt. Übrigens ist die bildung des passiven optativs im Konda zu beachten.

Konda.

ponam, ich lege, pass. ponoum.

Präsens.   Präteritum.

S. 1 ponoum, ponouem, ich werde gelegt   ponvesem
   2 ponouen   ponvesen
   3 ponoua   ponves

D. 1 ponovämen, ponovä-   ponvesämen
          men
    2 ponovän   ponvesän
    3 ponovä<u>i</u>   ponvesä<u>i</u>

Pl. 1 ponovou   ponvesou
    2 ponovän   ponvesän
    3 ponovet   ponveset, ponvest

       Konditional.   Optativ.

S. 1 ponnouvem   ponenquem, pon<u>i</u>nquam, ich
   2 [ponnouven]   mag gelegt werden
   3 [ponnouva]   pon<u>i</u>nquän
                            pon<u>i</u>nqua

D. 1 [ponnouvämen]   pon<u>i</u>nquämen
   2 [ponnouvän]   pon<u>i</u>nquän
   3 [ponnouvä<u>i</u>]   pon<u>i</u>nqua<u>i</u>

Pl. 1 [ponnouvou]   pon<u>i</u>nquou
   2 [ponnouvän]   pon<u>i</u>nquän
   3 [ponnouvet]   poniquat

Pelym.

üm, ich nehme, pass. üüm.   mëm, ich gebe, pass. meum.
        um, ich sehe, pass. uum.

Präsens.

S. 1 üüm, ich werde   meum, ich werde   uum, ich werde
      genommen   gegeben   gesehen
   2 üün   meven   uun
   3 üvä   mevä   uvä

D. 1 üvăm mevăm uvăm
2 üvăn mevăn uvăn
3 üvii mevi uvii

Pl. 1 üvou mevou uvou
2 üvăn mevăn uvăn
3 üvt mevt uvt

Präteritum.

S. 1 väiväsim,[?-ăsim] meiväsim uväsim
2 väiväsin meiväsin uväsin
3 väivs meivs uvs

D. 1 väiväsăm meivesăm uvisăm
2 väiväsăn meivesăn uvisăn
3 väiväsii meivesii uvisii

Pl. 1 väiväsou meivesou uvisou
2 väiväsăn meivesăn uvisăn
3 väiväst, [? -ăst] meivăst uväst

Konditional.

S. 1 ünoum minoum unoum
2 ünoun minoun unoun
3 ünou minou unou

D. 1 ünevăm minevăm univăm
2 ünevăn minevăn univăn
3 ünevi mivevii univi, (univi)

Pl. 1 ůnevou minevou unįvou
2 ůnevăn minevăn unįvan
3 ůnout minout unout

Soswa.

untegum, ich setze, pass. unttauvcm. vįgum, ich nehme, pass. vįvem

Präsens.

S. 1 unttauvem, ich werde vįvem, ich werde genom-
           hingesetzt   men
2 unttauven vįven
3 unttauve vįve

D. 1 unttauvemen vįvemem
2 unttauven vįven
3 unttauvei̯ vįvei̯

Pl. 1 unttauveuv vįveu
2 unttauven vįven
3 unttauvet vįvet

Präteritum.

S. 1 unttuvēsum voivesum
2 unttuvēsįn voivesįn
3 unttuves voives

D. 1 unttuvēsumen voivesamen
2 unttuvēsįn voivesįn
3 unttuvēsį̄ voivesįg, voivesį

Pl. 1	unttuvēsuv	voivesuv
2	unttuvēsin	voivesin
3	unttuvēsit	voivesit

Konditional.

S. 1	unttinuvem	vinuvem
2	[unttinuven]	vinuven, [? vinuven]
3	[unttinuve]	vinuve, [? vinuve]

D. 1	[unttinuvemen]	vinuvemen
2	[unttinuven]	vinuven
3	[unttinuvej]	vinuvej

Pl. 1	[unttinuvuv]	vinuvuv
2	[unttinuuven]	vinuven
3	[unttinuvet]	vinuvet.

III. Die partikel.

A. Postpositionen.

al, ali; äl, äli K: das obere; deckel; davon ali, äl̄, älī, algä, au, zu, gegen; nahe; in, hinein; z. b. el-äl̄, vor, vornhin; kerep äli, auf das boot; ⌈näńku (nüńkv) küärten ńouliu äli⌉,[1] das eigene hemd ist dem leibe nah; täu algä, zu ihm.

äri K: viel, mehr; überflüssig; mit elat.: ausser, ausgenommen; z. b. pupuel äri, ausser dem priester.

el-pal, el-poal K, jel-pal P, eli-pal S: vorderseite (el, jel, eli, das vordere; pal, poal, seite); davon locat. el-poalt, el-palt K, SK, jel-palt P, eli-palt S, vor, voran, vorher; gerade gegenüber; lat. el-poalne, el-palne K, SK, jel-palin o. -palna P, eli-palin S, vor, vornhin; voraus, zu, nach; elat. el-poalnel, el-palnel K, SK, eli-palojl, eli-palnal S,

---

[1] Die klammer [ ] bezeichnen, dass Ahlqvist den dialekt nicht angegeben hat.   W.

und jel-pal (mit poss. saff. jel-poal-), il-pal P, von vorn, im voraus; z. b. pup el-poalt, vor dem priester; xristo-qadel jel-pält, vor den ostern; am eltim poalimt, vor mir; am jelem poalim, mir aus dem wege. jelt P, vorne; il P, voraus.

jal-poal, jol-pal K, jel-poal SK, jel-päl P, joli-pal, jöli-pal S, unterseite (jal etc., das untere); davon locat. jal-poalt (auch jalt-poalt), jol-palt K, ⌈jal-palt⌉, jel-poalt SK, jel-pält P, joli-palt, jöli-palt, unter; lat. jol-poalne, jol-palne K, jel-poalne SK, jel-palna P, joli-palin, jölipalin S, nach unten; elat. jal-poalnel K, jel-poalnel SK, joli-palnil, jöli-palnal S, und jel-päl P, von unten; z. b. am jaltim-poalimt, unter mir; poalkän jalpalt, unter der pritsche.

jët, jät, mitte: magi-jätne, mag-jätne, in die mitte; z. b. küällen mag-jätne, tritt hervor; jütne, mag jätt, mitten auf, in die mitte; jätt, an, am.

jäsip, stelle (?): jäsipne K, anstatt; z. b. am jäsipimne, anstatt mir.

jet, jot K, jot S, mit; z. b. pup jet, mit dem priester; ämp jot, mit einem hunde; asim jot, mit meinem vater; am jotim, mit mir. Davon jetil, K; z. b. am jetlim, mit mir; näi jetlin mit dir; täu jetlät, mit ihm. Hierher gehört auch jöder P; z. b. pop jöder, mit dem priester; am jodräm, mit mir; nei jodrän, mit dir; täu jodrät, mit ihm.

ji-poal, ji-pal K, üi-pal P, juji-, jujil-pal S, hinterseite (ji etc., das hintere); davon locat. ji-poalt, ji-palt, üi-palt, juji-palt, hinter, nachher, nach; lat. ji-palnä, üi-palin, juji-palin hinter, nach hinten, nach; elat. ji-palnel, juji-palnil und üi-pal P, von hinten, hinterrücks, nachher; z. b. am jitim poalimt, hinter mir; pup ji-poalt, nächst dem priester; am üim-poalimt, hinter mir; xristo-qadel üi-palt, nach den ostern.

jolt K, anstatt; z. b. täuk jeg jolt, anstatt seines vaters.

jort K, jurt S, freund, genosse, reisegefährte; davon jortil K, jurtil S, mit, zusammen; z. b. jortilim, mit mir; jortilät, mit ihm.

kašil, bei; wegen, halber, für; z. b. päri-Ioñq kašil, bei der rückkunft; tauli qañdtaxtip kašil, es ist dem jünger genug.

kevir, keur K, kiver SK, ker P, kivur S, höhlung, das innere; davon locat. kevirt, keurt, kivert, kert, kivurt, in; lat. kevirne, keurne, kiverne, kerne, kivurin, kivurn, in, hinein; elat. kevirnel, keurnel, kivernel, kivurnil, kivurnal und P: ker-pal, aus dem inneren, von innen; z. b. tan kenišün keurt at alnou, wir hätten nicht in ihrem ratschlage teilgenommen; jịe kevịrt am flusse (wohnen); kūäl kert, in der stube; am keurịmt, am kortemt, in mir; kūälịṅ nea vottes (vots) kür kevịrnc ṅoaṅet, die wirtin setzte brote in den backofen. Phr. 40; qomet äitest lịänel pĕtert kevịrnel, die kerle tränkten ihre pferde aus den eimern. Phr. 32.

konipal S, ausser, ausgenommen. (kūän-pal K, ausserseite).

kŏtil S, zwischenraum; davon locat. kotlit, zwischen, inmitten; lat. kotlịn, zwischenhin, in die mitte; elat. kotlinịl, zwischenher, aus der mitte.

qal K, SK, P, xal, qal S, zwischenraum, riss, spalt; davon locat. qalt K, qalta P, xalt, zwischen, unter; lat. qalne, qalnä K, qaloc, qalna P, xalịn, zwischenhin; elat. qalnel, xalnịl und P: qal-pal zwischenher; z. b. meṅk qaläm, zwischen uns (beiden); man qalevät, zwischen uns (vielen). — äku mat qalt, denn (ибо) Ev.

qoṅqa, xoṅxo K, hinter hervor; durch; nach, nach verlauf;[1] z. b. päsen qoṅqa, hinter dem tisch hervor; ṅait xoṅxo, durch den propheten.

qūäštäị K, quošt P, xosit S, längs; z. b. ɪox quošt, längs dem wege; Pallịm quošt, längs dem flusse Pelym; am quoštäm ruś-taxịm jamanti, eine wanze läuft mir entlang. qŏśetag K, laut, nach, gemäss.

laxv P, ɪlaxuɪ, um — herum; z. b. pịel laxv, ɪpịvịl laxuɪ, um das dorf herum; lalxv: moi lalxv, zu gaste (sein); mou-lax S: kol mou-lax, um die jurte herum.

ɪnlx, ɪalt; ɪäɪx, ɪailx, ɪoailx, ɪoailxt, ɪoaɪxt, ɪailxt K, ɪält P, gegen, entgegen, gegenüber; im vergleich mit; z. b. am ɪoailxtem, mir entgegen; pu ɪoailxt, dem priester gegenüber; ou ɪoailxt, gegen den strom; ɪoailxtne, gegen, gegenüber hin; loailxtnel, von gegenüber.

mag-jätne, in die mitte; s. jĕt, jät.

mäs, moas, mos K, moas SK, mas P, mägịs S, von, über; nach; für, wegen; z. b. pup mäs, von dem priester (sprechen); näị moasen, von dir; toat mas, nach feuer (gehen); pōm mas, nach heu; jälen küsäinen mas, geh nach deinem hauswirt. Phr. 15; tŏrcm mas, um gottes willen; vit mägịs, nach wasser.

mas, mos K, mäš P, mos S, bis, bis zu, bis auf, bis an; z. b. mị-jĕtä mos, bis an den leib. Phr. 69; je mas, bis an den fluss; ńš

---

[1] Ahlqvist stellt qoṅqa mit qoṅga („waldiges Land zwischen zwei nach entgegengesetzten Richtungen fliessenden Strömen") zusammen.   W.

māš, bis an die stadt; i māš, bis an die nacht; qolna māš, bis an den tod; ton mošc K, während, so lange bis.

mant, mänt, mäntel, mońdel K, mändel SK, mańdel, P, auf, neben, bei, an, längs, vorbei; während, von — an; durch, nach, gemäss; z. b. jie mānt, den fluss entlang; pāsiŭne olnā mänt, so lange es noch hell ist; man tet olnou mäntel, während wir hier sind; ma sońqimlam mońdel, von der schöpfung an; pōk-mańdl, ker-mańdel: am pōkim-mańdl, an mir vorüber (gehen); jiū pōk-mańdl, an dem baum vorüber; ūĺ ker-mańdel, das wasser entlang;

moagil, brust; davon lat. moagilne K, anstatt; z. b. am moaglimne, anstatt mir.

mou-lax S, s. laxv.

num K, S, das obere; numit, num-poalt, num-palt, oberhalb, oben; num-poalne, nach oben; num-poalnel, von oben; z. b. mīkän num-poalt oavil, über der erde ist der himmel; numtem, oben auf mir.

⌈ńōpel⌉, ńōpil, ńopiĺ K, zusammen hin, zu, hinzu.

ńote, bei, in, unter (einander).

patet, patit K, während, in; z. b. ulim patit, im traume.

pattijig, pattijī S (duale form), anstatt.

⌈päxkit⌉, hinter; z. b. jipes soxrip päxkit, hinter der dunklen treppe. R. 5, 18.

pōk K, pok SK, P, poax S, seite; davon locat. pōkit, pōkt, pōkat;' pokt, pokta; poaxit, bei, neben; lat. pokne, pokna, poaxin, zu, nahezu; elat. poknel, poaxnil und pok-pal P, nebenher, nahe von, vorüber; z. b. pōkimt, am pokimta, neben mir; tan pokänt, neben ihnen.

poal, pal K, pal P, S, seite; davon locat. poalt, palt, an, bei, zu; lat. poalne, palna, palin, an, zu; elat. poalnel, palnil und P: pal, von — her; z. b. näj poaltent, bei dir.

⌈pōr, pōri⌉, pōri P, gegenüber, quer über, quer, in die quere; z. b. törem-kūäl pòri, der kirche gegenüber; qëp pōri, quer über das boot.

⌈pui-palt⌉, hinter; z. b. pivil pui-palt, hinter dem dorfe. R. 8.

ses K, SK, sis S, rücken; ses-poal, sis-pal, rückseite; davon locat. ses-poalt, hinter; lat. ses-poalne, nach hinten; ses-poalnel, von hinten. Auch: sest, sesne, sesnel SK. Eine duale form ist sesī; z. b. ou sesi, mit dem strom (по теченіи).

śiuv K, siuv, si P, betrag, belauf: šětlin kuss si, etwa zwanzig rubel; šětlin lou sinä, etwa zehn rubel. — śiuv K, nach.

soxtī K, vorbei; z. b. küäl pöknel soxtī, an dem haus vorüber.

sup K, sopi SK, šup P, die hälfte (quer); davon supī (dual.), sopi, šup, über; z. b. jie supī, je sopi, über den fluss; tör šup, über den see.

šäm P, auge; davon locat. šämte, šämt; z. b. am šämemt in meiner gegenwart; pop šämte, in der anwesenheit des priesters.

šim P, herz; davon locat. šimtä, inmitten; lat. šimne, in die mitte; šim-pal, aus der mitte; z. b. mjem šimtä, mitten unter dem volke.

-tal K, SK, P, S, ohne; am-toaläm, ohne mich; lu-tal, ohne pferd; jäpt-tal, ohne messer. Kann wohl eigentlich zu den ableitungssilben der adjektiva gezählt werden.

täri K, wieder, gegen, tärge K, ausser. (vgl. törjg).

tärm, tärmjl K, P, tarmjl S, das obere, oberfläche; davon locat. tärmt, tärmjlt, tärmelt, tarmjlt, auf; lat. tärmnä, tärmjlne, tärmjlnä auf — hin; elat. tärmjlnel und P: tärm-pal, von — her; auch tärmel, tärmjl K, durch; z. b. Samar tärmjl, durch Samarovo.

-tel K, mit; z. b. pup-tel, mit dem priester; püvetä-tel, mit seinem sohn. Ohne poss. suffixen.

tär, toar, wurzel: toare K, ꞌtåreꞌ, tar P, tara S, durch; z. b. päsen toare, durch den tisch; pjel tar, durch das dorf; vani tar, durch den wald.

törjg, törj, torgjl S, gegenüber.

ui K, zeit (?); z. b. pup olnä uixt, in der anwesenheit des priesters; am olnäm uixt, in meiner gegenwart; uil K, während: jomnänjl uil, während des gehens.

uixt SK, durch; z. b. vuor uixt, durch den wald.

ultta S, quer über; z. b. ja ultta, quer über den fluss.

vate K, zu, an; vatge K, nahe, nahe zu; vatgjn, vjtgen, in der nähe. — ꞌvjetqua, nahe; vjtten, nahe zu; vjelpälꞌ, vjt-pal P, aus der nähe.

B. *Adverbien und adverbiale redensarten.*

a, ā.

a-ɑ S, ja, nun ja!
aukuaj S, beständig, fortwährend; überall.
ɑlc K, fast, beinahe; dermaleinst.
aljl, s. älel.
aljn, s. älin.
algaꞁ, s. äl-jel.
alpjl S, ꞁālpjlꞁ, oaꞁpel, oailpel K, am morgen, früh; zuvor, vormals.
aṅ, s. äṅ.
aṅtoq P, darum.
as, ase K, allein; nur; umsonst, unentgeltlich.
at K, P, nicht. at mas, ganz u. gar nicht.
ati, oati K, oaꞁ P, atjm S, nein.
ati-qödäꞁ K, nirgendshin.
ati-qōt, ati-qot K, nirgends.
ati-pjl K, noch nicht; und nicht.
ati-qun K, nie, nimmer, niemals.
atjm, s. ati.
ꞁālpjlꞁ, s. alpjl.
äküäne K, zusammen.
äküät K, beisammen, zusammen.
ꞁälġaꞁꞁ, s. äl-jel.
äl-jel SK, äꞁġal K, algaꞁ S, ꞁälġaꞁꞁ, ällä P, aufwärts, nach oben, stromaufwärts.
ällen, s. älin.
ällä, s. äl-jel.
äl-pal, s. älel.
ꞁängüäntꞁ, hernach.

äṅ K, SK, P, aṅ S, jetzt; her; sondern.
äri K, viel, mehr: äriṅuv, mehr.
äküäma-śiuvt K, bisweilen.
älel SK, K, aljl S, äl-pal P, von oben herab, stromabwärts.
älen, s. älin.
älin K, ällen SK, aljn S, ällen P, oben; an dem oberen lauf des flusses.
äꞁġal, s. äl-jel.

e.

el, ėl K, weit, hinweg; eleṅuv K, weiter.
elaꞁ K, eläꞁ SK, il P, vorwärts, hinfort, voraus, vorläufig.
eläꞁ, s. elaꞁ.
eljn K, fern, draussen.
ꞁelnjnꞁ, ehemals, vor zeiten.
el-ōli K, zuerst; eher, früher.
el-olt, el-ōlt K, ėlt SK, ilt, ılt, jelt P, zuerst, anfangs; eher, früher; voran.
el-ōlt, s. el-olt.
el-palt K, im voraus.
elx-qal qodel K, übermorgen.
eṅ SK, iṅ S, noch.
erjn K, nicht wahr.
ēl, s. el.
ėlel K, il-pal P, von aussen, von vorn.
ėlt, s. el-olt.
ėti, s. iti.

i, j.

iďä, s. iti.
il, s. elaľ.
iln P, vorwärts.
il-pal, s. ēlel.
ilt, s. el-olt.
inra, ira K, immer, ewig; inra moš,
 īra m., für's immer, gänzlich.
iṅat K, noch nicht.
iủ, s. eṅ.
iti, itī, iďä K, jiťü P, ēti S, abends;
 in der nacht; vorige nacht (S).
itī, s. iti.
īlt, s. el-olt.
īra, s. inra.
jal, s. jolaľ.
jal-pal, s. joalel.
jänit P, lange, längst.
järte, jerte K, schnell, geschwind.
järte-uixt K, oft, häufig.
jelt, s. el-olt.
jen, s. jun.
jerte, s. järte.
jil, s. jīl.
jirl K, absichtlich, mit floiss.
jiťä, s. iti.
jiu, s. juv.
jīl K, jil SK, jui-pal P, von hause;
 jil K, von hinten.
joalel K, jal-pal P, von unten, strom-
 aufwärts.
joalen, jolin K, danieden, unten.
joatel, jotil K, jödel SK, nachher,
 später; wiederum.

jolaľ, jal K, nach unten, abwärts;
 zurück.
jolin, s. joalen.
jolix, jolx, jolxag K, darunter, un-
 ten; herunter.
jolx, } s. jolix.
jolxag, }
jomas, s. jomasai.
jomasai K, jomas S, gut.
jon, s. jun.
jormänt, etwa, beiläufig.
jotil, s. joatel.
jou, s. juv.
⌜jotin⌝, darnach.
jödel, s. joatel.
ju, s. juv.
jui-pal, s. jīl.
jun, jon K, S, P, jen SK, zu hause.
juv, ju, jou K, S, jiu SK, ju P,
 nach hause, herein.
jūit P, hinten.

x, k, q.

xadal S, am tage, des tages.
xoda, s. qoatäľ.
xodil, s. qoatel-tag.
xolīt, s. kualt.
xosan, s. quaśane.
xosanil, s. quaśanel.
xosat, s. quaśat.
xotaľ, s. qoatäľ.
xotaľ mos, s. qoatäľ mas.
xottel, s. qoatel-tag.
xöt, s. qöt.
xulmit xadal, s. qurmit-qödel.

xumus, s. qumle.
xuń, s. kun.
kaljn K, just, eben; direkt, unmittelbar.
kuš qot K, wo immer.
kaš qotc K, wohin immer.
kert K, wirklich, zwar.
koadel, s. qoatel-tag.
⌈koalt-qoal⌉, s. kuaĺt.
koašc-pal, ⎫
koašc-mjpal, ⎭ s. quaśanel.
koašėn, s. quaśane.
koašėt, s. quaśat.
koatäĺ, s. qoatäĺ.
koljnel S, von hause (eig. aus der jurte).
kualt-qōdel, s. kuaĺt.
kuaĺt, küält-qodel K, ⌈koalt-qoal⌉, kualt-qōdel SK, quolt P, xolit S, morgen.
küält-qodel, s. kuaĺt.
küälä K, von hause.
kun K, qūn SK, quń P, xuń S, wann? kun mas K, bis wann?
kūän K, aussen.
küäne, küänne K, kūänä SK, hinaus.
küänel, küännel K, von aussen.
küänne, s. küäne.
küännel, s. küänel.
kūänä, s. küäne.
kümjn, kümjńjš K, lieber, vielmehr, eher.
kümjńjš, s. kümjn.
qajcre K, vergebens, umsonst.
qaš K, denn.
qoadaĺ, s. qoatäĺ.

qoadel, s. qoatel-tag.
qoal-touvjr K, am morgen.
⌈qoase jal⌉, s. quaśat.
qoasi-mjnel, ⎫
qoasinel, ⎭ s. quaśanel.
qoaśät, ⎫
qoaśǟt, ⎭ s. quaśat.
qoat-pal, s. qoatel-tag.
qoatäĺ mas K, xotaĺ mos S, bis wohin? wie weit?
qoatäĺ, qôdäĺ, qödüĺ, qöteĺ K, kontäĺ SK, qoadaĺ P, xotaĺ, xoda S, wohin?
qoatel-tag, qoatel-tańqa, qoadel K, koadel SK, qoat-pal P, xottel, xodjl S, wovon?
qoatel-tańqa, s. qoatel-tag.
qolge-pala K, des morgens.
qolt, qölt K, des morgens, am morgen; morgen.
qomle, s. qumle.
qomle ńuv, q. qärex K, irgendwie.
qońqa K, gerade.
qotjš K, wie.
qōdäĺ, ⎫
qôdäĺ, ⎭ s. qoatäĺ.
qölt, s. qolt.
qösat, s. quaśat.
qōśanel, ⎫
⌈qōše-pal⌉, ⎭ s. quaśanel.
qōšėn, s. quaśane.
qōt K, SK, P, xōt S, wo?, wo (rel.).
qöteĺ, s. qoatäĺ.
qöte K, wohin.
quasi-jäti K, auf längere zeit.
quaśa-qalel, s. quaśc.

— 238 —

quaśane K, koašen P, ˹qōsēn˺ [P], xosan S, weit, in die ferne.

quaśanel, qŏśanel, K, qoasinel, qoasi-mjnel SK, koaše-pal o. koaše-mjpal P, ˹qŏše-pal˺, xosanjl S, von fern, weither.

quaśat, qoaśāt, qŏsat K, qoaśät, qoaśắt SK, koašēt P, ˹qŏšēt˺, xosat S, lange, längst; weit, in die ferne (K); ˹qoase jal˺, lange.

quaśāt o. quaśēt-mantel K, von jeher.

quaśe K, lange; q.-kalel, ˹quaśaqalel˺, bisweilen, dann und wann.

qumle, qomɫe K, qumli SK, qumle P, xumus S, wie? qomɫe-niuv, q.-qoarjx, gleichviel wie.

qumli, s. qumle.

qun K, wann, als, wenn; qun mošc, wie lange?

quń, } s. kun.
qūn, }

quolt, s. kuaɫt

quoltuń-uolum P, übermorgen.

qurmjt-qōdel SK, übermorgen; qurtqadel P, xulmit-xadal S, vorgestern.

qurt-qadel, s. qurmjt-qōdel.

l, ɫ.

lagljl S, zu fusse.
lani K, fleissig.
˹laṅga˺, s. loṅqail.

˹lax, laxv, laxvu˺ auseinander.
˹laxv˺, } s. ˹lax˺.
˹laxvu˺, }

li K, (fragepart.) = rus. ли.

litsemerno K, heuchlerisch (russ. лицемѣрно).

ljnj K, schlecht.
loasil P, still, ruhig.
loi-pal, s. luil-taṅqa.
˹lōn˺, s. lun.
loṅga, s. loṅqail.
loṅgaɫ, s. lun.
loṅkaɫ, s. loṅqail.
loṅqail K, loṅkaɫ SK, loṅga [? loṅgaɫ] S, ˹laṅga˺, nach unten, stromabwärts.
luil, s. luil-taṅqa.
luil-taṅqa K, luil SK, loi-pal P, von unten.
lun K, lūn SK, lun, loṅgaɫ [? loṅga] S, ˹lōn˺, unten, am unteren laufe eines flusses.
lunnel S, von unten.
lūn, s. lun.
ɫalt, s. ɫaɫx.
ɫaɫx, ɫalt K, gegen, im vergleich mit.
ɫapan S, in die nähe.
ɫapanjl S, aus der nähe.
ɫapat S, nahe.
ɫulsjn S, schlecht.

m.

malqaɫ, malkaɫ, molkäńt K, molkäńti-qōdel SK, maṭ-qadel P, mol-xodal S, gestern.

malkaf, s. malqaf.
manax S, wie viel?
manrig S, warum?
mante, s. moante.
ˈmańt-iˈ, s. munti-ēt.
ˈmarińišˈ, genug, hinreichend.
marse, morśe K, marśi SK, marśä P, mosśa S, wenig.
marśä, marśi, } s. marse.
mat-qadel, s. malqaf.
ˈmändiˈ, s. men-šoat.
mäntim K, wenn nicht; falls, vielleicht (im frages.)
māt-qonśāt SK, unlängst, neulich.
māremag, K, eng, knapp.
men-šoat, meńḍi, menći P, ˈmänḍiˈ, wie viel?
mentin P, wie teuer?
menći, meńḍi, } s. men-šoat.
mirxv P, warum?
mi-jët K, mitten in, unter.
moante, mante, monte K, munt S, soeben.
ˈmoasen iraˈ, immer.
moxtaja P, im frühling.
moldí-toi K, mult-ël tui P, ˈmulti o. moltí-toi, mult-el toiˈ, im vorigen sommer.
molix, s. mōlix.
mol-xodal, molkúńti-qódel, } s. malqaf.
molt-el, molti-tal, } s. molti toaɫ.
moltí K, multi SK, vorher, ehemals.

moltí-toaɫ K, multi-toal SK, molt-el P, molti-tal S, ˈmult-elˈ, voriges jahr.
moɫcx, s. mōlix.
monte, s. moante.
morśe, mosśa, } s. marse.
mosśakue S, ein wenig.
moš K, weiter, mehr.
moš K, bis.
motentag K, zweitens.
motenti K, anders.
mot-qol, ˈmot parˈ, } s. mot-toaɫ.
mot-sirl, s. mot-url.
mot-toaɫ, mōti-el K, mot-par, P, im künftigen jahr; mot-qol K, des morgens.
mot-url, mot-sirl, anders.
mōlix, molix K, vor einigen tagen; moɫcx SK, sogleich, sofort.
ˈmōti-elˈ, s. mot-toaɫ.
mulǵaɫ K, oben.
mul-lai, mūllai K, herum, ringsherum. Vgl. prepos. mou-lax S.
ˈmult-elˈ, s. moltí-toaɫ.
ˈmult-el toiˈ, mult-ël tui, } s. moldí-toi.
multi-toal, s. moltí-toaɫ.
multi, s. molti.
ˈmulti o. moltí-toiˈ, s. moldí-toi.
munt, s. moante.
munti-ët o. -ëti S, ˈmańt-iˈ, vorige nacht.

n, ṅ.

naxke K, nur, bloss; allein; n.-mat, allein, besonders; nur.
narmos, nermas K, warum?
ˈnänˈ, s. näni.
näni SK, ˈnänˈ, warum?
ne K, noch weiter (im ſages).
nem-xuṅ, n.-xuṅt S, niemals.
nermas, s. narmos.
nc-śiuv, ni-śiuv K, ni-siv SK, ˈni-siuvˈ, wie viel?
nc-śiuvne K, wie weit, wie fern?
ni-siuv, ˎ
ni-śiuv, ⎬ s. nc-śiuv.
ni-siv, ˊ
nox pil K, schon, bereits.
nomil-taṅqa K, nuṅ-pal P, von oben.
nomin K, oben.
noṅxaĺ K, aufwärts, nach oben; offenbar, in's licht.
noṅxo, noṅqa K, auf, hinauf; herauſ, heran.
noṅqa, s. noṅxo.
nuṅ-pal, s. nomil-taṅqa.
ˈṅcir, ṅeirsˈ, ziemlich.
ˈṅoxriśˈ, streng.
ṅote K, unter sich, unter einander.

o.

oailpel, ˎ
oaĺpel, ˊ s. alpil.
oati, ˎ ati.
oać, ˊ
opetśi P, wiederum, von neuem (russ. опять).

os, us K, S, vus SK, und, aber, sondern; wieder, wiederum; noch; schon.
ˈōlum-ōlumˈ, dann und wann.

p.

pali, s. poali.
patit K, während, in.
ˈpăliˈ, s. poali.
pări, ˎ
pär, ⎬ s. pări.
päri, ˊ
ˈpärˈ, ˊ
pări, päri, püri K, pär SK, P, ˈpēr, pür, pcärˈ, zurück, gegen, wieder.
ˈpeärˈ, s. päri.
peš P, vorher, ehemals. p. mantel, von alters her, seit alten zeiten.
ˈpērˈ, s. päri.
pil K, auch.
poali K, ˈpăliˈ, ganz offen, sperrweit offen; pali K,! einzeln, getrennt, auseinander; entzwei.

r.

raštal K, bald, gleich.
ratgin K, gleich, sogleich, plötzlich.
roanä P, früh (russ. рано).

s, s', š.

saimaj K, saimä P, auf borg (russ. взаймы).
saka, s. sakua.
sakua, säk K, saka S, sehr.

sau, ⎫ s. soau.
sauv, ⎭

sare, śare K, ʼsäre, säraʼ kaum, gleich nachdem.

säre, s. sare.

ʼsarjsʼ, s. śariš.

säk, s. sakua.

ʼsäraʼ, s. sare.

sijińjš K, laut (allen hörbar).

soau, šau, šavu, šoauv K, sauv SK, šoau, šoauv P, sau S, viel.

soxti, soxtī K, vorbei; direkte, eben.

soqjń-mjt K, überall. soqjń-por, immer.

soutjš K, still, sanft, ruhig.

ʼsuińjšʼ, laut.

śare, s. sare.

śariš K, ʼsarjs, šarjšʼ, wahrlich.

śasto P, oft, häufig (russ. часто).

śeldä P, stets, immer (russ. всегда).

śiuv K, so viel als; šät śiuvel, je hundert und hundert.

šaq, šak K, ʼšoq, šoqo, šoqjńʼ, sehr; šakńuv, mehr, noch mehr.

šaq-moše, šoqo-moš K, ganz und gar; sehr, überaus.

šak, s. šaq.

ʼšarjšʼ, s. śariš.

šau, ⎫ s. soau.
šavu, ⎭

šavjn K, vollständig.

šoau, ⎫ s. soau.
šoauv, ⎭

šoq, ⎫
šoqjn, ⎬ s. šaq.
šoqo, ⎭

t, tʼ.

taġail K, nachher, später.

taili, s. touli.

tak K, auf dass.

tam-mus, ti-mus S, darum.

tat-śiuv K, ein wenig.

ta-šoat, s. ťe-śiuv.

tat, tot K, tat SK, täť P, töt, tot S, da, dort; daselbst, damals.

täre, s. toare.

täxsi, täkusi K, täxütä, täxsä P, ʼtäxusīʼ, im herbst.

tärge K, ohne, ausser; besonders.

täť, s. tat.

teäli K, toalä P, im winter.

tene när SK, wie teuer?

tet, tit K, SK, ťiť P, tīt, titti S, hier.

tet-siuv, t.-śiuv, s. ťe-śiuv.

tjg, tj K, tj SK, ťi P, tjgle S, hieher, herbei. tj-mas K, tjg-mos S, ʼti-masʼ, bisjetzt, bis hieher.

tigjl, tjil-tag, tjil-tańqa, tjl-tag, tjl-tanq K, tīlel SK, ťīl-pal P, tigjl, tjl, tjluilt S, von hier, diesseits; von der zeit an.

tjl, tjluilt, s. tjgjl.

tj, ⎫ s. tjg.
tjgle, ⎭

tjil-tag, tjil-tańqa, ⎫ s. tigjl.
tjl-tag, tjl-tańq, ⎭

ti-el tui, ti-il tui P, im künftigen sommer.

ti-jt P, in der künftigen nacht.

til K, hiemit, hiedurch.

ti-mus, s. tam-mus.

⌈ti-par⌉, s. ćepar.
ti-sauvt, ⎫
ti-sajt, ⎭ s. ćе-śiuv.
tit, s. tet.
tit-mos K, darum.
tit-toal SK, heucr.
titti, ⎫
tīt,   ⎭ s. tet.
tīlel, s. tigil.
tīl-küät P, im künftigen jahr.
toalä, s. teäli.
toare, täre, K, durch und durch, hindurch.
tox, s. toq.
toq, toqo, toqaľ K, toqua SK, ćoq P, tox S, so, auf solche weise.
toqaľ, ⎫
toqo, ⎬ s. toq.
toqua, ⎭
to-qodel K, ćе-qädel P, ⌈to-qōdeľ⌉, heute.
⌈to-qōdeľ⌉, s. to-qodel.
toma K, nein.
to-mat K, hin und wieder; hie und da.
ton-känt K, da, dann.
ton-mas, s. ton-mos.
ton-mat K, da, dort; dann, damals.
ton-mänt K, aber.
ton-mos, ton-mas K, darum, deswegen.
ton-pil: äku t. K, wahrhaftig, wirklich, natürlich.
⌈ton-pos mas⌉, bisjetzt.
⌈ton-post⌉, ćе-posta P, zu der zeit, damals.
ton-ront K, damals, zu der zeit.

ton-siuv, s. ćе-śiuv.
ton-śiut, s. ton-śiuvt.
ton-śiuvt, tonšt K, ton-śiut P, dann, da, damals, in der zeit.
tonšt, s. ton-śiuvt.
tont K, so, also; darum; damals.
tontaľ K, bis dahin.
topiľ, s. töpeľ.
töpeľ, töpiľ, topiľ K, nahe; vorbei.
töpiľ, s. töpeľ.
tot, ⎫
tōt, ⎭ s. tat.
tou K, SK, tu P, tuvle, tüle S, dorthin, dahin. tou-mas K, tu-maš P, tuv-mos S, bis dahin.
toujl-taq, ⎫
toujl-tanqa, ⎬ s. tovul.
toul,   ⎭
touli K, S, taili P, genug.
tovul, toujl-taq, toujl-tanqa K, toul S, tūl-pal P, tuvjl, tuvul, tul, tuluilt S, von da her, von dannen.
tu, s. tou.
tuijä P, im sommer.
tul s. tovul.
tulmexag, tulmiqaj K, im geheimen.
tulmiqaj, s. tulmexag.
tuluilt, s. tovul.
tunśjuiš K, hoch.
tuvjl, s. tovul.
tuvle, ⎫
tuv-mos, ⎭ s. tou.
tuvul, s. tovul.
tüle, s. tou.
tül-pal, s. tovul.

ṫe-qädel, s. to-qodel.
ṫe-kůöttä P, heuer.
ṫemiľ K, so, also.
ṫepar P, ⌈ti-par⌉, heuer. ṫepar-maš P, bisjetzt, bisher.
ṫe-posta, s. ⌈ton-post⌉.
ṫe-śiuv, tet-siuv, tet-śiuv, ton-siuv K, ti-sauvt SK, ta-šoat P, ti-sai̯t S, so viel.
ṫe-śiuvne K, dermassen.
ṫi, s. ti̯g.
ṫiṫ, s. tet.
ṫiṫ-täṫ P, überall.
ṫil-pal, s. ti̯gi̯l.
ṫoq, s. toq.

u.

us, s. os.
uste K, wiederum, auf's neue.

v.

⌈va, vū, voa⌉, schwer; ⌈vane⌉, mit mühe, schwerlich.

⌈vagi̯ṋi̯š⌉, gewaltsam.
⌈vane⌉, s. ⌈va⌉.
vaṫ-qal K, väti-xal S, öfters, häufig, manchmal.
⌈vā⌉, s. ⌈va⌉.
väti-xal, s. vaṫ-qal.
vexten SK, vi̯etqua P, nahe.
vi̯etqua, s. vexten.
⌈vinšt⌉, s. vinṭt.
vinṭt, ⌈vi̯nṭt, vinšt⌉, nachher, darauf, nach; aber, also, denn.
vi̯et-pal P, aus der nähe.
⌈vi̯nṭt⌉, s. vinṭt.
⌈voa⌉, s. ⌈va⌉.
volī K, schief, schräg.
voṋdin K, sogleich, bald.
voš, vuš K, schon, bereits; aber, also (?).
voš-jivolt, vuš-jivolt K, endlich, zuletzt; bis, bis dass.
vus, s. os.
vuš, s. voš.
vuš-jivolt, s. voš-jivolt.

C. *Konjunktionen.*

amne K, oder; ati-pi̯l K, als dass; ja P, und; jormänt K, als, ob, wie; -xe, -ke K, S, wenn, wenn nur; qumle, als (comp.); pa S, und. Die meisten sind doch aus dem russischen entlehnt. Solche sind:

i K, S, und (russ. и); jesli P, wenn (russ. если); li — li P, S, entweder — oder (russ. ли — ли); ni — ni, weder — noch (russ. ни — ни); otnäko K, doch (russ. одна́ко); rasve P, etwa, vielleicht (russ. развѣ); što P, išto K, dass (russ. что); to P, so (russ. то); veṫ P, ja, doch (russ. вѣдь).

D. *Interjektionen.*

an, K, sieh da! sesar K, warte! tä K, ei, da, nimm! tit K, sieh da, siehe! ⌈tuš⌉, o weh! (eig. sorge, kummer).

www.ingramcontent.com/pod-product-compliance
Lightning Source LLC
Chambersburg PA
CBHW021356230426
43666CB00006B/540